MARTÍ EL POETA

COLECCIÓN CLÁSICOS CUBANOS # 20

EDICIONES UNIVERSAL, Miami, Florida, 1999

RICARDO RAFAEL SARDIÑA

MARTÍ EL POETA

Copyright © 1999 by Ricardo Rafael Sardiña

Primera edición, 1999

EDICIONES UNIVERSAL
P.O. Box 450353 (Shenandoah Station)
Miami, FL 33245-0353. USA
Tel: (305) 642-3234   Fax: (305) 642-7978
e-mail: ediciones@kampung.net
http://www.ediciones.com

Library of Congress Catalog Card No.: 99-64536
I.S.B.N.: 0-89729-906-X

Diseño de la cubierta:
Luis García Fresquet

Todos los derechos
son reservados. Ninguna parte de
este libro puede ser reproducida o transmitida
en ninguna forma o por ningún medio electrónico o mecánico,
incluyendo fotocopiadoras, grabadoras o sistemas computarizados,
sin el permiso por escrito del autor, excepto en el caso de
breves citas incorporadas en artículos críticos o en
revistas. Para obtener información diríjase a
Ediciones Universal.

ÍNDICE

PRÓLOGO 7
INTRODUCCIÓN 9

PARTE I
HECHOS IMPORTANTES DE SU VIDA

CAPÍTULO I.   Bosquejo de su vida 13
CAPÍTULO II.   Labor Literaria de José Martí 21

PARTE II
ESTUDIO DE LA POESÍA DE JOSÉ MARTÍ

CAPÍTULO III   El verso martiano 27
                      1. La estructura del verso 27
                      2. La estrofa 30
                      3. El acento rítmico 37
CAPÍTULO IV.   La metáfora en la poesía de Martí 41
                      1. Concepción de la metáfora martiana 41
                      2. Antecedentes de la metáfora martiana ... 43
CAPÍTULO V.   El Tema 53
                      1. Identidad con el tema 53
                      2. Forma interna 55
                      3. Fuentes del tema 57
CAPÍTULO VI.   El Estilo 60
                      1. La profundidad en tono suave 60
                      2. La musicalidad del verso martiano 62
                      3. El hombre en el estilo 67
CAPÍTULO VII. La Escuela Literaria 69
                      1. Raíces del Modernismo 69
                      2. Breve paralelo entre el Romanticismo y el
                          Modernismo 70
                      3. El Modernismo en Martí 73

PARTE III
OBRA POÉTICA DE JOSÉ MARTÍ

CAPÍTULO VIII.   El Ismaelillo 81
CAPÍTULO IX.   Los Versos Libres 101
CAPÍTULO X.   La Edad de Oro 161
CAPÍTULO XI.   Los Versos Sencillos 175
CAPÍTULO XII.   Flores del Destierro 193
CAPÍTULO XIII. Versos Varios 217

BIBLIOGRAFÍA   299

ÍNDICE DE POESÍAS 303

PRÓLOGO

Cuando el Doctor Ricardo Rafael Sardiña me pidió que escribiera el prólogo de su libro *Martí, El Poeta*, me sentí más honrado que extrañado de la petición ya que, Rafael, como le llamamos los viejos amigos, veía en mi, la voluntad y el aguijón que lo movía a publicar la obra. Inmediatamente, con esmero, me impuse la tarea de leería. Súbitamente la tarea tomó el ligero encanto y desbocado anhelo de regodearme en la contemplación de tan bella prosa. Del ensimismamiento, pasé —sin darme cuenta, a la angustia del que se siente anonadado por una tarea, en que el empeño no era sustituto de la capacidad, ni la buena voluntad de la escasa autoridad literaria para juzgar— lo que ya yo, abrumado, veía como una obra destinada a ser para *Martí, el Poeta*, lo que fue para *Martí el Apóstol*, el libro de Jorge Mañach. Mi amigo Ricardo Rafael Sardiña en *Martí, El Poeta* nos ha legado un libro que, por su belleza literaria y su profundo análisis, está destinado a ser un clásico del género didáctico y una muestra perdurable de su autoridad académica.

De la desesperación de mi frustado empeño, pasé a la única solución natural: iré en busca de la ayuda de los maestros de nuestra lengua, recopilaré sus opiniones y ese será el justo prólogo.

Aquí, y por su orden de llegada, las opiniones recopiladas hasta hoy:

I

Doctora Rosario Rexach, Ilustre martiana y ensayista, autora de «Estudios sobre Martí» (agotado), miembro de innumerables instituciones académicas entre las que se destaca la Academia Norteamericana de la Lengua Española. Fue en Cuba Profesora Universitaria y, dos veces Presidenta del Lyceum de La Habana. Ha publicado varios ensayos de gran valor y una novela favorablemente comentada. Nos dice:

> «He leído Martí el Poeta con profundo detenimiento. Es un libro hermoso, lleno de una admiración y devoción por el poeta que fue Martí, que es realmente conmovedor. Ricardo Rafael Sardiña ha logrado un libro bellísimo y de una lectura muy interesante que agradará a la mayoría. Yo felicito a Sardiña y lo invito a escribir y trabajar en otros temas martianos».

II

Dr. Marcos Antonio Ramos, historiador y bibliógrafo cubano, Miembro de número de la Academia Norteamericana de la Lengua Española e individuo Correspondiente Hispanoamericano de la Real Academia Española, nos comenta:

> «Al ofrecemos una obra tan necesaria sobre la poesía de José Martí, Ricardo Rafael Sardiña, uno de nuestros intelectuales más cultos, se arroja al fin en brazos de su destino en los estudios martianos. Se trata

de una contribución impresionante a la bibliografía cubana. Su viejo profesor y amigo, Jorge Mañach, en su dedicatoria de 'Martí El Apóstol', escribió estas palabras: 'A Rafael a quien Cuba espera impaciente'. Con este importante libro, una fase de esa espera ha terminado».

III

Luis Mario, famoso poeta y académico cubano, Jefe de Redacción del Diario de las Américas. Nos señala:

Ricardo Rafael Sardiña nos presenta en este libro a un Martí diferente. A un José Martí visto desde el ángulo esencialmente poético. El esfuerzo antológico viene acompañado con la observación crítica, y es saludable conocer a fondo el lirismo de un hombre cuya excepcional obra literaria ha sido opacada ante su inmensa vocación patriótica. Martí, el poeta, colocó tantos lauros en la frente de Cuba como Martí, el patriota. Por eso resulta fascinante leer estas páginas que estudian la poesía martiana en todas sus vertientes. Y hay que reconocer que el libro de Sardiña, además de oportuno es refrescante, y más que refrescante es justo. A ese logro es lícito aspirar cuando se trata de una obra inspirada en el primero de todos los cubanos.

IV

José Antonio Évora, escritor y crítico cubano, ganador de la beca otorgada por John Simon Guggenheim Memorial Foundation considerada por su nivel de participación y competencia entre las más prestigiosas en el campo artístico-literario del mundo. Trabaja como escritor y editor en el diario *El Nuevo Herald*. Opina:

Si alguna prueba faltaba de las infinitas resonancias que tiene la poesía de José Martí, este libro viene a darla con una transparencia que rebasa todos los cálculos. El hecho de que aún hoy sea posible entrar en la controversia sobre la cualidad modernista o romántica de los versos de Martí demuestra hasta que punto su poética era esa fugaz cristalización de lo inasible que él proclamaba, y aquí viene en nuestra ayuda el libro de Ricardo Rafael Sardiña para cruzar otra vez la encrucijada de si lo hacía como buen romántico o como buen modernista. El autor de los *Versos Sencillos* no necesita más pedestales, pero conviene de vez en cuando que un lector acucioso y vehemente como Sardiña saque de las bibliotecas alguna parte de su obra y nos la devuelva viva, que es decir sacudida otra vez por el asombro de un lector lo suficientemente leal como para regresar a ella y lo suficientemente incrédulo como para examinarla despacio, al ritmo de los buenos catadores.

INTRODUCCIÓN

Con visión profética Martí escribió sobre su poesía "mi verso crecerá bajo la yerba, yo también creceré". Las ideas literarias de José Martí y su personal estilo han sido objeto de opiniones divergentes por parte de los críticos. Muchas de ellas presentan contradicciones entre sí. Arturo Torres Rioseco, el eminente escritor chileno, después de calificar a Martí como "una de las personalidades más grandes de América" le sitúa entre los precursores del modernismo americano. Enrique Anderson Imbert, llamando a José Martí, "uno de los lujos que la lengua española puede ofrecer a un público universal" le hace brillar entre los que forman parte del "primer grupo modernista americano". Maxim Newmark afirma que "Martí no fue un modernista en el estilo literario". Luís Alberto Sánchez, contra la opinión de casi todos los críticos de Arte y Literatura, escribe que "no es propiamente un precursor del modernismo, sino un supérstite del romanticismo".

De Martí se ha dicho mucho y se ha escrito otro tanto en las tribunas públicas de América. Cuba esta llena de sus monumentos; la ciudad de New York le honra en mármol blanco en Central Park; Venezuela le tiene un rincón de flores al lado de Bolívar; la honra le ha sido dada, pero no la comprensión; los jóvenes americanos tienen derecho a saber enteramente el mensaje que dejó escrito este hombre lleno de luz y de grandeza.

Muy pocas veces en la Historia una pequeña nación ofreció al mundo hombre tan grande, polifacético y múltiple como José Martí. Brillante en todas sus faces y profundo en todas las direcciones de su espíritu. Dulce y suave fue, hasta el punto de producir una de las revistas infantiles más conmovedoras de la Literatura Universal; pero firme y severo hasta ser capaz de organizar una guerra en una pequeña isla con un pueblo indefenso y cansado de pelear contra una metrópoli, entonces poderosa y bien armada. Realista y positivo como un economista, pero entusiasta como un poeta genuino. En un pueblo sin fe en el triunfo ya, le sembró optimismo. Supo escribir versos sencillos como un colegial y morir en un campo de batalla como todo un Mayor General.

Sin caer en pecado de exageración, sino moviéndonos dentro de las propias páginas de la historia de América, podemos decir que: en el mismo sitio que hoy ocupan en la cumbre los grandes forjadores de la libertad americana; Washington, Hidalgo, Bolívar y San Martín puede colocarse y debe colocarse con holgura y justicia a José Martí; en el mismo sitio que hoy ocupan en las cumbres los grandes estadistas americanos; Lincoln, Juárez y Sarmiento puede colocarse y debe colocarse con igual devoción popular a José Martí; en el mismo sitio que hoy ocupan en la cumbre los grandes poetas de América, José María Heredia, la Monja Criolla Sor Juana Inés de la Cruz, Rubén Darío, Gabriela Mistral y Pablo Neruda, puede colocarse y debe colocarse con la misma excelsitud y grandeza a José Martí.

Para un hombre que logra estos sitios de honor y de gloria entre los grandes apóstoles, estadistas y poetas de un continente, todo elogio es pobre, y todo corazón es escaso para comprenderlo en su universal totalidad.

PARTE PRIMERA

HECHOS IMPORTANTES EN LA VIDA DE JOSÉ MARTÍ

Un orador brilla por lo que habla; pero definitivamente queda por lo que hace.

José Martí

CAPÍTULO I

BOSQUEJO DE SU VIDA

En el propio costado de la muralla colonial, que siglos atrás había servido para defender a la ciudad del ataque de los piratas y de los filibusteros, en el centro de la vieja Habana, en una modesta y limpia casa de paredes blancas y de puertas azules, con un risueño patio interior y amplias alcobas en los altos, nació José Julián Martí y Pérez el 28 de Enero de 1853.

Del padre valenciano, hijo de un modesto fabricante de sogas, y de madre canaria, hija de republicano radicado en Cuba, aprendió José Julián desde muy niño, como la sangre española ya no corría en América en la misma dirección que había corrido en las arterias de los descubridores y colonizadores; sino apasionada y tercamente era monárquica o era republicana. La discusión política que enardecía al público en la calle, llegaba a veces con su particular virulencia y exaltación al hogar de los Martí, plantando en el alma sensible del niño genio la semilla de la tormenta.

Desde 1836, fecha en la que España excluye a la Isla de Cuba, de la representación constitucional en las Cortes, la rebeldía y el movimiento independentista crecen y se extienden por todo el país. Ya, en el año que vino Martí al mundo, tenía Cuba su bandera propia, la de las cinco franjas y la estrella solitaria y por causa de su libertad han ido y están yendo al cadalso continuamente jóvenes imberbes, magníficos poetas, brillantes escritores y pensadores republicanos.

La disparidad política en el hogar de los Martí fue seguida por otra no menor disparidad consistente en puntos de vista distintos en cuanto a la educación del primogénito José Julián. Mientras el padre quería hacer de su pequeño hijo un militar de carrera, Leonor la madre, reclamaba para él, estudios superiores y liberales. Una desgracia acudió a favor de la tesis de Leonor que le proporcionó una pequeña herencia a causa de la muerte de su padre, Antonio Pérez en 1857. Con este dinero convenció a Mariano para que renunciara a su puesto en el ejercito español y probaran todos juntos, fortuna en la madre patria. Pero Don Mariano, "que es honrado pero no tiene capacidad ni buenos modales"[1], fracasó en España y regresó con toda la familia a la Habana y a su antiguo puesto en el ejercito español.

El pequeño José Julián necesitó un padre espiritual y un amigo bueno, y ambas cosas encontró en un profesor y mentor Don Rafael María Mendive, director del Colegio Privado de San Pablo. Ya en marzo de 1865, se conocieron debates, sostenidos por el niño precoz a favor de los unionistas federales que defendían a la Unión y la abolición de la esclavitud negra en los Estados Unidos. Frente a Martí, otro niño inmortal, Fermín Valdés Domínguez, discutía a favor de los confederados. De estas discusiones que debían producir en niños normales sentimientos hostiles, surgió una de las amistades más generosas y profundas de la Historia de Cuba.

En agosto de 1866 Don Rafael, teniendo en consideración la conducta noble y el brillante talento de Martí, resolvió costearle las estudios en el Instituto de la Habana. Así Martí con trece años de edad comenzó su educación secundaria. Estudió en el Instituto y además trabajó en el "San Pablo". Un día que Don Mariano había venido en persona a buscarle al Colegio, Martí dejó al Mentor la siguiente nota:

> Todo el colegio está limpio. He hecho que Salvador le quitara el polvo a todo y le pasara una vez la esponja; pero están tan sucios todos los bancos, las carpetas y pizarras, que se necesita lavarlos otra vez como le he dicho a Salvador que lo haga.[2]

Eran tiempos de revolución en el mundo español. El 17 de septiembre de 1868 el General Prim sublevó en Cádiz a la Armada; en Puerto Rico hubo otro levantamiento contra el decadente imperio español; y el 10 de octubre de este propio año, un abogado bayamés, Carlos Manuel de Céspedes, dio fuego a su propio Ingenio la Demajagua en Yara y después de liberar a sus propios esclavos negros, proclamó la independencia de Cuba. Martí con entusiasmo saludó a la guerra que recién se iniciaba con versos inflamados:

> Del ancho Cauto a la Escambraica Sierra
> Ruge el cañón, y al bélico estampido...
> El bárbaro opresor, estremecido,

---

[1] Jorge Mañach, *Martí El Apóstol* (México: Espasa Calpe Argentina S.A., 1952), p. 16.

[2] *Ibid.*, p. 25.

Gime, solloza, y tímido se aterra.³

Y con el frenesí de la revolución y aprovechando la libertad de imprenta que decretó España tratando de apaciguar la Isla, publicó su primer periódico *El Diablo Cojuelo* en el que estableció sin duda y con perfecta claridad el dilema patriótico: "O Yara o Madrid".⁴

El maestro de Martí, Don Rafael María Mendive, después de guardar prisión política fue desterrado a España. José Martí quedó en total aislamiento espiritual. Las relaciones con su padre, desde la publicación de su drama Abdala, eran relaciones precarias. En octubre escribió al maestro acerca de las relaciones y confesó amargamente:

> Me ha llegado a lastimar tanto que confieso a usted con toda la franqueza ruda que usted me conoce que sólo la esperanza de volver a verle me ha impedido matarme.⁵

En octubre 21 de 1869 fue enviado al Presidio Político, acusado de deslealtad a la madre patria España. Martí recogió el momento en que le comunican la sentencia con el siguiente poema:

> Voy a una casa inmensa en que me han dicho
> que es la vida expirar.
> La patria allí me lleva. Por la patria
> morir, es gozar más.

Después de dos años de presidio, en "Enero 15 de 1871 fue deportado a España"⁶ y desde allí escribió sus primeros documentos políticos de importancia. En mayo 31 del propio año matriculó en la Universidad Central de Madrid y en mayo de 1873 transfirió a la Universidad de Zaragoza. En junio de 1874 recibió el grado de Licenciado en Derecho Civil Canónico y en octubre 24, el otro de Licenciado en Filosofía y Letras.

---

³ José Martí, *Obras Completas* (Caracas: Litho-Tip C.A., 1964), Vol. IV, p. 540.

⁴ Carlos Márquez Sterling, *Martí Ciudadano de América* (New York: Las Americas Publishing Company, 1965), p. 32.

⁵ Mañach, op.cit., p. 34.

⁶ Felix Lisaso, *Martí Martyr of Cuban Independence* (Albuquerque: The University of New Mexico Press, 1953), p. 255.

En Diciembre, con sus flamantes títulos, dejó a España, pasó por París y llegó a México el 8 de febrero de 1875. En marzo 7 Comenzó a escribir en la Revista Universal de México y poco tiempo después su pluma alcanzó resonancia nacional. En noviembre 19 de 1876 fue obligado a salir de México por las fuerzas triunfantes de la Dictadura de Porfirio Díaz. Se dirigió a Guatemala, después de pasar por la Habana usando el segundo nombre y el segundo apellido, Julián Pérez, y allí llegó en abril de 1877. En mayo 29, del propio año, Guatemala le nombró:

> Catedrático de Literatura francesa, inglesa, italiana y alemana y de Historia de la filosofía en la Escuela central de Guatemala, que dirige el ilustre cubano José María Izaguirre.[7]

Pero Martí, atendiendo siempre primero a las exigencias de su alta moral, que a los intereses materiales, el 6 de abril de 1878:

> Renuncia a su cargo en la Escuela Central de Guatemala en solidaridad con el Director José María Izaguirre, que había sido objeto de mal trato por parte del gobierno de Justo Rufino Barrios.[8]

Acogiéndose al Pacto del Zanjón firmado entre España y el Ejército Libertador Cubano el 10 de febrero de 1878, José Martí regresó a la Habana en Septiembre 3 de ese año y en noviembre 12 le nació en Cuba, tal como él quería, su primer hijo, su único hijo, que iba a inspirarle tres años mas tarde, su famosa obra en versos titulada El Ismaelillo.

En abril 21 de 1879, siguiendo la política de pacificación, España ofreció a Cuba la autonomía política. Martí se declaró opuesto a la oferta española y en Septiembre 25 fue deportado por segunda vez a España. Noventa días después volvió a dejarla, esta vez con dirección a New York, ciudad a la que llegó en enero 3 de 1880. Al mes siguiente publicó su primer artículo en inglés sobre el pintor español Raimundo Madrazo, en "The Hour" y continuó la publicación de una serie de artículos en inglés y francés.

---

[7] Jorge Quintana, *Cronolia Biobibliográfica* (Caracas: Litho-Tip C.A., 1964), Vol. I, p. XCVI.

[8] Ibid., p. XCIX

En febrero de 1881 salió de New York para Venezuela y en Caracas enseñó francés en el Colegio Santa María, escribió versos, y fundó la Revista Venezolana. En Julio recibió su cuarto destierro. El dictador venezolano Guzmán Blanco le desagradó el elogio que José Martí hizo del insigne maestro de la juventud Cecilio Acosta y dispuso que el cubano abandonara a Venezuela.

Martí escribió, como con sorpresa y exclamación en el espíritu: "de América soy hijo; a ella me debo. Y de la América a cuya revelación, sacudimiento y fundación urgente me consagro; ésta es la cuna".[9]

No ha cumplido treinta años de edad y ya ha sido desterrado dos veces de su propia patria, y una vez de Guatemala; ya ha tenido que huir de México delante de otra Dictadura, y ahora sufre su quinto destierro de Venezuela, la cuna de América. Con esta pena en el alma resuelve regresar a la América rubia que no tiene el hábito del destierro y en cuyo suelo libre puede preparar la redención de su patria. Con esta resolución en su indomable voluntad y con la tristeza por sus experiencias en tierras hermanas, tomó en el muelle la Guaira el vapor Claudius con rumbo a New York, el 28 de julio de 1881. Se dedicó durante diez años a escribir, a crear y a enseñar. Hizo Crónicas sobre la Actualidad en Norteamérica; en Italia; en Francia; en España y en Alemania. Escribió artículos sobre arte, política y economía para Revistas y Periódicos de toda la América en español, en inglés y en francés. La ciudad le nombró profesor de francés, español e inglés en la Escuela Central y el gobierno de Argentina le hizo su Cónsul General en New York, nombramiento que repitieron después Paraguay y Uruguay. La Casa Appleton le hizo su traductor y la Asociación Literaria Hispanoamericana su Presidente. Rubén Darío leyó sus artículos en la Argentina y desde allí le llamó Maestro y le ofreció visitarle en New York. Pero detrás de todo este quehacer se advertía la imagen de su primer ideal: la libertad de Cuba. En su espíritu positivista la regla humanística le urge: hacer bueno y real cuanto ha escrito y cuanto ha enseñado. Comenzó en consecuencia a entregarse por entero a la causa que ha señalado por meta de su vida. Sabe que tiene que escoger camino; sabe que necesita andarlo; y sabe adonde va. Camino, tarea y meta constituyen su existencia futura. Se libera de todo lo que en algún sentido puede apartarle de su resolución final. Declinó sus responsabilidades contraídas con las casas publicitarias y con las Revistas y Periódicos en los cuales colaboraba y por fin renunció a su cargo

---

[9] Ibid., p. CXXI.

de Cónsul en las Repúblicas que le habían honrado nombrándole. El periódico que ahora necesitaba era un periódico propio que fuese instrumento eficaz de la lucha por la independencia de su patria y con tal propósito fundó en marzo 14 de 1892: Patria, periódico destinado exclusivamente a la obra revolucionaria de libertar a Cuba. Martí expuso lo que sería el ideario del periódico en su primer número titulado: "Nuestras Ideas".

En enero 30 de 1895 la tarea conspiradora había terminado, y comenzaba la etapa militar. La guerra le llamó y a ella fue. Zarpó de New York en el vapor Athos, en la fecha apuntada, con rumbo a Cabo Haitiano, en busca del jefe militar, General Máximo Gómez, habiendo dado antes de partir la orden general del levantamiento en armas. Se proponía, como siempre, convertir cuanto había dicho y escrito en acción y en realidad. El cotejo de la palabra de Martí con su conducta, es algo que constituía la piedra angular de su filosofía y así lo expresó en más de una oportunidad:

> Un orador brilla por lo que habla; pero definitivamente queda por lo que hace. Si no sustenta con sus actos sus frases, aún antes de morir viene a tierra, porque ha estado de pie sobre columnas de humo.[10]

En Santo Domingo después de reunirse con Máximo Gómez, y ya en compañía de los generales Enrique Collazo, Mayía Rodríguez y Manuel Mantilla, comenzó a discutir el Manifiesto en el que dieron a conocer al pueblo de Cuba, a España y al resto del Mundo los principios, las ideas y las normas que regularían la guerra de nuestra independencia.

Martí se dispuso a encarar la muerte en el campo de batalla con una singular actitud que le venía de su concepción de la muerte. Él sabía que al morir no alcanzamos el fin último, sino que únicamente transformamos el vivir. Escribió, cuando comenzó a preparar la guerra, "morir bien, es el único modo seguro de continuar viviendo". Martí era sobre todo un hombre cargado de angustia transcendental. Él padecía del temor espiritual de encarar un futuro más allá de la muerte, al que quizás no pudiera modificar con su concurso ni dirigir con su voluntad. Su angustia partía del temor de encontrar después de la muerte un futuro consecuente de su hacer en la tierra, en otras palabras, temor a la relación entre la conducta terrenal y la salvación eterna. Para quien así vive angustiado, la muerte en sí misma no

---

[10] Martí, *op.cit.*, Vol. I, p. 248.

es angustia, sino que puede llegar a ser motivo de felicidad, si acertamos a morir haciendo lo que "tenemos" que hacer.

La tarea de liberar al último pueblo esclavo de América había sido escogida por Martí como medio de ganarse su salvación eterna. Al partir para la guerra escribió con sentido simbólico y profundo: "sólo lo que vamos a hacer me parece digno".

Lo que se propuso hacer tenía para Martí una doble alternativa y en ambas triunfa desde su propio punto de vista. O iba a morir en la demanda de la libertad de su pueblo o iba a constituir la última República del Continente. Fundar un pueblo o morir con una idea generosa, son fines últimos perseguidos por la ambición transcendental de Martí. En el primero hace lo que debe; en el segundo muere en lo que quiere. En ambos muere o nace. Esta colocación de triunfo seguro, de himno de gloria, de canto de resurrección frente al riesgo de la muerte lo encontramos en cuanta palabra escribió Martí durante estos ciento ocho días que transcurrieron desde su salida de New York hasta su caída mortal en el cruce de Dos Ríos. Martí nos da la impresión de quien disfruta de una particular posición desde la cual no es posible ninguna clase de derrota. Escribió con igual entusiasmo la Declaración de la Guerra que su Testamento Literario. En ambos hay grandeza, hay luz y hay mensaje como si viniera desde un ángulo de la eternidad.

La independencia de Cuba se le había crecido en el corazón como ideal y a su través alcanzó ver el equilibrio de todo el Continente. Con la misma fecha que escribió el Manifiesto de Montecristi escribió a Federico Henriquez Y Carvajal, el ilustre dominicano:

> Las Antillas libres salvarán la independencia de nuestra América y el honor ya dudoso y lastimado de la América inglesa, y acaso acelerarán y fijarán el equilibrio del mundo.[11]

Con igual grandeza habló sobre la esclavitud y sobre el negro:

> Cubanos hay ya en Cuba de uno y otro color, olvidados para siempre del odio en que los puso a vivir la esclavitud. La

---

[11] *Ibid.* Vol. I, p. 249.

revolución lo sabe, y lo proclama; allí no tiene el cubano negro escuelas de ira. Sólo los que odian al negro ven en el negro odio.[12]

En abril 11 de 1895 desembarcó en Cuba llevando la guerra que posibilitó la constitución y surgimiento de la última república americana. Cinco días después el General Máximo Gómez reunido en Consejo con los otros jefes insurrectos le nombró "Mayor General del Ejército Libertador Cubano". En mayo 19 fue mortalmente herido en batalla por el ejército español.

Desde Playitas, lugar por donde Martí desembarcó en Cuba, hasta Dos Ríos, sitio en el que herido y muerto, el Apóstol cubano trazó para la conciencia americana un genuino calvario de esperanza en un mensaje fulgurante de luz y de fe en el futuro de la América española. Lo hizo, por montañas y entre zarzales, calzado con zapatos rotos, vestido de harapos y llevando al hombro el arma redentora y en la cartera la pluma indomitable. En los ratos de descanso, durante la noche sobre un tronco de palmas en el suelo, con una vela de cera dentro de una botella para ampararla de la fuerza del viento, Martí escribió páginas eternas destinadas a los hombres más grandes de la América de entonces. Había dejado tras de sí, fama, fortuna, prestigio continental, hogar, amor y futuro personal, sin embargo pocas horas antes de morir, en mayo 16 confesó en carta íntima a Carmen Miyares, cosas tan luminosas y profundas que se escapan a una completa interpretación:

> Es muy grande mi felicidad; sin ilusión alguna de mis sentidos, ni pensamiento excesivo de mi propio, ni alegría egoísta y pueril puedo decirte que llegué al fin de mi plena naturaleza, me embriaga la dicha con dulce embriaguez, solo la luz es comparable a mi felicidad.[13]

---

[12] *Ibid.* p. 244.
[13] Martí, op. cit., Vol. IV, p. 933.

CAPÍTULO II

LABOR LITERARIA DE JOSÉ MARTÍ

Resulta necesario para la comprensión de la Teoría Literaria de José Martí mirar de manera total, con mirada universal, su obra publicada, reflexionando el tiempo y las condiciones en las cuales escribió. ¡Realmente es una montaña de palabras con sentido y mensaje geniales!

Cuando regresó a Nueva York venía como "el águila trotando", contaba sólo veintiocho años de edad, y había sufrido ya, presidio político y destierro de la monarquía española y además persecución de las jóvenes repúblicas americanas México, Guatemala y Venezuela. Había escrito cuatro dramas: "Abdala" en Cuba; "Adúltera" en Zaragoza; "Amor con Amor se Paga" en México; y el "Drama de la Independencia de Centro América" en Guatemala. Había publicado tres folletos que le habían dado resonancia internacional: "Presidio Político" y "Cuba y la Primera República Española" en España; y "Guatemala" en México. Había sostenido debates políticos públicos; y había defendido sus puntos de vista filosóficos en México contra Gustavo Baz, el insigne escritor mexicano, en "El Materialismo y El Espiritualismo"; y en la Habana contra el eminente pensador Enrique José Varona en "El Realismo y El Idealismo". También había pronunciado ocho discursos literarios en La Academia San Carlos en México; en la Escuela Normal de Guatemala; y en el Liceo de Guanabacoa en la Habana. Había publicado cuarenta y cuatro artículos en español; dieciocho artículos en inglés y dos artículos en francés sobre política, arte, poesía y economía en "El Diablo Cojuelo" de la Habana; en la "Soberanía Nacional de Cádiz"; en la Revista Universal y en el Federalista, de México. Había escrito y publicado treinta y cinco cartas sobre diversos temas desde España, México, Venezuela, Cuba y Guatemala. Había traducido del inglés a Byron y del francés a Victor Hugo. Había impresionado a la opinión intelectual de Guatemala con sus Crónicas en francés y por último había escrito versos ininterrumpidamente desde los quince años de edad.

Desde Julio de 1881, fecha en la que fijó su residencia en New York, hasta noviembre 27 de 1891 en la que hizo su inolvidable brindis a Cuba en Tampa, Martí hizo una vida múltiple, plena de búsqueda y de ansiedad intelectual. Durante este mismo año escribió sus famosos "Versos Libres".

En julio de 1889 publicó por primera vez su inolvidable Revista Infantil con el sugestivo nombre "La Edad de Oro", con los versos más musicales de la lengua española. En abril 1884 publicó su novela "Amistad Funesta". En 1891 salieron a la luz sus Versos Sencillos, de los cuales Gabriela Mistral, la excelsa poetisa Americana, dijo que eran los más hermosos versos que había leído en español. Por esta época también fueron publicadas "Flores del Destierro" compilando y reuniendo versos de diferentes fechas y con distintos temas.

En el campo de las traducciones es asimismo asombrosa su producción. La Casa Appleton publicó su traducción del inglés al español del libro de J.M. Maraffy titulado "Antigüedades Clásicas" y posteriormente el de S. A. Wilkins titulado "Antigüedades Romanas". En diciembre de 1884 la propia Casa Appleton publicó su segunda traducción de Stanley Jones, titulada "Nociones Lógicas". En 1886 publicó la traducción de la novela de Hugh Conway titulada "Called Back". En febrero de 1888 fue publicada la traducción del poema de Thomas Moore titulado "Llala Rock". Y en diciembre de 1889 la Casa Appleton publicó su traducción de la novela "Ramona" de Helen Hunt Jackson.

Esta actividad intelectual creadora y febril fue transformada a partir de noviembre 27 de 1891, fecha en la que asistió en Tampa a una velada cubana y allí pronunció uno de sus mas célebres discursos de la Revolución. Desde este momento hasta que murió en el campo de batalla cruzado por las balas enemigas, Martí pronunció un sinnúmero de discursos patrióticos; sostuvo cientos de entrevistas revolucionarias; defendió en polémicas públicas sus puntos de vista; escribió ciento cincuenta y nueve cartas y publicó ciento veintinueve artículos.

Los últimos cuarenta meses de su vida fueron consagrados por entero a Cuba. El poeta habló en lenguaje de Mártir y de Apóstol.

Las obras completas de José Martí han sido publicadas repetidas veces,. De Martí se ha dicho mucho y se ha escrito otro tanto en las tribunas públicas de América. Cuba esta llena de sus monumentos; la cuidad de New York lo honra en mármol blanco en el Central Park; Venezuela le tiene un rincón de flores al lado de Bolívar; la honra le ha sido dada, pero no la comprensión; los jóvenes americanos tienen derecho a saber enteramente el mensaje que dejó escrito este hombre lleno de luz y de grandeza.

Muy pocas veces en la Historia una pequeña nación ofreció al mundo hombre tan grande, polifacético y múltiple como José Martí. Brillante en todas sus faces y profundo en todas las direcciones de su espíritu. Dulce y suave fue, hasta el punto de producir una de las revistas infantiles más conmovedoras de la Literatura Universal; pero firme y severo hasta ser capaz de organizar una guerra en una pequeña isla con un pueblo indefenso y cansado de pelear contra una metrópoli, entonces poderosa y bien armada. Realista y positivo come un economista, pero entusiasta como un poeta genuino. En un pueblo sin fe en el triunfo ya, le sembró optimismo. Supo escribir versos sencillos como un colegial y morir en un campo de batalla como todo un Mayor General.

Estatua de Martí en el Parque Central de La Habana

PARTE SEGUNDA

ESTUDIO DE LA POESÍA DE JOSÉ MARTÍ

*La poesía no nace de pensar ni del
que la escribe. ¡Nace escrita!*

José Martí

CAPÍTULO III

EL VERSO MARTIANO

1. LA ESTRUCTURA DEL VERSO

En el verso español siempre han existido muchas formas métricas y se han hecho por parte de los poetas uso de muchas licencias. El verso de nueve sílabas, eneasílabos, frecuentemente usado por los modernistas es un verso de arraigada tradición en la literatura española. En los cantares de gestas se encuentran con relativa frecuencia en cada hemistiquio de sus versos bimembres. Menéndez Pidal apunta:

> En las gestas del siglo XII (Mío Cid) y del siglo XIII (Roncesvalles y del siglo XIV) Los Infantes de Lara, y Rodrigo) se usó el hemistiquio de nueve sílabas...el seis por ciento en el "Cid"; el diez por ciento en "Roncesvalles"; el trece por ciento en los Infantes de Lara; y el quince por ciento en Rodrigo.[14]

Sin embargo el hemistiquio de siete sílabas fue perdiendo popularidad con el tiempo, como queda dicho en la siguiente cita:

> En el "Mío Cid" se encuentran el treinta y nueve por ciento de los hemistiquios de siete sílabas; el treinta y nueve por ciento en "Roncesvalles"; el veintiocho por ciento en "Los Infantes de Lara" y el treinta por ciento en "Rodrigo".[15]

En la poesía juglaresca encontramos frecuentemente más usado el hemistiquio de nueve sílabas imitando "el comunísimo verso francés de nueve sílabas".[16]

---

[14] R. Menéndez Pidal, «Romancero Hispánico» (Madrid: Espasa-Calpe S.A., 1953), p. 82.
[15] *Ibid.*
[16] *Ibid.*, **p. 84.**

El modernista que sintió, como ningún otro poeta en al historia, la pasión por la palabra, por la música verbal y por la representación de los sentimientos en la forma más bella y delicada posible, no temió buscar en reglas viejas, ni crear reglas nuevas. José Martí como los otros representantes del Modernismo Hispanoamericano, Gutiérrez Nájera, Casal, Silva, Lugones, Nervo, y sobre todo el mágico nicaragüense Rubén Darío que impulsó decisivamente la renovación literaria, buscaron las mejores formas poéticas en todos los tiempos, en todos los sitios, y en todos los estilos. Martí escribió, "siempre que algo se siente bien y se siente sincero, la forma en que se dice, es nueva y limpia, como de estreno.[17] Con este pensamiento Martí se define a sí mismo como un buscador de la sinceridad expresada en forma musical o no como un esnobista en busca de formas nuevas, nacionalistas o regionalistas. Esta búsqueda de música de expresión es lo que debe la poesía española del Modernismo Hispanoamericano. "Hasta los modernistas la métrica castellana era una cosa rígida, grave o definitivamente estable".[18]

Los modernistas no crearon ningún verso nuevo, esto es imposible de crear. El verso octosílabo y el endecasílabo que son los versos tradicionales en la poesía española son los versos más frecuentemente usados en la poesía modernista también. La creación consiste en el uso de las licencias métricas, en la composición de la estrofa y en la distribución del acento rítmico.

José Martí con frecuencia altera las sílabas gramaticales para hacerlas sílabas métricas. Véase:

1. Sinalefa, dos o mas vocales de distintas palabras, en el mismo verso, reunidas en una sola sílaba métrica:

>Si dicen que del joyero
>Tome la joya mejor,
>Tom<u>o a un</u> amigo sincero
>Y pong<u>o a un</u> lado el amor.[19]
>
>Cuando el peso de la cruz
>El hombre morir resuelve

---

[17] Martí, *op. cit.*, Vol. I, p. 249.

[18] Arturo Torres Rioseco, *Precursores del Modernismo* (New York: Las Americas Publishing Company, 1963, p. 23.

[19] Martí, *op. cit.*, Vol. IV, p. 463.

Sal<u>e a h</u>acer bien, l<u>o hace, y</u> vuelve
Como de un baño de luz.[20]

2. Sinéresis, vocales que pertenecen a sílabas distintas de una misma palabra pronunciadas en un solo golpe de voz:

Sueño con claustros de mármol
Donde en silencio divino
Los h<u>éroe</u>s, de pie, reposan
¡De noche, a la luz del alma,
Hablo con ellos: de noche![21]

3. Diéresis, vocales que pertenecen a una misma sílaba pronunciadas en dos golpes de voz;

Quieren que el verso arrebatado en dura
Cárcel sonante y apretada aherroje,
Cual la espiga deshecha en la alta troje
O en el tosco lagar la vid madura.

No puede ser: La crónica alquilada
El paso ensaye y el sollozo, en donde
Llena d<u>e u</u>ntos, fingirá que implora.[22]

4. En la palabra final del verso Martí a menudo hace licencia métrica también. Las palabras agudas al final del verso deben contar su última sílaba como si fueran dos sílabas y las palabras graves o con acento en la penúltima sílaba deben contarse normalmente, pero en las palabras esdrújulas con acento anterior a la penúltima, las dos últimas sílabas deben contarse como una sola sílaba. Martí rompe esta regla en muchos versos, veamos entre ellos, los siguientes:

¡Esa es la hermosa mujer
Que me robó el cor<u>azón</u>

---

[20] *Ibid.*, p. 470.
[21] *Ibid.*, p. 474.
[22] *Ibid.*, p. 536.

En el soberbio salón
De los pintores de ayer![23]

No di al olvido
Las armas del amor: no de otro púrpura
Vestí que de mi sangre. Abre los brazos,
Listo estoy, madre Muerte: al juez me lleva![24]

¡Horror, horror, en tierra y mar no había
mas que crujidos, furia, niebla y lágrimas!
Los montes, desgajados sobre el llano
rodaban; las llanuras, mares turbios,
En desbordados ríos convertidas,
Vaciaban en los mares;...[25]

2. LA ESTROFA

El entusiasmo por la libertad y por la belleza, fue tan profundo en José Martí que le hizo escribir versos en las medidas métricas y componer estrofas sin sujetarse a clase determinada, con versos del mismo metro y con versos de distinto metro. Véase.

1. Pareados o dísticos: AA – BB

Ya sé: de carne se puede
Hacer una flor: se puede,
Con el poder del cariño,
Hacer un cielo, — y un niño!
De carne se hace también
El alacrán; y también
El gusano de la rosa,
Y la lechuza espantosa.[26]

---

[23] *Ibid.*, p. 470.
[24] *Ibid.*, p. 485.
[25] *Ibid.*, p. 504.
[26] *Ibid.*, p. 473.

Aunque no frecuentemente, Martí usa en otro tipo de estrofas este propio estilo de versificar.

>Cocola: la tormenta
>En mi hervoroso espíritu se sienta;
>Y mi espíritu lleno
>De fe inmortal, sopórtala sereno.[27]

2. Terceto: ABA – BCB – CB

>Una mora de Trípoli tenía
>Una perla rosada, una gran perla,
>Y la echó con desdén el mar un día:
>"Siempre la misma. Ya me cansa verla"
>Pocos años después, junto a la roca
>De Trípoli...¡La gente llora al verla!
>Así le dice al mar la mora loca:
>«¡Oh mar! ¡Oh mar! ¡devuélveme mi perla!»[28]

Obsérvense como se entrelazan las consonancias y como la última estrofa consta de los versos CB a fin de que ningún verso quede libre.

3. Cuarteta: Tienen combinaciones diversas: ABBA – ABAB

>Amo a los patios sombríos
>Con escaleras bordadas;
>Amo las naves calladas
>Y los conventos vacíos.[29]

>Todo es hermoso y constante,
>Todo es música y razón,
>Y todo, como el diamante,
>Antes que luz es carbón.[30]

---

[27] *Ibid.*, p. 588.
[28] *Ibid.*, p. 366.
[29] *Ibid.*, p. 466.
[30] *Ibid.*, p. 463.

4. Quintilla; Con versos de arte menor y quintetos, con versos de arte mayor; ABABA – ABAAB. Véase en versos de arte mayor:

> Cruje la tierra, rueda hecha pedazos
> La ciudad, urge el miedo a la concordia,
> Siervo y señor confúndense en abrazos:
> Bosques las calles son, bosques de brazos
> Que piden al Señor misericordia.[31]

5. Sextilla, en versos de arte menor y sextina en versos de arte mayor: AABAAB – ABABCC.

> Guajirilla ruborosa,
> la mejilla tinta en rosa
> bien pudiera denunciar
> que en la plática sabrosa,
> Guajirilla ruborosa,
> callar fue mejor que hablar.[32]

> ¡Oh, madre, que la ves de la honda huesa
> Alzarse blanca, embellecer la vida,
> Y sientes el instante en que te besa
> Y en que en tu corazón está dormida!
> ¡Oh, labios, que el postrer aire gozaron
> Que sus vírgenes labios respiraron![33]

6. Martí no escribió octavas reales, ni octavas italianas ni octavillas con versos de arte menor. Solo escribió octava libre en versos de distinto metro: AABBCCDD.

> ¡Oh, nave, oh pobre nave:
> Pusiste al cielo el rumbo, engaño grave! –
> Y andando por mar seco

---

[31] *Ibid.*, p. 533.
[32] *Ibid.*, p. 607.
[33] *Ibid.*, p. 552.

Ni se trenza el cabello cuando llora.³⁴
Con estrépito horrendo, diste en hueco!
Castiga así la tierra a quien la olvida
Y a quien la vida burla, hunde en la vida:
Bien solitario estoy, y bien desnudo,
Pero en tu o pecho, oh niño, esta mi escudo!³⁵

7. Décima o espinela, de diez versos octosílabos: ABBA – ACCDDC.

¿Y esto? Perniles roídos,
Y servilletas manchadas,
Y frutas medio gustadas,
Y ramilletes perdidos.
Rizos y bucles caídos,
Broches, lazos, alfileres:
¡Todos los ricos enseres!
¡Todo el polvo de los hombros!
¡Todo postre, todo escombros!
¡Del honor de las mujeres!³⁶

8. Soneto, catorce versos, generalmente endecasílabos. Martí no escribió sonetillo con versos de arte menor. ABBA – ABBA – CDE – CDE.

Quieren, ¡oh mi dolor! que a tu hermosura
De su ornamento natural despoje,
Que el árbol pode, que la flor deshoje,
Que haga el manto viril broche y cintura:

Quieren que el verso arrebatado en dura
Cárcel sonante y apretada aherroje,
Cual la espiga deshecha en la alta troje
O en el tosco lagar la vid madura.

---

³⁴ *Ibid.*, p. 536.
³⁵ *Ibid.*, p. 530.
³⁶ *Ibid.*, p. 593.

No puede ser: la crónica alquilada
El paso ensaye y el sollozo, en donde
Llena de untos, fingiría que implora:

El gran dolor, el alma desolada,
Ni con carmín su lividez esconde,
Ni se trenza el cabello cuando llora.

9. Romance: Son versos octosílabos, generalmente quedan los impares libres y los pares llevan la misma asonancia en toda la composición. Martí escribió muchos de sus poemas en romance de arte menor o romancillo. También escribió con la estrofa propia del romance heroico, en el que se mezclan versos endecasílabos con versos heptasílabos. Véase como la asonancia de los versos pares se repite en el romancillo siguiente:

Dígame mi labriego
¿Cómo es que ha andado
En esta noche lóbrega
Este hondo campo?
¿Dígame de qué flores
Untó el arado,
Que la tierra olorosa
Transciende a nardos?
¿Dígame de que ríos
Regó este prado,
Que era un valle muy negro
Y otra es lozano?
Otros con dagas grandes
Mi pecho araron:
Pues ¿qué hierro es el tuyo
Que no hace daño?
Y esto dije -- y el niño
Riendo me trajo
En sus dos manos blancas
Un beso casto.[37]

---

[37] *Ibid.*, p. 461.

Algunos poemas los escribió con endecasílabos solos o mezclados con heptasílabos, denominados generalmente romance heroico:

> Iba un niño travieso
> Cazando mariposas;
> Las cazaba el bribón, les daba un beso,
> Y después las soltaba entre las rosas.[38]

Martí las cultivó con frecuencia en sus "Versos Libres" y en "Flores del Destierro". En el "Ismaelillo" y en los "Versos Sencillos" las estrofas son más regulares. Véase:

1. Lira, o grupo de cuatro, cinco o seis versos endecasílabos y heptasílabos con variedad de combinaciones: ABABB = AABCCB = ABAB.

> Con la Primavera
> Vuelve el verso alado:
> ¿Qué hará mi corazón, que amar no quiera,
> Si le asalta el amor por el costado?[39]

> Y tallado en un pétalo, tu cuerpo
> Es urna de sonrisas.
> Mañana como un sol que entre las venas
> Se funde y se desliza
> Vendrá el amor, el déspota altanero,
> Señor de nuestras vidas.[40]

> Sé mujer, para mí, como paloma
> Sin ala negra:
> Bajo tus alas mi existencia amparo:
> ¡No la ennegrezcas![41]

---

[38] *Ibid.*, p. 324.
[39] *Ibid.*, p. 572.
[40] *Ibid.*, p. 582.
[41] *Ibid.*, p. 594.

2. Silva, composición arbitraria de endecasílabos y heptasílabos consonantes entre sí: pero que algunos siempre suelen quedar libres. Las estrofas sucesivas no se imitan entre sí, ni en el número de versos ni en la ordenación de sus consonantes.

> Las aves adormidas
> Que bajo el cráneo y bajo el pecho aliento
> Como presagios de futuras vidas,
> Aleteando con ímpetu violento
> Despertaron ayer, — a la manera
> Con que el loco desorden de la fiera
> Copia airado el océano turbulento.[42]

3. Estrofa sáfica, de tres endecasílabos y un pentasílabo, sin rima alguna. Martí escribió con frecuencia este tipo de estrofa con octosíbalos y pentasílabos.

> En estas pálidas tierras,
> ¡Oh niña! en silencio muero
> Como la queja deshonra,
> Yo no me quejo.
>
> Como una bestia encorvada,
> A un yugo vil, aro, y ruego,
> Y como un águila herida
> Muero en silencio.[43]

4. Seguidilla. Compuesta de siete versos, tres, generalmente el primero, el tercero y el sexto heptasílabos sin rima entre sí; y los demás pentasílabos asonantados de dos en dos, esto es, el segundo, el cuarto y el quinto. De la manera siguiente: 1-3-6 libres; 2-4-5-7 asonantados.

> ¡Venid, tábanos fieros,
> Venid, chacales,
> Y mueran trompa y diente

---

[42] *Ibid.*, p. 566.
[43] *Ibid.*, p. 572.

Y en horda ataquen,
Y cual tigre a bisonte
Sítienme y salten!
¡Por aquí, verde envidia!⁴⁴

5. Coplas de pie quebrado, estrofas ordinariamente breves en que alternan versos de cuatro o cinco sílabas, que son como fragmentos de otros más largos: Véase:

— ¿De qué estás triste?
— De amor.
— ¿Por quién?
— Por cierta doncella.
— ¿Muy bella, pues?
— Pues muy bella.
— Estoy muy triste de amor.
— ¿Dónde la hallaste?
— La hallé
En una gruta florida.⁴⁵

3. EL ACENTO RÍTMICO

La mayor contribución de los modernistas al verso español es su sistema de distribución del acento. Con el acento el modernista dio una música no antes prevista un nuestra lengua. No tiene que ser muy técnico el oído para que distinga a primera lectura un verso modernista de otro verso que no lo sea, si luego estudia en que consiste la diferencia hecha, caerá en la cuenta que ha sido únicamente en su sistema de acentuación. Torres Rioseco así lo apunta:

> La principal innovación realizada por los modernistas americanos ha consistido en la modificación definitiva de los acentos; han substituido con la acentuación —ad líbitum— la tiránica y monótona del eneasílabo, del dodecasílabo, hijo de las viejas

---

⁴⁴ *Ibid.*, p. 458.
⁴⁵ *Ibid.*, p. 571.

coplas de arte mayor, y del alejandrino. Los dos últimos han alcanzado con esta variación inmediata y estupenda boga; no así el eneasílabo, que aún está en su período de reelaboración y se sigue usando generalmente con acentos.[46]

Según Ragucci, el acento rítmico en el verso español debe obedecer al cuadro que aparece a continuación:

Versos De (sílabas)	Acentos Necesarios en	No necesario pero aconsejado	Ejemplos
4	—	—	Yo tra<u>ba</u>jo
5	—	1a o 2a	Pícaro h<u>ue</u>so-tragos [un <u>po</u>bre.
6	—	2a o 1a	Con <u>fle</u>cos de seda- [rojos y amarillos.
7	—	2a o 4a	Los a<u>stros</u> vio [suspensos.
8	—	varios	<u>Bra</u>ma, bufa, es<u>car</u>ba, [<u>hue</u>le.
9	2a y 5a	nó ótro	Y es<u>pa</u>cios in<u>men</u>sos [cru<u>zan</u>do.
10	4a	1a	Céfiro <u>blan</u>do, ven [<u>li</u>gero.
11	3a y 6a	1a	Fuertes <u>pe</u>chos sa<u>brán</u> [opo<u>ner</u>
12	6a	varios	¡Cómo el agua li<u>ge</u>ra [lo aca<u>ri</u>cia!
13	4a y 8a	varios	V<u>ué</u>lvenos, <u>Ma</u>dre, [tus <u>be</u>nignos <u>o</u>jos
14	3a, 6a y 9a	—	Yo pal<u>pi</u>to tu <u>glo</u>ria [mi<u>ran</u>do su<u>bli</u>me.
15	2a, 5a, 8a y 11a	—	Que ho<u>rri</u>ble me fuera, [brillando tu <u>fue</u>go fe<u>cun</u>do.[47]

---

[46] Rioseco, *op. cit.*, p. 26.

[47] Rodolfo M. Ragucci, *El habla de mi tierra* (Buenos Aires: Editorial Don Bosco, 1967), p. 806.

En José Martí como en el resto de los modernistas esta distribución es frecuentemente distinta logrando con el cambio una exquisita musicalidad en el verso, que sólo concibieron, aunque no lograron cabalmente, Góngora, Sor Juana Inés de la Cruz, Bécquer y Rosalía de Castro. En Martí esta nota musical del verso se hace tan dulce, tan melódica y subyugante, que gustamos del verso sin necesidad de comprenderlo, en otras palabras, sin necesidad de penetrar en su concepción. Por ejemplo en "Los Zapaticos de Rosa":

> Hay sol bueno y mar de espuma,
> Y arena fina, y Pilar
> Quiere salir a estrenar
> Su sombrerito de pluma.
> — "¡Vaya la niña divina!"
> Dice el padre, y le da un beso:
> "Vaya mi pájaro preso
> A buscarme arena fina".
> "Yo voy con mi niña hermosa",
> Le dijo la madre buena:
> "¡No te manches en la arena
> Los zapaticos de rosa!"
>
> Fueron las dos al jardín
> Por la calle del laurel,
> La madre cogió un clavel
> Y Pilar cogió un jazmín.
> Ella va de todo juego,
> Con aro, y balde, y paleta;
> El balde es color violeta:
> El aro es color de fuego.
>
> Vienen a verlas pasar,
> Nadie quiere verlas ir;
> La madre se echa a reír.
> Y un viejo se echa a llorar.[48]

---

[48] Martí, *op. cit.*, p. 408.

Si leemos con detenimiento y cuidado la parte del poema transcrito, observaremos que para cada verso hay un sistema de acentos. Aparte del acento en la penúltima sílaba como todo verso de arte menor lleva, tiene además este poema una serie de acentos accidentales como si fuese música escrita. El primer verso, que es un verso prosódicamente grave, tiene acento accidental en las sílabas segunda, cuarta, sexta y octava. El segundo verso que es prosódicamente agudo tiene acento en las sílabas primera, tercera, quinta y séptima. Esta difícil facilidad de Martí para hacer con palabras una pieza sinfónica le concede una indiscutible característica modernista.

CAPÍTULO IV

LA METÁFORA EN LA POESÍA DE MARTÍ

1. CONCEPCIÓN DE LA METÁFORA MARTIANA

La metáfora es siempre una comparación entre dos términos: un término es expreso y el otro es representado. Toda la poesía que es verdadera es metafórica para José Martí:

> La poesía es estado vaporoso, nuboso, sumo.
> En forma de precepto da la verdad, el raciocinio filosófico. En forma de imagen da la verdad, la poesía. No nace de pensar ni del que la escribe. ¡Nace escrita![49]

El pensamiento poético de José Martí no cabe en una regla, ni en una palabra recortada por su sentido directo, su poesía es "como la tierra, que con la nieve que la cubre y con la lava que la quema, se fecunda".[50] La composición poética martiana no está precedida por su voluntad de crear, sino por la inspiración que la mueve a crear. Él la escribe en el instante de la brotación, que es precisamente el instante del sentimiento. De ahí viene la naturalidad, originalidad y espontaneidad de la metáfora martiana. En la imagen poética siempre hay una mirada hacia afuera: a la naturaleza y otra mirada en contraste hacia adentro: al alma. Cuando ambas miradas se identifican en la misma visión surge la poesía.

Sin metáfora podemos describir lo que vemos o hemos visto, pero difícilmente podemos expresar lo que pensamos. El nombre es la palabra dada a las cosas por nuestros ojos cuando las miramos, pero apenas las pensamos con cierta profundidad, ya no nos sirve el nombre dado, y entonces nos vemos obligados a aplicarle las cualidades de otro nombre como para completar la significación nueva que le hemos dado con nuestro

---

[49] *Diccionario del Pensamiento de José Martí* (La Habana: Editorial Selecta Librería, 1953), p. 274.

[50] *Ibid.*, p. 275.

particular pensamiento. Cuando Martí quiere expresar a los niños de la "Edad de Oro" el milagro que puede hacer un escultor sobre la piedra bruta o un pintor con su paleta de colores, o un emancipador de pueblos con el pueblo que emancipa, lo expresa así:

> Por tierra, en un estero,
> Estaba un sicomoro:
> Le da un rayo de sol, y del madero
> Muerto, sale volando un ave de oro.[51]

Sicomoro es el nombre de una higuera de Egipto, cuya madera incorruptible usaban los antiguos para fabricar las cajas de sus momias. Un ave o un gusano es al única vida que ofrece en el monte un árbol muerto. El Sol y el oro son símbolos de permanencia, de luz y de esplendor. Todos los nombres usados en estos versos destacan tres cualidades que son precisamente las que Martí quiere que los niños amen y admiren: vida, permanencia y luz. Esta duplicidad de sentidos que nos ofrece la metáfora es expresada por Ortega y Gasset de esta manera en el lúcido párrafo siguiente:

> Cuando hablamos del "fondo del alma" la palabra fondo nos significa ciertos fenómenos espirituales ajenos al espacio y a lo corpóreo, donde no hay superficie ni fondos. Si ese llamado fondo del alma fuese cosa tan clara ante nuestra mente como el color rojo, no hay duda que poseeríamos un nombre directo y exclusivo para designarlo. Pero es el caso que no solo nos cuesta trabajo nombrarlo, sino también pensarlo. Es una realidad escurridiza que se escapa a nuestra tenaza intelectual. Aquí empezamos a advertir el segundo uso, el más profundo y esencial, de la metáfora del conocimiento. No sólo la necesitamos para hacer, mediante un nombre, comprensible a los demás nuestro pensamiento, sino que la necesitamos inevitablemente para pensar nosotros mismos ciertos objetos difíciles.[52]

---

[51] Martí, *op. cit.*, Vol. IV, p. 324.

[52] Manuel Durán, *Ortega y Gasset: Sus Mejores Páginas* (New Jersey: Prentice-Hall, Inc., 1966), p. 234. .

Esta transposición de nombres que significa en último término la metáfora, es hecha por Martí, no para el lector demasiado astuto y demasiado crítico, sino para el lector común, en una forma natural que no esconde al hombre que quiere ser más comprendido que admirado, aunque como poeta y genio que era, escriba a veces en sus "Versos Libres" metáforas que escapan al común entendimiento. Pero en "El Ismaelillo" y en sus "Versos Sencillos", la metáfora surge con lógica en un mundo de objetos naturales y visibles, para darnos un sentido trascendente y profundo de la vida.

2. ANTECEDENTES DE LA METÁFORA MARTIANA

La creación totalmente original no cabe en la historia del espíritu humano. Aunque veamos del genio únicamente sus alas, no podemos dejar de afirmar que en alguna parte remontó su vuelo dejando raíces más o menos remotas. A este respecto escribió el crítico español Juan Velera:

> Hay millones de libros escritos. Si el poeta, para conservar su originalidad, no los leyese, se expondría á coincidir con algunos de ellos y á repetir, por coincidencia y mal, lo que mucho antes que él habrían dicho ya mejor y más gallardamente. Si los leyese, sería sólo para evitar el imitarlos. Cada nuevo ingenio que apareciera en el mundo, lejos de poner en circulación, por decirlo así, nuevas y hermosas expresiones, graciosas ó sublimes imágenes, ideas ó sentimientos delicados ó egregios, lo que haría sería amortizarlos, sacarlos del comercio intelectual, puesto que nadie podría repetirlos sin incurrir en la nota de plagiario.[53]

El gongorismo, el romance y las coplas populares suelen presentarse frecuentemente en medio de la sencillez y la metáfora martiana. El vigor de la imagen en Martí es tanto, que a veces como en el ilustre cordobés se torna oscura y a punto ininteligible. Góngora escribió:

> —muros de abetos, almenas de diamante—
> bates los montes, que, de nieve armados,
> gigantes de cristal los teme el cielo;

---

[53] Juan Valera, *Disertaciones y Juicios Literarios* (Madrid: Imprenta y Fundición de M. Tello, 1890), pp. 205-206.

> donde el cuerno, del eco repetido,
> fieras te expone, que — al teñido suelo,
> muertas, pidiendo términos disformes—
> espumoso coral le dan al Tormes.[54]

Enlazó, en estrofas como las que acabamos de transcribir, tal número de imágenes, e hizo cortes tan violentos en el desarrollo del pensamiento poético, que se escapa parte de la comunicación. Martí con igual inspiración escribió:

> De pie, cada mañana,
> Junto a mi áspero lecho está el verdugo,
> Brilla el sol, nace el mundo, el aire ahuyenta
> Del cráneo la malicia,
> Y mi águila infeliz, mi águila blanca,
> Que cada noche en mi alma se renueva,
> Al Alba universal las alas tiende
> Y, camino del Sol, emprende el vuelo...
> Y en vez del claro vuelo al sol altivo
> Por entre pies ensangrentada y rota,
> De un grano en busca el águila rastrea.[55]

En la *Soledad Primera*, Góngora escapándose de la lógica y sin atender a la comunicación de sus pensamientos, sino a sí propio dice:

> entre espinas crepúsculos pisando,
> riscos que aun igualara mal, volando,
> veloz, intrépida ala,
> menos cansado que confuso, escala.[56]

Y en el propio poema agrega:

> Y — sierpe de cristal — juntar le impide
> la cabeza, del Norte coronada,

---

[54] Luís de Góngora, *Antología* (Buenos Aires: Espasa-Calpe Argentina SA., 1943), p. 25.
[55] Martí, *op. cit.*, p. 494.
[56] Góngora, *op. cit.*, p. 28.

con la que ilustra el Sur, cola escamada
de antárticas estrellas.[57]

Esta imagen de cristal de Góngora, nos recuerda a su vez a Lope de Vega en la "Silva a la ciudad de Logroño":

Siempre parecen unos,
Que en lanzas de cristal hieren al cielo..
En diluvios de aljófares el suelo.[58]

No sabemos quien escribió primero la imagen, si Góngora nacido en 1561 y muerto en 1627 o Lope nacido en 1562 y muerto en 1635. Recordado a Sor Juana Inés de la Cruz podemos afirmar:

Para todo se halla prueba,
y razón en que fundarlo;
y no hay razón para nada,
de auer razón para tanto.[59]

Aunque las imágenes y los acentos de la poesía de Martí que nos traen a la memoria las imágenes y los acentos de la poesía gongorina, son mejor apreciados en la obra, vista de conjunto en ambos, podemos destacarla en algunos casos concretos. Véase en Góngora, por ejemplo:

— calzada abriles y vestida mayos—
centellas saca de cristal undoso
a un pedernal orlado de narcisos.
Este, pues, centro era
meta umbrosa al vaquero convecino,
y delicioso término al distante,
donde, aún cansado más que el caminante,
concurría el camino.[60]

---

[57] . *Ibid.*, p. 39.
[58] Durán, *op. cit.*, p. 236.
[59] Sor Juana Inés de la Cruz, *Obras Escogidas* (México: Editorial Cultura, 1928), p. 93.
[60] Góngora, *op. cit.*, p. 44.

Las imágenes en esta estrofa no sólo han resultado oscuras por su número, sino también por los cortes violentos y los estupendos saltos de la imaginación que se encuentran de un verso a otro verso. En Martí podemos encontrar con idénticos cortes y saltos:

> ¿Qué como crin hirsuta de espantado
> Caballo que en los troncos secos mira,
> Garras y dientes de tremendo lobo,
> Mi destrozado verso se levanta?
> Si, pero ¡se levanta! A la manera,
> Como cuando el puñal se hunde en el cuello
> De la res, sube al cielo hilo de sangre.
> Sólo el amor engendra melodías.[61]

Si tal comparación entre ambos poetas es reducida únicamente a las imágenes independientes de la estrofa y del poema del que forman parte, resulta más incomprensible entonces la nueva lógica poética de la metáfora. Piénsese el siguiente rosario de imágenes gongorinas:

> peinar el viento, fatigar la selva...[62]
> en un formidable bostezo de la tierra...[63]
> pisando la dudosa luz del día...[64]
> en carros de cristal campos de plata...[65]

Compárese la lógica de tales imágenes con estas otras imágenes de Martí:

> Donde ni el Sol da luz, ni el árbol sombra...[66]
> Vaciad un monte en tajo del sol vivo...[67]

---

[61] Martí, *op. cit.*, p. 502.
[62] Góngora, *op. cit.*, p. 95.
[63] *Ibid.*, p. 96.
[64] *Ibid.*, p. 97.
[65] *Ibid.*, p. 9.
[66] Martí, *op. cit.*, p. 478.
[67] *Ibid.*, p. 498.

> Citó al rayo y lo ató por entre truncos...[68]
> Al envainarla en el Sol, se rompe en alas...[69]

Con energía y color ambos poetas hacen poesía. Martí escribió a los niños en la "Edad de Oro" que un grano de poesía sazonaba a todo un siglo. Quizás en confesárselo él sabía que un grano de sus metáforas había pulido y había dado esplendor al idioma español. Después que estos poetas cantaron su verso, el idioma de Cervantes es mucho más rico y más dulce de hablar. La cualidad ornamental de estas metáforas, ennobleciendo la lengua, influyeron también en el pensamiento, ofreciéndole una nueva lógica y un infinito campo por donde volar.

3. METÁFORAS LÓGICAS EN EL VERSO DE MARTI

En su primer libro de versos "El Ismaelillo" dedicado a su hijo, Martí le pinta como un príncipe enano en arreos de gala:

> ¡Heme ya, puesto en armas,
> En la pelea!
> Quiere el príncipe enano
> Que a luchar vuelva:
> El para mí es corona,
> Almohada, espuela.[70]

Martí expresa lo que significa para él su hijo con la palabra corona que es símbolo de victoria y emblema de dignidad y poder; con almohada que es colchoncillo para el descanso y para el sueño; y con espuela que es aguijón para picar la cabalgadura y estímulo para andar. El sentido de tales palabras es revelado inmediatamente que se les oye y con todas sus cualidades en una sola nueva cosa, la metáfora, Martí nos ha dicho el sentimiento que nos quiere comunicar acerca de su hijo. La pincelada ha sido certera, justa y bella. Las palabras usadas son palabras que han ennoblecido los usos. La corona se ha usado siempre para distinguir: a los poetas con corona de laureles; a los invitados de honor con corona de flores; al poder

---

[68] *Ibid.*, p. 503.
[69] *Ibid.*, p. 476.
[70] *Ibid.*, p. 452.

y magnificencia de los reyes con corona de joyas. La almohada nos trae la idea del descanso y de la paz. Con la necesidad del techo y de la almohada se distinguió el hombre del resto de los animales. Espuela es sinónimo de motivación y de grandes empresas. En la Edad Media, calzar espuelas doradas era señal de parentesco con el Rey de España. Todas estas significaciones dadas en cuatro versos de arte menor, con música y con belleza, han logrado la metáfora del padre amante, cariñoso y tierno que se dispone a jugar con su pequeño hijo de tres años.

Otra serie de metáforas lógicas las advertimos en su primer libro de poemas, "Versos Sencillos". En éstas Martí expresa su procedencia, sus más profundas vivencias espirituales y su fe.

> Todo es hermoso y constante,
> Todo es música y razón,
> Y todo, como el diamante,
> Antes que luz es carbón.[71]

En el modo en que "Todo" está usado en estos versos es una palabra onmicomprensiva, que sugiere la totalidad de las leyes universales y de la suma de experiencias del hombre. Todo este conjunto de leyes y experiencias humanas se presenta a los ojos del poeta en forma hermosa, permanente, sometida a las normas de la razón y a la armonía de la música. La naturaleza no es algo para Martí desorganizado, sin principio o sin fin, sino es un "Todo" organizado y armónico como la música, que la razón puede descubrir. Pero además Martí apunta otra filosofía, de acento optimista, cuando expresa que todo lo que vive progresa constantemente, en una eterna evolución de lo bueno a lo mejor. El carbón es un mineral oscuro que reposa en las entrañas de la tierra, resultante de la descomposición lenta de la materia leñosa. Esta substancia fósil, cuando se cristaliza debido a algún fenómeno en el interior de la tierra produce el diamante que es una piedra preciosa, de gran brillo y tan dura que es capaz de rayar todos los demás cuerpos. Para Martí sólo se precisa un proceso de cristalización para ir desde la oscuridad hasta la luz; desde la cueva hasta la catedral.

En un poema que dio fama a Martí en toda la América, hay esta metáfora:

---

[71] *Ibid.*, p. 463.

> Quiero, a la sombra de un ala,
> Contar este cuento en flor:
> La niña de Guatemala......
> Como de bronce candente
> Al beso de despedida
> Era su frente ¡La frente
> Que más he amado en mi vida![72]

La niña de Guatemala es la Srta. María García Granados, hija de un expresidente del hermano país y alumna de José Martí en la Escuela Normal de Guatemala. María tenía veinte años de edad y Martí veinticinco. El padre de María invitaba a Martí frecuentemente a su casa, y ella hacía inolvidable la velada con su piano y él con su poesía. Muchas veces pensó Martí que había "un amor dormido en la mirada espléndida y suave"[73] de la alumna. Pero nunca hubo confesión de amor recíproco ni se salvó la natural distancia que reina entre profesor y alumna. Martí había dado palabra de matrimonio en México y como siempre fue a cumplirla en el invierno de 1877. Cuando regresa casado, María enferma y muere.

Léase las palabras usadas por Martí para comenzar el poema y situarnos en su verdadero estado de ánimo: ala y flor. Caérsele a uno las alas, es faltarle el ánimo para una empresa, o privarle de los medios con que se cuenta para hacer algo. Tener ala es disfrutar de osadía o engreimiento para emprender nuestra tarea. El ala es también el símbolo de pureza cuando se usa para representar los ángeles custodios y en tal sentido significa protección. Todo esto es precisamente lo que Martí implora para escribir el poema de un amor que entre profesor y alumna nunca fue confesado expresamente, pero mutuamente adivinado. Esta no confesión mutua del amor, lo dice magníficamente con la palabra: flor. La flor es un heraldo del fruto, es el mensaje que usa el árbol para decirle a la naturaleza que trae fruto. En flor está una cosa no lograda todavía, pero que puede llegarse a lograr. Es la esperanza de un sueño que aún no es realidad. Está en flor lo que se está formando, y tiene ya, todas las cualidades y atributos del fruto que será cuando se desarrolle plenamente. Martí ha logrado con su metáfora —ala—flor— ofrecernos su total estado de espíritu. Necesita osadía para contar lo que se propone contar; pide protección para no herir con el

---

[72] *Ibid.*, p. 466.
[73] Mañach, *op. cit.*, p. 97.

recuerdo el honor de la niña alumna que inmortaliza en su poema y confiesa a la posteridad el pecado de su olvido y suplica la dispensa del daño que hizo sin proponerse hacerlo.

En otra metáfora Martí expresa su amor a la sencillez y a la naturaleza, y lo hace identificándose con los pobres y con los humildes:

> Con los pobres de la tierra
> Quiero yo mi suerte echar:
> El arroyo de la sierra
> Me complace más que el mar.
> Dénle al vano el oro tierno
> Que arde y brilla en el crisol:
> A mí denme el bosque eterno
> Cuando rompe en él el Sol.
> Busca el obispo el España
> Pilares para su altar;
> ¡En mi templo en la montaña,
> El álamo es el pilar!
> Y la alfombra es puro helecho,
> Y los muros abedul,
> Y la luz viene del techo,
> Del techo de cielo azul.[74]

Frente al poderío manifiesto del mar, que aunque sirve de ruta, no calma la sed, la idea del arroyo de la sierra fertilizando los valles y dando agua al sediento es una buena metáfora para expresar lo que Martí nos quiere comunicar de su espíritu y su nobleza frente a los pobres. El momento del amanecer en el bosque, es delicadamente logrado con el adjetivo eterno, que nos mueve a pensar en lo estable y severo y firme de las cosas, y el verbo "romper" que nos trae la idea de la acción y del movimiento de todo lo que vive. De aquel sentimiento de eternidad y esta visión dinámica que es todo amanecer surgió la metáfora llena de expresión y esplendor. El excesivo oropel con que en ocasiones, la Iglesia ha parecido dotarse, es denunciado por Martí con el verbo "busca el obispo de España pilares para su altar", e inmediatamente opone a tal búsqueda la idea de los álamos, levantados por la naturaleza para pilares de la montaña.

---

[74] Martí, *op. cit.*, p. 464.

En otra serie de metáforas para expresar su defensa de la libertad del espíritu frente a las riquezas proporcionadas por un materialismo que nos subyuga como piezas de una gran máquina. Martí escribe en su poema "Yugo y Estrella", con versos de arte mayor y con irregularidad en el número de las sílabas:

> Cuando nací, si sol, mi madre dijo:...
> — Mira estas dos, que con dolor te brindo,
> insignias de la vida: ve y escoge,
> Este, es un yugo: quien lo acepta, goza.
> Hace de manso buey, y como presta
> Servicio a los señores, duerme en paja
> Caliente, y tiene rica y ancha avena..
> ...Esta, que alumbra y mata, es una estrella.
> Como que riega luz, los pecadores
> Huyen de quien la lleva, y en la vida,
> ...Todo el que lleva luz se queda solo...
> Como que crea, crece...
> — Dame el yugo, oh mi madre, de manera
> Que puesto en él de pie, luzca en mi frente
> Mejor la estrella que ilumina y mata.[75]

El poeta ha creado un diálogo entre una madre y su recién nacido para escribir este famoso poema. La madre quiere que su hijo sea digno y libre, no vil y esclavo. Estos dos tipos de existencia están representados por dos insignias de la vida que son el yugo y la estrella. Como en otros poemas Martí ha hecho sus metáforas con palabras que tienen muchos sentidos y con frecuencia contradictorios.

El yugo es un instrumento de madera al cual, formando yunta, se uncen las mulas o los bueyes, pero en los tiempos de la antigua Roma significaba una especie de horca por debajo de la cual hacían pasar los vencedores a los enemigos vencidos. También yugo era el velo que se ponían los desposados en la misa de velaciones y asimismo se llamaban a la ley que sujeta y obliga a obedecer. Yugo es en todas sus definiciones palabra que significa obligación y compromiso.

---

[75] *Ibid.*, p. 491.

Los significados de estrella ocupan una página de cualquier diccionario: estrella es, desde cualquier cuerpo que brille en la bóveda celeste, hasta una rueda, en el torno de la seda, cuyas puntas sirven para hacer andar a otra. También estrella es el destino, el hado, o el signo de una persona. En algunos países americanos estrella es cara de una moneda de plata y, si fugaz, es el cuerpo luminoso que suele verse repentinamente en la atmósfera y se mueve con gran velocidad. Con frecuencia llamamos estrella al dolor muy fuerte y vivo sin poder explicar sus causas.

Sin embargo, en todos los usos de la palabra estrella, significamos luz, destino o sensibilidad. La persona que sigue la estrella y abandona el yugo es una persona, de acuerdo con el poeta, que ha tomado el camino para el cual fue creada el de la libertad, la dignidad y el bien

Tanto en las imágenes de pura lógica poética que estudiamos al principio de este capítulo, como las que estudiamos en esta segunda parte, sencillas, profundas y con mensaje claro y brillante, en ambas está revelada la grandiosidad de la concepción poética martiana.

CAPÍTULO V

EL TEMA

1. IDENTIDAD CON EL TEMA

El tema como sinónimo de asunto en una obra literaria implica desde el conflicto dramático hasta la propia moral de la obra y por ello resulta propio de otro estudio. Tema significa en el presente estudio la idea central que surge viva y defendida en la obra literaria de José Martí.

La exposición de un tema exige de una operación mental rigurosa en el autor. Primero no tendrá suerte en tal exposición, si previamente no ha comprendido cabalmente el asunto que constituye su tema, incorporándole a su vez a su propio sentimiento y criterio. Después de la comprensión total debe disponer el material del asunto de la composición en forma lógica: principio, medio y fin. Por último en la elocución del tema comprendido y organizado tratará de escoger las palabras más sonoras y rítmicas para ofrecernos concepciones grandiosas, inteligibles y brillantes.

En la obra literaria de José Martí estas condiciones previas están generalmente logradas con la difícil facilidad que al genio se le atribuye. La identidad de Martí son su tema, no sólo fue lógica, sino vital. El se identificó no sólo con su verbo, sino con su vida entera. La impresión que su poesía deja en el lector no es la de un poeta que quiso cantar, sino la del hombre que necesitó confesar se mensaje interior. En el prólogo escrito en "El Ismaelillo" para su propio hijo dice:

> Si alguien te dice que estas páginas se parecen a otras páginas,
> diles que te amo demasiado para profanarte así.
> Tal como aquí te pinto, tal te han visto mis ojos.[76]

Esta identidad de Martí con su tema es expresada también en la Introducción a sus "Versos Libres", en la que declara apasionadamente:

---

[76] *Ibid.*, p. 452.

Tajos son éstos de mis propias entrañas — mis guerreros — Ninguno me ha salido recalentado, artificioso, recompuesto, de la mente; sino como las lágrimas salen de los ojos y la sangre sale a borbotones de la herida. No zurcí de éste y de aquél, sino salé en mi mismo. Van escritos, no en tinta de academia, sino en mi propia sangre. Lo que aquí doy a ver lo he visto antes (yo lo he visto, yo), y he visto más, que huyó sin darme tiempo a que copiara sus rasgos.[77]

Iguales argumentos expresó en uno de los editoriales del periódico "Patria", defendiendo la idea de la poesía al servicio de una tesis:

Alegatos en verso, o resúmenes históricos, o sambumbia erótica, hecha de melaza de todas las literaturas, no es poesía; sino la Flor de nuestro dolor, la chispa de la cólera pública, y el choque vivido del alma vibrante y la beldad de la natura.[78]

En la "Revista Universal" de México planteó la función de la poesía en la educación y no como mero pasatiempo en los juegos florales:

La poesía no es el canto débil de naturaleza plástica; ésta es la poesía de los pueblos esclavos y cobardes. La poesía de las naciones libres, la de los pueblos dueños, la de nuestra tierra americana, es la que desentraña y ahonda en el hombre las razones de la vida, en la tierra los gérmenes del ser.[79]

Este modo de encarar el tema en la poesía es distinto de la idea que tenían los críticos de su tiempo. Juan Valera el crítico español al juzgar el libro "Azul" de Rubén Darío, escribe comentando el tema de sus poemas y sus cuentos:

Si se me preguntase qué enseña su libro de usted y de que trata, respondería sin vacilar: no enseña nada, y trata de nada y de todo. Es obra de artista, obra de pasatiempo, de mera imaginación.

---

[77] *Ibid.*, p. 476.
[78] Castro, *op. cit.*, p. 274.
[79] *Ibid.*, p. 272.

¿Qué enseña o de que trata un dije, un camafeo, un esmalte, una pintura o una linda copa esculpida?[80]

Martí por el contrario pone a la poesía a rendir otra labor, porque sabe que con la pluma puede el poeta sembrar y edificar y cree que es crimen si con ella no siembra o edifica.

2. FORMA INTERNA

La disposición del tema en José Martí ofrece la impresión de la arquitectura gótica en la que todo trabaja y funciona para dar una visión de conjunto en una unidad monolítica. Martí sugiere desde el principio el tema que se propone tratar, lo desarrolla plenamente después con juicios descriptivos y valorativos, y al final concluye de una manera breve, natural y espontánea. El primer poema del "Ismaelillo" lo comienza con la dedicatoria, "Para un príncipe enano, se hace esta fiesta" y lo concluye con el mensaje: "Déjeme que la vida ¡A él, a él ofrezca!"[81] La misma técnica desarrolla en los "Versos Sencillos", lo que comienza presentándose a sí mIsmo con Ingenuidad sorprendente. "Yo soy un hombre sincero De donde crece la palma" cuando termina el rosario de poemas, dice, "Verso, o nos condenan juntos, O nos salvamos los dos".[82]

En el prólogo a los "Versos Libres", escritos en tinta que no es de Academia, confiesa que ama las sonoridades difíciles y la sinceridad, que ha pintado sus visiones como las ha visto, y que sólo da fe, que los vestidos que ha puesto a sus visiones no fueron antes usados. Consecuente con este preliminar escribe en su primer poema:

> Ven, mi caballo, a que te encinche: quieren
> Que no con garbo natural el coso
> Al sabio impulso corras de la vida
> Sino que el paso de la pista aprendas,
> Y la lengua del látigo, y sumiso
> Des a la silla el arrogante lomo: —
> Ven, mi caballo: dicen que en el pecho

---

[80] Juan Valera, *Obras Completas* (Madrid: Aguilar, 1958), T. III, p. 292.
[81] Martí, *op. cit.*, p. 452.
[82] *Ibid.*, p. 475.

> Lo que es cierto, no es cierto: que las estrofas
> Ígneas que en lo hondo de las almas nacen,...
> No han de cantarse, no, sino las pautas
> Que en moldecillo azucarado y hueco
> Encasacados dómines dibujan.[83]

Y con el mismo tema en el último poema afirma su pensamiento sobre la libertad en la creación poética:

> Sufro, cuando no viene; yo no tengo
> Otro amor en el mundo ¡o mi poesía¡
> Como sobre la pampa el viento negro
> Cae sobre mí tu enojo
> A mí, que te respeto.
> De su altivez me quejo al pueblo honrado:
> Espera, no perdona. Brilla, y quiere
> Que con el limpio brillo del acero
> Ya el verso al mundo cabalgando salga; —
> Tal, una loca de pudor, apenas
> Un minuto al artista el cuerpo ofrece
> Para que esculpa en mármol su hermosura
> Vuelan las flores que del cielo bajan,
> Vuelan, como irritadas mariposas,
> Para jamás volver, las crueles vuelan...[84]

Obsérvese como la forma interna en la composición literaria martiana se cumple no sólo dentro de cada poema, sino dentro de cada obra. En "Flores del Desierto", su cuarto libro de versos, no se encuentran estas disposiciones de materia poética, porque el libro está destinado a recoger todas las poesías varias de Martí. En el fueron publicadas las primeras, escritas cuando niño, y las póstumas, camino ya del calvario de la patria.

---

[83] *Ibid.*, p. 477.
[84] *Ibid.*, p. 523.

3. FUENTES DEL TEMA

La amplitud del tema es dado siempre por la calidad y las características de las fuentes de la inspiración que lo nutren. Las fuentes de la poesía en Martí son: la naturaleza por vía de la alteración; y el alma propia por vía del ensimismamiento. Detengámonos en la explicación de estos conceptos.

En la contemplación de la naturaleza generalmente se encuentran dos conductas: por una la hacemos nuestra aliada y nos la identificamos; por la otra la admiramos sin hacernos parte de ella. Por vía de la alteración nos identificamos y en sus leyes profundas nos encontramos y en su belleza nos regocijamos. Alterarse es transponerse. Vivir vida de otro ajeno al yo nuestro. Es vivir por y con lo que está fuera de nosotros. Dolerse en el dolor ajeno y reír con la felicidad que no es propia. Descubrir en la ignorancia que nos circunda nuestra oscuridad; padecer en la miseria del semejante nuestra escasez; sentirnos impotentes frente a la orfandad del niño; y al fin venir a la comprensión que el mundo que está fuera forma parte de nuestro mundo dentro. Y cuando tal calidad descubrimos encontramos que hay ley universal en la ley íntima y en el ensimismamiento, no sólo el "yo" sino el "todo" se presenta. Es como volver al fondo de nuestra alma para recrearnos con las visiones que llevamos dentro. Es vivir con una mirada en la imagen interna del ojo; y un pasado pródigo hecho vivienda en el corazón. Así como nos alteramos con la vida de los sentidos, podemos ensimismarnos con la fuerza de la imaginación; aquella nos rodea y nos divierte, ésta nos llena de pasión íntima y nos deleita. El amor es un sentimiento de tanta plenitud porque está formado con elementos de alteración y embellecido por los del ensimismamiento, por ello es de tan difícil comprensión esta maravillosa contradicción.

Cuando el alma asimila este proceso de versión del "yo" e identificación del mundo hace poesía con la sencillez y la espontaneidad que la flor brota o el árbol crece. El poeta encuentra nítido tema en los colores de la montaña; en los movimientos del río; en el murmullo de las olas del mar; en la suavidad de la brisa; en la fuerza de una tormenta y en la serenidad de un cielo azul, y a todo este repertorio de imágenes grandiosas las identifica a las visiones que presenta el alma; cuando la belleza la embriaga; cuando el amor la toma; cuando el dolor la trasciende o cuando la sed de los infinitos la confunde con él. En la fuente poética martiana coinciden las contemplaciones exteriores con las imágenes interiores y de tal simbiosis surge su inagotable tema poético, adornado con la angustia cristiana.

El sentido cristiano y purgativo que de la vida tiene José Martí, da a su poesía la tristeza del sentimiento de la provisionalidad, la fe en la paz eterna prometida y la duda de alcanzarla.

La promesa cristiana que debía ser fuente de optimismo para el alma humana, es frecuentemente la causa de su angustia, cuando el ser considera que por su naturaleza y su circunstancia vital le es inasequible la meta ofrecida por el Cristo, y entonces convierte la esperanza de la paz eterna en la duda de la maldición eterna.

Don Miguel Unamuno expresó esta angustia con la palabra directa y sencilla cuando escribió:

> Sed perfectos como vuestro Padre que está en los cielos es perfecto, nos dijo el Cristo, y semejante ideal de perfección es, sin duda, inasequible. Pero nos puso lo inasequible como meta y término de nuestros esfuerzos.[85]

Con esta duda sobre la perfectibilidad de nuestra naturaleza, el cristiano se llena de angustia, ora optimista cuando piensa que el cielo es conquistable; ora pesimista cuando a su propio juicio la conquista se hace imposible. En Martí este cambio de ánimo en su fe se encuentra a menudo. Véase el humor pesimista en la siguiente estrofa:

> Modo y ruin, la vida me aparece,
> Como gota de leche que en cansado
> Pezón, al terco ordeño, titubea,
> Como carga de hormiga, como taza
> De agua añeja en la jaula de un jilguero.[86]

Y la nota optimista aparece de vez en cuando como en los siguientes versos:

> Del camino oscuro
> Que va do no se sabe, ésta es posada,
> Y de pagar se tiene al hostelero.

---

[85] Walter T. Pattison, *Spanish Authors* (New York: Oxford University Press, 1963), Vol. II, p. 527.

[86] Martí, *op. cit.*, pp. 490-491.

Luego será gorja, luego el llano,
Luego el prado oloroso, el alto monte.[87]

---

[87] *Ibid.*, p. 480.

CAPÍTULO VI

EL ESTILO

1. LA PROFUNDIDAD EN TONO SUAVE

No se muestra el estilo en la estructura del verso; ni en la composición de las estrofas; ni en el ritmo del acento en las palabras; ni en la libertad de las metáforas; ni en las profundidades del tema literario; el estilo es todo eso y mucho más. Como un producto químico el estilo es algo más que aquello que es cada elemento constitutivo. El agua es algo más que el hidrógeno, el oxígeno, y el calor que califica su estado. En el estilo hay una vida, hay un pensamiento que resulta de todos los pensamientos expresados en la obra literaria; hay una gran metáfora producto de todas las metáforas aisladas y de todas las formas del decir que el autor usa; hay una opinión que el lector va formando entre palabra y palabra que transciende de toda la obra, sin saberse exactamente en que verso fundarla ni en que afirmación del autor afincarla. Buffon escribió con razón "el estilo es el hombre...escribir bien es poseer al mismo tiempo inteligencia, alma y gusto".[88] Para Fénelon "el estilo del hombre forma tanta parte de él como su rostro, su cuerpo o el ritmo de su pulso".[89] Para Schopenhauer "es la fisonomía de la mente".[90]

Todas las definiciones transcritas tienen un denominador común: el estilo es el reflejo de la plenitud individual de un autor. José Martí, desde un punto de vista más pedagógico que literario, puede ser encasillado en la escuela literaria que un determinado crítico decida, pero deberá tenerse presente siempre que su enorme personalidad le hace totalmente "incasillable". Busquemos, pues, en su estilo lo que de común hay con el estilo del resto de los modernistas, sin pretender con ello, desconocer la maravillosa plenitud individual de José Martí. El venero del estilo martiano es revelado en su palabra cuando ama y cuando riñe; en su verbo cuando con él acaricia

---

[88] Manuel Pumarega, *Frases Célebres de Hombres Célebres* (México: Compañía General de Ediciones S.A.), p. 164.
[89] *Ibid.*
[90] *Ibid.*, p. 165.

o invita a la batalla; en los colores y profundidad de sus metáforas; en la energía de sus sugerencias y en la expresión sencilla de su profunda concepción.

El pueblo latino con pueril orgullo solía repetir "nihil novum sub sole" significando con ello que nada podía ser creado por el hombre que ya no lo estuviera en alguna forma dada. Martí da un nuevo acento genial a esta sentencia afirmando que siempre que algo se siente bien y con indubitable sinceridad, la forma en que se dice, es nueva y limpia, como de estreno. Para Martí la novedad de la forma está en la limpieza del concepto y en la pureza del sentimiento, con lo cual se le da a la palabra, nueva carga de color, de pasión y de significado.

Martí dice con tremenda intensidad y dramatismo cuanto quiere decir. En tono suave y con palabra dulce nos entrega su mensaje cargado de profundidad y de sentido filosófico. Frecuentemente la música del verso y la suavidad del verso nos disimula la intención de lo dicho, y tenemos que volver atrás con la lectura, entonces separando un poco la belleza de la poesía, para descubrir la carga intelectual disimulada. Véase:

> Si me pedís un símbolo del mundo
> En estos tiempos, vedlo: un ala rota
> Se labra mucho el oro. ¡El alma apenas![91]

¿Qué es un ala rota? Ala rota es el ala que no puede volar, el ala que no puede hacer aquello que precisamente le toca hacer por su propio destino, por meta dada por la misma naturaleza del ala. El quehacer y las metas del hombre moderno no son a juicio de Martí el quehacer y las metas que le fueron dadas por su naturaleza y por su espíritu. El oro en el sentido aquí empleado es símbolo de utilitarismo, de mercantilismo, que hace cosas para cambiarlas y no para disfrutarlas. El alma que simboliza lo que la humanidad tiene de espiritual, es cada vez menos cultivada a expensas de la otra preocupación mercantilista. Igual filosofía fue repetida años más tarde por el insigne Maestro, José Enrique Rodó, en su libro "Ariel". Todo lo que en prosa hemos explicado lo hizo Martí con agradable acento y profunda filosofía en sólo tres versos. La metáfora es brillante y el estilo, aunque enérgico y claro, es dulce y poético. Ala y oro y alma son palabras que recibimos con suavidad, sin esfuerzo para la comprensión y con halago para

---

[91] *Ibid.*, p. 503.

el oído. Sin embargo la filosofía que contienen y expresan la imágenes está preñada de alarma para el porvenir de la humanidad. Este tono suave para decir cosas con sentido transcendente, en los verdaderos límites o fronteras entre poesía y la filosofía, es una de las características personales más destacada en el estilo martiano.

2. LA MUSICALIDAD DEL VERSO MARTIANO

La otra característica propia del estilo de Martí es la musicalidad en su poesía cuyo antecedente es remoto en la poesía española.

Siempre al oído español le fueron más gratas las vocales que el áspero sonido de las consonantes. Asimismo trató de evitar en cada palabra el sonido de mal gusto y la falta de armonía. Antes que Nebrija nos diera Gramática, el Marqués de Santillana y Jorge Manrique nos habían dado coplas musicales. De ellos resulta la paradoja aparente que presenta el modernismo americano, haciendo de lo viejo y de lo tradicional gala de creación y novedad. Compárense la música en la poesía de los autores que vamos a transcribir con igual número de versos de Martí que vamos a citar inmediatamente después.

De Iñigo López de Mendoza, Marqués de Santillana, 1398-1458, la "Serranilla VI":

> Moza tan fermosa
> non vi en la frontera
> como una vaquera
> de la Finojosa.
> faciendo la vía
> del Calatreveño
> a Santa María,
> vencido del sueño,
> por tierra fragosa
> perdí la carrera,
> do vi la vaquera
> de la Finojosa.[92]

---

[92] Ángel del Río y Amelia A. de del Río, *Antología General de la Literatura Española* (New York; Holt, Rinehart and Winston, 1960), p. 120.

De José Martí, la "Tórtola Blanca":

> El aire está espeso,
> La alfombra manchada,
> Las luces ardientes,
> Revuelta la sala;
> Y acá entre divanes
> Y allá entre otomanas,
> Tropiézase en restos
> De tules, — o de alas.[93]

En ambas estrofas, salta al oído, la música interna que deleita, por la enorme suma de vocales que ambos poetas usaron, en versos de seis sílabas. La misma sensación recibimos leyendo las coplas de Jorge Manrique o las Eglogas de Garcilaso de la Vega. La raíz gongorina es más profunda y mucho mas común en la poesía martiana. Óigase mientras se lee, el ritmo de los versos siguientes de Luis de Góngora:

> Trecientos Ginetes eran
> de este rebato la causa,
> que los rayos de la Luna
> descubrieron sus adargas;
> las adargas avisaron
> a las mudas atalayas,
> las atalayas los fuegos,
> los fuegos a las campanas;
> y ellas al enamorado,
> que en los brazos de su dama
> oyó el militar estruendo
> de las trompas y las cajas.
> Espuelas de honor le pican
> y freno de amor le para;
> no salir es cobardía,
> ingratitud es dejalla.[94]

---

[93] Martí, *op. cit.*, p. 460.
[94] Góngora, *op. cit.*, p. 113.

Sígase leyendo sin cambiar el ritmo, las siguientes estrofas de José Martí:

> Los caballos llevan negro
> El penacho y el arnés
> Los caballos no han comido,
> Porque no quieren comer.
> El laurel del patio grande
> Quedó sin hoja esta vez
> Todo el mundo fue al entierro
> Con corona de laurel
> ¡El hijo del rey se ha muerto¡
> ¡Se le ha muerto el hijo al rey¡
> En los álamos del monte
> Tiene su casa el pastor.
> La pastora está diciendo:
> "¿Por qué tiene luz el sol?".[95]

En las estrofas citadas no sólo encontramos acento y ritmo parecidos, sino también la misma efectiva repetición de las palabras claves que el poeta quiso destacar.

En la divina monja mexicana Sor Juana Inés de la Cruz, la poesía martiana tiene otro importante venero musical. Sin atender al sentido de los cuartetas, sino únicamente a su acento y a su ritmo, léanse de Sor Juana:

> No ostenta el monte altivo
> su robusta corpulencia,
> ni la baxeza del valle
> no adorara su grandeza.
> No saliera tan hermosa
> la aurora vertiendo perlas,
> si no avivaran sus luzes
> los lexos de las tinieblas.
> No campara de florida
> lozana la primavera
> si no viniera el estío

---

[95] Martí, *op. cit.*, p. 362.

pisando sus verdes huellas.[96]

Y seguidamente con la misma estructura en el verso y en la estrofa, "Los Dos Príncipes" de José Martí:

>Las ovejas cabizbajas,
>Vienen todas al portón.
>¡Una caja, larga y honda
>Está forrando el pastor!
>Entra y sale un perro triste
>Canta allá adentro una voz —
>"Pajarito, yo estoy loca,
>Llévame donde él voló".
>El pastor coge llorando
>La pala y el azadón.
>Abre en la tierra una fosa.
>Echa en la fosa una flor:
>— Se quedó el pastor sin hijo —
>¡Murió el hijo del pastor![97]

Más reciente que en Manrique, Góngora o Sor Juana, Martí encuentra acento y ritmo para su verso en la dulce cantera gallega de Rosalía de Castro y en la romántica de Gustavo Adolfo Bécquer. Transcribamos de Rosalía las siguientes estrofas de su libro "En las Orillas del Sar":

>De la altura la bruma desciende
>   Y envuelve las copas
>Perfumadas, sonoras y altivas
>   De aquellos gigantes
>   Que el Castro coronan;
>Brilla en tanto a sus pies el arroyo
>   Que alumbra risueña
>   La luz de la aurora,
>Y los cuervos sacuden sus alas,
>   Lanzando graznidos

---

[96] Sor Juana Inés de la Cruz, *op. cit.*, p. 75.
[97] Martí, *op. cit.*, p. 362.

Y huyendo la sombra.[98]

Y de Gustavo Adolfo Bécquer:

> ¡Ay de mí! Por más que busco
> la soledad, no la encuentro.
> Mientras yo la voy buscando
> mi sombra me va siguiendo.
> Todo hombre que viene al mundo
> trae un letrero en la frente
> con letras de fuego escrito
> que dice: "Reo de muerte".[99]

No recibimos impresión de poeta distinto si inmediatamente después leemos la obra poética de Martí, atendiendo sólo a su acento. Véase:

> Con la Primavera
>   Vuelve el verso alado:
> ¿Qué hará mi corazón, que amar no quiera,
> Si le asalta el amor por el costado?[100]
>
> ¡Arpa soy, salterio soy
> Donde vibra el universo:
> Vengo del sol, y al sol voy;
> Soy el amor: soy el verso![101]
>
> Anoche soñó soñó
> Con el cielo, y oyó un canto,
> Me dio miedo, me dio espanto,
> Y la traje, y se durmió.[102]

---

[98] Rosalía Castro, *Obra Poética* (Madrid: Espasa-Calpe S.A., 1943), p. 148.
[99] Gustavo Adolfo Bécquer, *Obras de Gustavo Adolfo Bécquer* (Madrid: Ediciones Mateu, 1943), p. 112.
[100] Martí, *op. cit.*, p. 572.
[101] *Ibid.*, p. 469.
[102] *Ibid.*, p. 410.

3. EL HOMBRE EN EL ESTILO

El estilo de José Martí es José Martí: espíritu profundo; pensamiento grave; y lenguaje sencillo, en un hombre que ama sobre todo la belleza, la música, la armonía del universo. Su verso tiene la exquisitez de su espíritu; la gravedad de su pensamiento; la sencillez de su lenguaje y la armonía de ser íntimo. Su verso es un tajo de sus propias entrañas. Quien le conoció, advirtió su poesía en su rostro; quien le oyó hablar escuchó palabra poética. Él no iba a buscar su estilo, sino que su estilo iba con él.

Si repetimos la frase de Buffon, citada al comienzo de este capítulo, porque consideramos que tuvo razón cuando para definir al estilo lo identificó con el hombre que había detrás del estilo tratado, igual razón debemos darle al tratamiento del hombre cuando tratamos al estilo. Por ello me ha parecido oportuno traer la opinión que el "hombre Martí" daba a los que tuvieron el privilegio de conocerle. Algunas de estas opiniones fueron dichas a mí personalmente y no tengo otra referencia que dar que mi propia palabra.

En Tampa, en 1960, visité a un anciano que era niño en 1891 cuando Martí pronunció su famoso discurso "Para Cuba que sufre la primera palabra". Me dijo que estaba presente cuando Martí habló frente a las puertas de una factoría de tabaco la tarde del día siguiente al discurso mencionado. Fue tanta su emoción y su entusiasmo que usó los veinticinco centavos de su merienda para comprar una fotografía con el Maestro, como le decían respetuosamente los cubanos de Tampa.

En 1954 recorrí por las montañas de Cuba, la misma ruta que Martí había seguido desde Playitas, lugar del desembarco, hasta Dos Ríos, lugar de la inmolación. A la vera de este camino encontré una campesina a quien Martí se refirió en su Diario de Campaña porque le estaba agradecido por el cuidado que de ella recibió. Esta anciana con setenta y cuatro años de edad, me contó con los ojos llenos de lágrimas lo siguiente: "Yo no sabía exactamente quien era aquel hombre lleno de heridas en las piernas por los zarzales, pero sentí hacia él una enorme atracción hasta entonces no experimentada por mí, y unos enormes deseos de besar su frente como se le besa a un santo."

En 1949 visité varias veces a uno de los últimos generales del ejército libertador cubano, General Loynaz del Castillo, y éste me dijo que "oyendo a Martí hablar sentía deseos de adherirse a su palabra y hacer lo que Martí creyese que debía hacerse".

Vargas Vila oyó a Rubén Darío decir después de oir en Nueva York hablar a José Martí: "si alguna vez el genio tocó una frente en América, ha sido sin duda la frente de este cubano".

Manuel Gutiérrez Nájera, el ilustre poeta mexicano, hablando con José Martí en 1895, un año antes que ambos muriesen, dijo a sus amigos: "Yo le sorprendí mientras hablaba una silueta como la del Cristo. Sus paliques me sonaban a "Sermón de la Montaña".

Estas impresiones de José Martí nos revelan en parte la maravillosa personalidad de Martí, en relación directa con su estilo de hablar.

Quizás fundado en estas personales razones, además de su maravillosa obra poética, Rufino Blanco Fombona lo exaltó con entusiasmo de la manera siguiente:

> Martí era un poeta adorable; poeta por la estrofa, blanca y alada como Psiquis; poeta por la prosa, urdimbre de seda joyante; poeta por el ideal, que era generoso; poeta por la voz, que era un canto; poeta por la mirada, que era triste, poeta por el corazón, que era grande.

CAPÍTULO VII

LA ESCUELA LITERARIA

1. RAÍCES DEL MODERNISMO

Con la imagen de la cultura indígena; con la rica tradición española; con el colosal y maravilloso aporte que el espíritu humano dieron los siglos XVIII y XIX al mundo, fundamentalmente en Francia; con la propia realidad política, económica y social de América; con todo ello más un deseo intenso de tema y forma nuevos, surgió el modernismo americano. A nadie pidió prestado nada, pero de todo el mundo recibió algo.

Las raíces directas del modernismo americano las encontramos en "Leaves of Grass" (1855) de Walt Whitman en los Estados Unidos; "Art Poétique" (1882) de Verlaine y "Fleurs du mal" (1867) de Baudelaire en Francia: "Las Rimas" de Gustavo A. Becquer y En las Orillas de Sar de Rosalía de Castro en España; "El Ismaelillo" (1882), "Los Versos Libres" (1882) y "Los Versos Sencillos" (1891) de José Martí y "Azul" (1888) y "Prosas Profanas" (1896) de Rubén Darío en Sur América.

En especial debe advertirse la influencia de la poesía francesa en el movimiento modernista. La mayor parte de los poetas de esta escuela hablaron francés correctamente y en el caso de José Martí conocía el idioma hasta el punto de enseñarlo en Guatemala, en Venezuela y en Nueva York. Edgar Allan Poe, maestro norteamericano de los simbolistas franceses, recomendaba en su teoría literaria tener por arte "the reproduction of what the senses perceive through the veil of the soul".[103]

Pero advirtamos que hay detrás de estas raíces directas, otras ignotas, que parten desde el hondón de los siglos XIV y XV con el Marqués de Santillana y Jorge Manrique y se muestran en flor en los siglos XVI con Góngora y XVII con Sor Juana Inés de la Cruz. Asimismo advirtamos que en este proceso de afinamiento sus semejanzas, aunque son hondas, importan menos que sus diferencias. El modernista trajo a la poesía nuevo enfoque de

---

[103] Carlos Hamilton, *Historia de la Literatura Hispanoamericana* (New York: Las Americas Publishing Co., 1957), p. 8.

los temas viejos; nuevo ritmo al viejo y nuevo acento musical al dulce acento español. Fernando Díaz Plaja señala como temas de los románticos españoles: "la rebelión; el paisaje; el amor; la edad media; el siglo de oro; la muerte; la religión; el oriente y el escepticismo".[104] El modernismo añadió a estos temas "el tema vital que desde los adentros preside misteriosamente sobre los otros temas, los literarios".[105]

Después de los grandes románticos españoles la poesía:

> Había llegado a un estado lamentable de prosaísmo, y hacía falta una renovación total. Los modernistas crearon en España Hispanoamérica una poesía antiprosaica, elegante, de gran perfección formal, con imágenes muy sugestivas, de fina sensualidad y sobretodo de gran musicalidad.[106]

2. BREVE PARALELO ENTRE EL ROMANTICISMO Y EL MODERNISMO

En el romántico la imaginación prima sobre la razón, pero hay lógica en la metáfora aunque el sentimiento a menudo se le enfrente tratando de dominarla. En el modernista la imaginación no es conceptual, sino que vuela con la fantasía del poeta y prefiere la metáfora a la comparación lógica. El verso romántico es subjetivo, es expresión del propio interior del poeta, mientras que el verso modernista no viene de la expresión del "yo" sino de la intuición del "yo". El "yo" martiano permanece casi oculto, descolorido, como una sombra detrás de la intuición martiana. El poeta modernista se nos parece a un receptor de metáforas más bien que a un productor de metáforas. Martí lo expresa así:

> Ni una sola de las imágenes de este pequeño libro ha dejado de ser vista por mis ojos, con sus formas, proporciones y estos antes

---

[104] Fernando Díaz-Plaja, *Antología del Romanticismo Español* (New York: McGraw Hill Book Co., 1968), p. 1.

[105] Pedro Salinas, *La Poesía de Rubén Darío* (Buenos Aires: Editorial Losada S.A., 1948), p. 47.

[106] Nicholson B. Adams, *Hispanoamérica en su Literatura* (New York: W. Norton and Company, 1965), p. 160.

de venir en forma de versos a los labios. Y cuando la imagen se ha desvanecido, allí he escrito el último verso.[107]

Y desarrollando el mismo pensamiento agrega:

La prosa tiene alas de hierro, y tarda en venir. La poesía tiene alas de mariposa, y viene pronto. Por eso perece, porque se quema a toda luz...No quiero para la poesía la lengua débil de Séneca, ni aquella floja, sobrada, vacilante, copiosa, exuberante: de Lucano. Pláceme, como en Sondraka, la abundancia legítima:- y de no haberla, por las condiciones ásperas de la naturaleza en que se cría, pláceme la rugosa y troncal lengua del Génesis.[108]

Martí a diferencia de los modernistas que le siguen, por su genio y la universalidad de su talento, no es un hombre de ambiente de torre de marfil, sino un espíritu selecto implicado en los problemas sociales y económicos de su siglo:

Los versos no se han de hacer para decir que se está contento o se está triste, sino para ser útil al mundo, enseñándole que la Naturaleza es hermosa, que la vida es un deber, que la muerte no es fea, que nadie debe estar triste ni acobardarse mientras haya libros en la librerías, y luz en el cielo, y amigos y madres.[109]

Martí comprende ésta, su doble personalidad y la explica en estos términos:

La mente tiene mucho de material y de mecánica. Se llena y se vacía. Mientras está llena de poesía, hay que echar la poesía afuera, o la mente no trabaja. Si de cosas de campo, hay que echar afuera, antes de ponerla a otra labor, las cosas del campo.[110]

---

[107] Martí, *op. cit.*, p. 799.
[108] *Ibid.*, pp. 819-820.
[109] *Ibid.*, p. 352.
[110] *Ibid.*, p. 821.

La preferencia de Martí por la expresión metafórica, una de las búsquedas fundamentales de los modernistas, se advierte no sólo en su poesía, sino en su prosa también. Para Martí el verso es una imagen, que persigue y acaricia el ojo y el oído del poeta: "con que generosa inquietud le brinda a que se la aproveche, aunque sabe que tomar forma humana es quedar muerta, por lo ruin de la lengua de los hombres para expresar estas cosas supremas".[111]

Martí como todos los modernistas, prefirió los temas personales implicados en el amor y en el arte; y los temas sociales que saltan de la Filosofía, de la Historia y de la Sociología, aunque no dejó de expresar sus opiniones sobre los problemas implicados en la Religión.

El romántico frente a la naturaleza que le impresiona se proyecta y se identifica: "tiene en la mano una paleta cuando se trata de describir el paisaje. Su descripción puntúa uno a uno los matices cromáticos y le encanta que éstos sean fuertes, intensos, violentos".[112] El modernista proyecta la naturaleza sobre sí mismo, la asimila a su propio "yo", con emoción que no va de dentro hacia afuera, sino desde afuera hacia adentro. El modernista toma a la naturaleza y el romántico se deja tomar por ella.

El romántico, radicado en el siglo de la libertad, el siglo de la preparación interna y maravillosa de las condiciones que florecieron más tarde en la mitad del siglo XX, amó el lenguaje libre, el verso sin reglas y la exposición sin orden. El modernista sin esta enorme búsqueda de la libertad ajustó su propio sentimiento a la música de las palabras, y refirió sus temas a los temas literarios. El modernista nos dio mensaje, si tal mensaje cabía en su ritmo musical, si no, prefirió darnos éste y silencia aquél.

En el romántico salta un sentimiento de afectación en el verso. El dolor que canta el poeta parece un pretexto para hacer versos. Da la impresión que sin tal dolor, no habría tal poeta. En el modernista el dolor viene a tocar al poeta que ya lo es. Es un poeta que sufre, no es un sufridor que hace versos. De ahí que la sinceridad sea una de las cualidades fundamentales de su poema. Cuando estuvo lleno de poesía la escribió y la dio sin parecer importarle mucho el tema en que ponía su emoción poética. Este proyectarse desde si mismo le dio personalidad y originalidad, al punto que su escuela surgió independiente de los modelos europeos, con tanta fuerza personal que influyó en Europa. Hasta la emersión del modernismo el arte americano no

---

[111] *Ibid.*, p. 820.
[112] Díaz-Plaja, *op. cit.*, p. 72.

se torna profundamente subjetivo y la razón puede hallarse en que hay un temor como de adolescente a verse "por dentro". En el arte moderno queda libre la intuición, la mirada hacia adentro para contemplarse sin miedo y manifestarse con plena libertad de emoción. Es la lógica de la emoción intuitiva, que años más tarde García Lorca llamó la lógica poética.

El entusiasmo por la libertad y por la belleza que Oscar Wilde pedía para Inglaterra y para Europa con irónica pasión, ya los modernistas habían logrado darlo a la poesía hispanoamericana desde el último cuarto del siglo XIX.

3. EL MODERNISMO EN MARTÍ

Las ideas literarias de José Martí y su personal estilo han sido objeto de opiniones divergentes por parte de los críticos. Muchas de ellas se presentan contradictorias entre sí. Por ejemplo:

a. Arturo Torres Rioseco, el eminente escritor chileno, después de calificar a Martí como "una de las personalidades más grandes de América"[113] le sitúa entre los "precursores del modernismo americano".[114]
b. Enrique Anderson Imbert, llamando a José Martí, "uno de los lujos que la lengua española puede ofrecer a un público universal"[115] le hace brillar entre los que forman parte del "primer grupo modernista americano".[116]
c. Maxim Newark afirma que "Martí no fue un modernista en el estilo literario".[117]

---

[113] Arturo Torres Rioseco, *Precursores del Modernismo* (New York: Las Americas Publishing Company, 1963), p. 81.

[114] *Ibid.*, p. 83.

[115] Enrique Anderson Imbert y Eugenio Florit, *Literatura Hispanoamericana* (New York: Holt, Rinehart and Winston, Inc., 1960), p. 401.

[116] *Ibid.*, p. 401.

[117] Maxim Newark, *Dictionary of Spanish Literature* (New York: Philosophical Library, 1956), p. 213.

d. Luís Alberto Sánchez, contra la opinión de casi todos los críticos de Arte y Literatura, escribe que "no es propiamente un precursor del modernismo, sino un supérstite del romanticismo".[118]

En 1905 en el Prefacio de "Cantos de Vida y Esperanza" declaró Rubén Darío que "el movimiento de libertad que me tocó iniciar en América se propagó hasta España, y tanto aquí como allá el triunfo está logrado"[119] y extrañándose que la poesía iniciada por él no se escribiera antes agregó:

> En cuanto al verso libre moderno ¿No es verdaderamente singular que en esta tierra, tierra de Quevedos y Góngoras los únicos innovadores del instrumento lírico, los únicos libertadores del ritmo, hayan sido los poetas del Madrid cómico y los libretistas del género chico.[120]

y concluyó confesando que escribía por la necesidad poética de escribirlos y para la comprensión de las mayorías:

> Voy diciendo mi verso con una modestia tan orgullosa, que solamente las espigas comprenden, y cultivo, entre otras flores, una rosa rosada, concreción de alba, capullo de porvenir.[121]

Con tales pensamientos y palabras Rubén Darío bautiza el movimiento literario como un movimiento modernista, se declara su caudillo y afirma con modestia orgullosa que le tocó iniciarlo. Todo ello es parte de la verdad, pero no es toda la verdad histórica. El caudillo es Rubén, pero el iniciador, el creador es Martí.

De acuerdo con la opinión de Arturo Torres Ríoseco, "en 1881 era Rubén Darío un poeta convencional que imitaba a mediocres poetas españoles de ese tiempo"[122], mientras que José Martí en "1875 escribe versos

---

[118] Luis Alberto Sánchez: *Historia de la Literatura Americana (Santiago de Chile: Ediciones Ercilla, 1940), p. 452.*

[119] Rubén Darío, *Obras Completas* (Madrid: Aguilar, 1961), p. 703.

[120] *Ibid.*

[121] *Ibid.*, p. 704.

[122] Torres Rioseco, *op. cit.* p. 21.

con las expresiones verbales del movimiento modernista".[123] Léase la estrofa siguiente de un colorido y una expresión sin igual, escrita por Martí, antes que de este modo escribiera Darío:

> Aquel cuello gentil se doblegaba,
> Aquella alta cabeza no se erguía
> Y en los valles el lirio sollozaba
> Y el nelumbio en los lagos se moría.[124]

Pero Henriquez Ureña señala la fecha de 1882, en la que se publica "El Ismaelillo" de José Martí "como la del comienzo de nuestro modernismo".[125] Los que han negado a Martí el carácter de modernista pueden haberlo hecho quizás, aplicando al modernismo características que no son modernistas. A ese efecto Florit argumenta del siguiente modo:

> Porque si el movimiento modernista es, como parece que ya se va viendo claro, no sólo un gusto por los valores externos de la poesía (color, línea, forma) sino la manifestación de un cierto estado de espíritu que se entra en todas las literaturas occidentales a fines del siglo XIX, y un deseo de expresar algo nuevo, original y propio, entonces hay que reconocer el papel de iniciador que a Martí corresponde.[126]

Además de "El Ismaelillo", Martí escribió en 1882 "Los Versos Libres", a los que llamó Don Miguel Unamuno en España "poesía greñuda, desmelenada".[127] O sea que antes que Rubén Darío escribiera su "Azul" en 1888, Martí había escrito dos colecciones de versos en estilo nuevo, en música sonora. No es por coincidencia que Martí escribe versos en forma nueva, sino que lo hace con plena conciencia de que está escribiendo y en ellos plantea los problemas de la nueva poesía y desarrolla la técnica que comenzó en "El Ismaelillo". Uno de los poemas con versos libres es

---

[123] Eugenio Florit, *José Martí, Versos* (New York: Las Americas Publishing Company, 1962), p. 14.
[124] *Ibid.*
[125] *Ibid.*, p. 24.
[126] *Ibid.*, p. 24.
[127] *Ibid.*, p. 31.

calificado por los críticos "como el más perfecto con que cuenta la lengua castellana".[128]

> Una flor o mujer o águila o ángel
> En oro o plata el joyador cincela;
> Tú sólo, sólo tú, sabes el modo
> De reducir el Universo a un beso.[129]

Poesía con nueva esencia y con nueva forma. Adelantándose a Rubén en temas y en expresiones modernistas escribe:

> Del aire azul colgaban ya, prendidos
> Cual gigantescos tules, los rasgados
> Mantos de los crespudos vientos...[130]

> Crujen las alas rotas de los cisnes
> Que mueren del dolor de su blancura.[131]

Azul, tules, alas, cisnes, todo esto es, lo que más tarde los modernistas hicieron repertorio propio y único. Esta poesía no fue distribuida solamente entre los amigos de Martí, ni guardada en cofre en torre de marfil, sino que fue publicada en los mejores periódicos de toda la América, principalmente en los centros fundamentales de cultura: México, Caracas, Santiago de Chile y Buenos Aires.

Las Crónicas que escribía Martí en New York se leían en Buenos Aires y en el resto de América. No había pluma que fuese más leída que la suya, dice Osvaldo Bazil. Darío, a los diecinueve años, los leía, en Chile, e iba absorbiendo aquel modo peculiarísimo de escribir. Y afirma el propio Bazil: Sin Martí no hay Rubén.[132]

---

[128] *Ibid.*, p. 33.
[129] Martí, *op. cit.*, p. 508.
[130] *Ibid.*, p. 505.
[131] Florit, *op. cit.*, p. 36.
[132] *Ibid.*, p. 56.

En julio de 1888 en un artículo sobre José María Heredia, uno de los grandes poetas del siglo XIX, Martí define la poesía que es poesía de la manera siguiente: "la poesía que es arte, no vale disculparla con que es patriótica o filosófica, sino que ha de resistir como el bronce y vibrar como la porcelana".[133] En otros poemas de sus colecciones defiende el imperio de la poesía, su espontaneidad y su altísima condición:

> La poesía es sagrada. Nadie
> De otro la tome, sino en sí. Ni nadie
> como esclava infeliz que el llanto enjuga
> ...La llamé a voluntad: que vendrá entonces
> Pálida y sin amor, como una esclava.[134]

No quiere poesía pálida, la quiere llena de colores; ni la quiere esclava, la quiere libre:

> Cual las semillas por el viento.
> Eso sí: cuido mucho de que sea
> Claro el aire en su torno; musicales...[135]

¿Por qué esta poesía se ha confundido con la poesía romántica? ¿Por qué se ha calificado a Martí como un supérstite del romanticismo? No sabemos la respuesta cierta, pero la entrevemos en el hecho de que el "Azul" de Rubén Darío fue comentado por Juan Valera desde España, como un verso innovador de la lírica castellana, ignorando Valera la obra poética de José Martí y por otra parte que el Apóstol Martí sombreaba al poeta Martí. Los críticos actuales despejan ahora tales sombras. Enrique Anderson Imbert le califica:

> Como el más deslumbrante de los prosistas españoles del siglo XIX y agrega que en la historia de la prosa española vuela mucho más alto que Rubén Darío, sus invenciones estilísticas no tuvieron inmediatamente, la trascendencia de las de Rubén Darío. Ahora ya

---

[133] *Ibid.*, p. 57.
[134] Martí, *op. cit.* p. 515.
[135] *Ibid.*, p. 521.

se le está reconociendo como uno de los más asombrosos genios de la cultura española de todos los tiempos.[136]

El *Martí el Apóstol* cubrió con sombras de gloria al poeta. La espada y la revolución ocultaron al ojo inmediato la pluma entonces dispersa. Entre estas sombras de gloria y esta dispersión literaria se han movido sus críticos que le han situado en la Segunda Generación Romántica. Por el cultivo de la palabra; por el estilo metafórico y fundamentalmente por el acento rítmico de su estrofa, Martí es modernista, aunque resulta imposible, como sucede con cada autor genial, privarle enteramente de algunas características supervivientes de la escuela anterior.

---

[136] Florit, *op. cit.* p. 56.

PARTE TERCERA

OBRA POÉTICA DE JOSÉ MARTÍ

*Mi verso crecerá; bajo la yerba,
yo también creceré.*

José Martí

CAPÍTULO VIII

EL ISMAELILLO

El Ismaelillo es un libro compuesto de quince poemas, casi todos escritos en Venezuela en el año 1881. Este es año de actividad literaria para Martí. En Caracas enseña español y francés en el Colegio de Santa María. Su señora y su hijo han regresado a Cuba desde al año anterior, después de hacer crisis las relaciones conyugales. Su hijo José apenas cuenta tres años de edad, y a Martí le duele que viva y se forme bajo el dominio español, como ha resuelto la madre del niño. En Cuba la revolución independentista también está en aguda crisis, después del Pacto del Zanjón de la guerra de los diez años y del fracaso de la llamada guerra chiquita. A esta suma de fracasos patrióticos unense los íntimos de Martí: la esposa ida y el hijo ausente. Tanta pena y angustia es resuelta a versos, como en todo gran poeta. La poesía no viene fácil al alma de los hombres felices, sino a los que tienen la virtud de sentir hondo y penar callado.

En sus "Cuadernos de Trabajo" Martí escribió la nota que nos explica la razón del nombre de esta famosa obra poética:

"Si la luz de esperanza no se hubiera de reencender, quedaría así la obra, sin que yo la desfigurase ni falsificase, terminando con entretenimiento del cerebro lo que habían sido purísimas expansiones de mi amor. Porque a esto tengo jurado guerra a muerte: a la poesía cerebral. Pues mi pensamientos (de codos en la almohada) es mejor que éste de Góngora en una de sus más celebradas canciones:

'Dormid, que el Dios
De vuestras almas dueño
Con el dedo en la boca aguarda el sueño'.

Porque es necesario que ese hijo mío, sobre todas las cosas de la tierra, y a par de las del cielo, y ¡sobre las del cielo!, amado; ese hijo mío a quién no hemos de llamar José sino Ismael, no sufra lo que yo he sufrido."[137]

La cita ha sido tomada en extenso, porque nos ha parecido importante dar a conocer en la propia palabra de Martí la razón del título y la mención de Góngora. Además podemos contrastar la sinceridad con la que el poeta se dispone a escribir verso a su hijo y en el estado de ánimo en que lo hace:

"Y cuando la imagen se ha desvanecido, allí he escrito el último verso. Sí he visto a un niño bello, cubierto apenas por ligerísima camisa, sentado en alto poyo, batiendo al aire sus dos pies rosados me he dicho: así, como ese niño a los que de abajo le ven, se asoma él a mi alma y he escrito — Mago."[138]

En estas mismas notas en su Cuaderno de Trabajo califica de villanía de padre si escribiera un verso no sentido en el libro. "El Ismaelillo" se propone en pos de la sinceridad ir contra la poesía cerebral, la poesía que inventa las imágenes para hacerlas versos. Martí insiste en que el poeta no inventa las imágenes, sino que le vienen y del poeta entonces salen en versos. Uno de los grandes aciertos poéticos de toda la obra literaria martiana es la correspondencia del asunto con la forma. Florit comenta esta correspondencia así:

"El poeta ha puesto sus pensamientos en el cause del metro menor, como conviene al asunto. Es un verso de castiza prosapia en el que predominan las combinaciones de epta y pentasílabos, el ritmo de seguidilla."[139]

Los temas del libro no son nuevos. ¿Puede acaso la poesía descubrir temas nuevos en el amor? ¿La angustia del alma por la justicia, la trascendencia y la eternidad no son tan viejas como el hombre mismo? Lo nuevo en "El Ismaelillo" es el tono del amor, la dulzura del acento, la brillantez del color, del ritmo y del movimiento en el verso, la música que se desprende del

---

[137] Martí, *op. cit.*, p. 799.
[138] *Ibid.*, p. 799.
[139] Florit, *op. cit.*, p. 25.

poema. Tales características les hacen decir a Florit que "es el primero tal vez de los libros de la época moderna de nuestra América".[140]

La selección de las palabras que hace Martí en esta colección de poemas enriquece el idioma español y es un ejemplo de luz y de esplendor para la poesía moderna. Para expresar lo que el hijo significa dice con brillante metáfora y profundo sentido: "es para mi, corona, almohada, espuela", y para decirnos cuanto pena por su ausencia:

> Yo sueño con los ojos
> Abiertos, y de día
> Y noche siempre sueño
> Y sobre las espumas
> Del ancho mar revuelto
> Un niño que me llama
> Flotando siempre veo.[141]

y cuando el amor no es nostalgia, sino orgullo tierno, declara:

> Se de brazos robustos,
> Blancos fragantes;
> Y se que cuando envuelven
> El cuello frágil
> Mi cuerpo, como rosa
> Besada, se abre,
> Y en su propio perfume
> Lánguido exhalase.[142]

En otros poemas como en "Musa Traviesa", Martí quiere dar al hijo la imagen de un mundo hermoso, pero no le oculta el mundo sucio, describe a ambos mundos con la pasión del poeta, y su optimismo es tan real y tan poético como su pesimismo es sincero y descriptivo:

> Seres hay de montaña
> Seres del valle,

---

[140] *Ibid.*, p. 25.
[141] Martí, *op. cit.*, p. 453.
[142] *Ibid.*, p. 454.

> Y seres de pantanos
> Y lodazales.[143]

Y en "Mi Reyecillo", después que ha cantado su amor y ha dado su visión de los dos mundos, del mundo de los que crean y del mundo de los que destruyen, enseña al hijo su fe moral, su confianza en el reino del bien:

> Mas si amar piensas
> El amarillo
> Rey de los hombres,
> ¡Muere conmigo¡
> ¿Vivir impuro?
> ¡No vivas, hijo![144]

El verso en pregunta está admirablemente logrado, porque imaginando un diálogo con el hijo, ha hecho venir la interrogación, sólo para traer la respuesta que desea dar. Entre vivir impuro y morir, Martí no siente dudas, y entre signos de admiración, ordena al hijo no vivir.

El genuino desprecio con que Martí contempla la vida frívola y su amor al amor trascendente, al amor más firme y eterno que la vida misma, lo expresa en "Tórtola Blanca"[145], en cuyo poema describe una fiesta de "aire espeso"; "luces ardientes"; "restos de tules"; "copas exhaustas"; "cuerpos despiertos"; "almas dormidas"; y "Rubias champañas"; y termina prefiriendo la "tórtola blanca"; y "las dos alitas que llenas de miedo le llaman" y rehusando "la copa labrada", símbolo de corrupción y lujo.

El poema "Penachos Vívidos" es en la opinión de los críticos un alarde de perfección poética, en el que todas las metáforas "taza que hierve"; "transparente vino"; "mañana clara"; "crespa espuma de oro"; "fúlgidos penachos", refiérense a un nombre que sólo el poeta lo dice en el último verso: "Se mecen y se inclinan cuando tu pasas — hijo".[146]

---

[143] *Ibid.*, p. 454.
[144] *Ibid.*, p. 456.
[145] *Ibid.*, p. 460.
[146] *Ibid.*, p. 456.

Piensa Florit y así lo escribe "que a lo largo de este libro corre sin menoscabo de su modernidad, una vena de tinte crepuscular, un tono romántico"[147] y queremos oponer a esta opinión la de Federico de Onís:

"El espíritu de Martí no es de época ni de escuela; su temperamento es romántico, lleno de fe en los ideales humanos del siglo XIX, sin sombra de pesimismo ni decadencia; pero su arte se arraiga de modo muy suyo en lo mejor del espíritu español, lo clásico y lo popular, y en su amplia cultura moderna donde entra por mucho lo inglés y lo nortemericano; su modernidad apuntaba más lejos que la de los modernistas, y hoy es más válida y patente que entonces."[148]

---

[147] Florit, *op. cit.*, p. 27.
[148] *Ibid.*, p. 24.

Martí con su hijo José Francisco

ISMAELILLO [149]

---

[149] Editado por Martí en la Imprenta de Thompson y Moreau, Nueva York, 1882.

Hijo:
>Espantado de todo, me refugio en ti

Tengo fe en el mejoramiento humano, en la vida futura, en la utilidad de la virtud, y en ti.

Si alguien te dice que estas páginas se parecen a otras páginas, diles que te amo demasiado para profanarte así. Tal como aquí te pinto tal te han visto mis ojos. Con esos arreos de gala te me has aparecido. Cuando he cesado de verte en esa forma, he cesado de pintarte. Esos riachuelos han pasado por mi corazón.

>¡Lleguen al tuyo!

PRÍNCIPE ENANO

Para un príncipe enano
Se hace esta fiesta.
Tiene guedejas rubias,
Blancas guedejas;
Por sobre el hombro blanco
Luengas le cuelgan.
Sus dos ojos parecen
Estrellas negras:
Vuelan, brillan, palpitan,
Relampaguean!
Él para mí es corona
Almohada, espuela.
Mi mano, que así embrida
Potros y hienas,
Va, mansa y obediente,
Donde él la lleva.
Si el ceño frunce, temo;
Si se me queja, —
Cual de mujer, mi rostro
Nieve se trueca;
Su sangre, pues, anima
Mis flacas venas:
¡Con su gozo mi sangre
Se hincha, o se seca!
Para un príncipe enano
Se hace esta fiesta.

¡Venga mi caballero
Por esta senda!
¡Éntrese mi tirano
Por esta cueva!
Tal es, cuando a mis ojos
Su imagen llega,
Cual si en lóbrego antro
Pálida estrella,
Con fulgores de ópalo,
Todo vistiera.
A su paso la sombra
Matices muestra,
Como al sol que las hiere
Las nubes negras.
¡Héme ya, puesto en armas,
En la pelea!
Quiere el príncipe enano
Que a luchar vuelva:
¡Él para mi es corona,
Almohada, espuela!
Y como el sol, quebrando
Las nubes negras,
En banda de colores
La sombra trueca—,
Él, al tocarla, borda
En la onda espesa,
Mi banda de batalla
Roja y violeta.
¿Conque mi dueño quiere
Que a vivir vuelva?
¡Venga mi caballero
por esta senda!
¡Éntrese mi tirano
Por esta cueva!
¡Déjenme que la vida
A él, a él ofrezca!
Para un príncipe enano
Se hace esta fiesta.

SUEÑO DESPIERTO

Yo sueño con los ojos
Abiertos, y de día
Y noche siempre sueño.
Y sobre las espumas
Del ancho mar revuelto,
Y por entre las crespas
Arenas del desierto,
Y del león pujante,
Monarca de mi pecho,
Montado alegremente
Sobre el sumiso cuello,
Un niño que me llama
Flotando siempre veo!

BRAZOS FRAGANTES

Sé de brazos robustos,
Blandos, fragantes;
Y sé que cuando envuelven
El cuello frágil,
Mi cuerpo, como rosa
Besada, se abre,
Y en su propio perfume
Lánguido exhálase.
Ricas en sangre nueva
La sienes laten;
Mueven las rojas plumas
Internas aves;
Sobre la piel, curtida
De humanos aires,
Mariposas inquietas
Sus alas baten;
Savia de rosas enciende
Las muertas carnes!—
Y yo doy los redondos
Brazos fragantes,
Por dos brazos menudos
Que halarme saben,
Y a mi pálido cuello
Recios colgarse,
Y de místicos lirios
Collar labrarme!
¡Lejos de mí por siempre,
Brazos fragantes!

MI CABALLERO

Por las mañanas
Mi pequeñuelo
Me despertaba
Con un gran beso.
Puesto a horcajadas
Sobre mi pecho,
Bridas forjaba
Con mis cabellos.
Ebrio él de gozo,
De gozo yo ebrio,
Me espoleaba
Mi caballero:
¡Qué suave espuela
Sus dos pies frescos!
¡Cómo reía
Mi jinetuelo!
Y yo besaba
Sus pies pequeños,
¡Dos pies que caben
En solo un beso!

MUSA TRAVIESA

¿Mi musa? Es un diablillo
Con alas de ángel.
¡Ah, musilla traviesa,
Que vuelo trae!
    Yo suelo, caballero
En sueños graves,
Cabalgar horas luengas
Sobre los aires.
Me entro en nubes rosadas,
Bajo a hondos mares,
Y en los senos eternos
Hago viajes.
Allí asisto a la inmensa
Boda inefable,
Y en los talleres huelgo
De la luz madre:
Y con ella es la oscura
Vida, radiante,
 Y a mis ojos los antros
Son nidos de ángeles!
Al viajero del cielo
¿Qué el mundo frágil?
Pues ¿no saben los hombres
Qué encargo traen?
¡Rasgarse el bravo pecho,
Vaciar su sangre,
Y andar, andar heridos
Muy largo el valle,
Roto el cuerpo en harapos,
Los pies en carne,
Hasta dar sonriendo
— ¡No en tierra! — exánimes!
Y entonces sus talleres
La luz les abre,
Y ven lo que yo veo:
¡Qué el mundo frágil?
Seres hay de montaña,
Seres de valle,
Y seres de pantanos
Y lodazales.
 De mis sueños desciendo,
Volando vanse,
Y en papel amarillo
Cuento el viaje.
Contándolo, me inunda
Un gozo grave:—
Y cual si el monte alegre,
Queriendo holgarse
Al alba enamorando
Con voces ágiles,
Sus hilillos sonoros
Desanudase,
Y salpicando riscos,
Labrando esmaltes,
Refrescando sedientas
Cálidas cauces,
Echáralos risueños
Por falda y valle,—
Así, al alba del alma
Regocijándose,
Mi espíritu encendido
Me echa a raudales
Por las mejillas secas
Lágrimas suaves.
Me siento, cual si en magno
Templo oficiase;
Cual si mi alma por mirra
Vertiese al aire;
Cual si en mi hombro surgieran
Fuerzas de Atlante;
Cual si el Sol en mi seno
La luz fraguase:—
Y estallo, hiervo, vibro;
Alas me nacen!

Suavemente la puerta
Del cuarto se abre,
Y éntranse a él gozosos
Luz, risas, aire.
Al par da el Sol en mi alma
Y en los cristales:
¡Por la puerta se ha entrado
Mi diablo ángel!
¿Qué fue de aquellos sueños,
De mi viaje,
Del papel amarillo,
Del llanto suave?
Cual si de mariposas,
Tras gran combate,
Volaran alas de oro
Por tierra y aire,
Así vuelan las hojas
Do cuento trance.
Hala acá el travesuelo
Mi paño árabe;
Allá monta en el lomo
De un incunable;
Un carcax con mis plumas
Fabrica y átase;
Un silex persiguiendo
Vuelca un estante,
Y ¡allá ruedan por tierra
Versillos frágiles,
Brumosos pensadores,
Lópeos galanes!
De águilas diminutas
Puéblase el aire:
¡Son las ideas, que ascienden,
Rotas sus cárceles!
Del muro arranca, y cíñese,
Indio plumaje:
Aquella que me dieron
De oro y brillante,
Plumas, a marcar nacida

Frentes infames,
De su caja de seda
Saca, y la blande:
Del Sol a los requiebros
Brilla el plumaje,
Que baña en áureas tintas
Su audaz semblante,
De ambos lados el rubio
Cabello al aire,
A m[i súbito viénese
A que lo abrace.
De beso en beso escala
Mi mesa frágil;
¡Oh, Jacob, mariposa,
Ismaelillo, árabe!
¿Qué ha de haber que me guste
Como mirarle
De entre polvo de libros
Surgir radiante,
Y, en vez de acero, verle
De pluma armarse,
Y buscar en mis brazos
Tregua al combate?
Venga, venga, Ismaelillo:
La mesa asalte,
Y por los anchos pliegues
Del palo árabe
En rota vergonzosa
Mis libros lance,
Y siéntese magnífico
Sobre el desastre,
Y muéstreme riendo,
Roto el encaje—
— ¡Qué encaje no se rompe
En el combate!—
Su cuello, en que la risa
Gruesa onda hace!
Venga, y por cauce nuevo
Mi vida lance,

Y a mis manos la vieja
Péñola arranque,
Y del vaso manchado
La tinta vacíe!
¡Vaso puro de nácar:
Dame a que harte
Esta sed de pureza:
Los labios cánsame!
¡Son éstas que lo envuelven
Carnes, o nácares?
La risa, como en taza
De ónice árabe,
En su incólume seno
Bulle triunfante:
¡Hete aquí, hueso pálido,
Vivo y durable!
Hijo soy de mi hijo!
Él me rehace!

    Pudiera yo, hijo mío,
Quebrando el arte
Universal, muriendo.
Mis años dándote,
Envejecerte súbito,
La vida ahorrarte!—
Más no: que no verías
En horas graves
Entrar el Sol al alma
Y a los cristales!
Hierva en tu seno puro
Risa sonante:
Rueden pliegues abajo
Libros exangües:
Sube, Jacob alegre,
La escala suave:
Ven, y de beso en beso
Mi mesa asaltes:—
¡Pues esa es mi musilla,
Mi diablo ángel!
¡Ah, musilla traviesa,
Qué vuelo trae!

MI REYECILLO

    Los persas tienen
Un rey sombrío;
Los hunos foscos
Un rey altivo;
Un rey ameno
Tienen los íberos;
Rey tiene el hombre,
Rey amarillo:
¡Mal van los hombres
Con su dominio!
Mas yo vasallo
De otro rey vivo,—
Un rey desnudo,
Blanco y rollizo:
Su centro— un beso!
Mi premio— un mimo!
Oh! cual los áureos
Reyes divinos
De tierras muertas,
De pueblos idos
— ¡Cuando te vayas,
Llévame, hijo!—
Toca en mi frente
Tu centro omnímodo;
Ungeme siervo,
Siervo sumiso:
¡No he de cansarme
De verme ungido!

¡Lealtad te juro,
Mi reyecillo!
Sea mi espalda
Páves de mi hijo;
Posa en mis hombros
El mar sombrío:
Muera al ponerte
En tierra vivo:—
Mas si amar piensas
El amarillo
Rey de los hombres,
¡Muere conmigo!
¿Vivir impuro?
¡No vivas, hijo¡

PENACHOS VÍVIDOS

Como taza en que hierve
De transparente vino
En doradas burbujas
El generoso espíritu;
Como inquieto mar joven
Del cause nuevo henchido
Rebosa, y por las playas
Bulle y muere tranquilo;
Como manada alegre
De bellos potros vivos
Que en la mañana clara
Muestran su regocijo,
Ora en carreras locales,
O en sonoros relinchos,
O sacudiendo el aire
En crinaje magnífico;—
Así mis pensamientos
Rebosan en mí vívidos,
Y en crespa espuma de oro
Besan tus pies sumisos,
O en fúlgidos penachos

De varios tintes ricos,
Se mecen y se inclinan
Cuando tú pasas— hijo!

HIJO DEL ALMA

¡Tu flotas sobre todo,
Hijo del alma!
De la revuelta noche
Las oleadas,
En mi seno desnudo
Déjante el alba;
Y del día la espuma
Turbia y amarga,
De la noche revuelta
Te echa en las aguas.
Guardiancillo magnánimo,
La no cerrada
Puerta de mi hondo espíritu
Amante guardas;
Y si en la sombra ocultas
Búscanme avaras,
De mi calma celosas,
Mis penas varias,—
En el umbral obscuro
Fiero de alzas,
Y les cierran el paso
Tus alas blancas!
Ondas de luz y flores
Trae la mañana,
Y tú en las luminosas
Ondas cabalgas.
No es, no, la luz del día
La que me llama,
Sino tus manecitas
En mi almohada.
Me hablan de que estás lejos:
¡Locuras me hablan!

Ellos tienen tu sombra;
¡Yo tengo tu alma!
Esas son cosas nuevas,
Mías y extrañas.
Yo sé que tus dos ojos
Allá en lejanas
Tierras relampaguean,—
Y en las doradas
Olas de aire que baten
Mi frente pálida,
Pudiera con mi mano,
Cual si haz segara
De estrellas, segar haces
De tus miradas:
¡Tú flotas sobre todo,
Hijo del alma!

AMOR ERRANTE

Hijo, en tu busca
Cruzo los mares:
Las olas buenas
A ti me traen:
Los aires frescos
Limpian mis carnes
De los gusanos
De las ciudades;
Pero voy triste
Porque en los mares
Por nadie puedo
Verter mi sangre.
¿Qué a mí las ondas
Mansas e iguales?
¿Qué a mí las nubes,
Joyas volantes?
¿Qué a mí los blandos
Juegos del aire?
¿Qué la iracunda

Voz de huracanes?
A éstos — ¡la frente
Hecha a domarles!
A los lascivos
Besos fugases
De las menudas
Brisas amables,—
Mis dos mejillas
Secas y exangües,
De un beso inmenso
Siempre voraces!
Y ¿a quién, el blanco
Pálido ángel
Que aquí en mi pecho
Las alas abre
Y a los cansados
Que de él se amparen
Y en él se nutran
Busca anhelante?
¿A quién envuelve
Con sus suaves
Alas nubosas
Mi amor errante?
Libres de esclavos
Cielos y mares,
Por nadie puedo
Verter mi sangre!

Y llora el blanco
Pálido ángel:
¡Celo del cielo
Llorar le hacen,
Que a todos cubre
Con sus celajes!
Las alas níveas
Cierra, y ampárese
De ellas el rostro
Inconsolable:—
Y en el confuso

Mundo fragante
Que en la profunda
Sombra se abre,
Donde en solemne
Silencio nacen
Flores eternas

Y colosales,
Y sobre el dorso
De aves gigantescas
Despiertan besos
Inacabables,—
Risueño y vivo
Surge otro ángel!

SOBRE MI HOMBRO

Ved: sentado lo llevo
Sobre mi hombro:
Oculto va, y visible
Para mi solo:
Él me ciñe las sienes
Con su redondo
Brazo, cuando a las fieras
Penas, me postro:—
Cuando el cabello hirsuto
Yérguese y hosco,
Cual de interna tormenta
Símbolo torvo,
Como un beso que vuela
Siento en el tosco
Cráneo: su mano amansa
El bridón loco!
Cuando en medio del recio
Camino lóbrego,
Sonrío, y desmayado
Del raro gozo,
La mano tiendo en busca
De amigo apoyo,—
Es que un beso invisible
Me da el hermoso
Niño que va sentado
Sobre mi hombro.

TÁBANOS FIEROS

¡Venid, tábanos fieros,
Venid, chacales,
Y muevan trompa y diente
Y en horda ataquen,
Y cual tigre a bisonte
Sítienme y salten!
¡Por aquí, verde envidia!
¡Tú, bella carne,
En los dos labios muérdeme:
Sécame: mánchame!
¡Por acá, los vendados
Celos voraces!
¡Y tú, moneda de oro,
Por todas partes!
De virtud mercaderes,
Mercadeadme!
Mató el Gozo a la Honra:
Venga a mí,— ¡y me mate!

Cada cual con sus armas
Surja y batalle:
El placer, con su copa:

Con sus amables
Manos, en mirra untadas,
La virgen ágil;
Con su espada de plata,
El diablo bátame:—
La espada cegadora
No ha de cegarme!

   Asorde la caterva
De batallantes:
Brillen cascos plumados
Como brillasen
Sobre montes de oro
Nieves radiantes:
Como gotas de lluvia
Las nubes lancen
Muchedumbre de aceros
Y de estandartes:
Parezca que la tierra,
Rota en el trance,
Cubrió su dorso verde
De áureos gigantes:
Lidiemos, no a la lumbre
Del sol suave,
Sino al funesto brillo
De los cortantes
Hierros: rojos relámpagos
La niebla tajen:
Sacudan sus raíces
Libres los árboles:
Sus faldas trueque el monte
En alas ágiles:
Clamor óigase, como
Si en un instante
Mismo, las almas todas
Volando ex-cárceres.
Rodar a sus pies vieran
Su hopa de carnes:
Ciñame recia veste
De amenazantes
Astas agudas: hilos
Tenues de sangre
Por mi piel rueden leves
Cual rojos áspides:
Su diente en lodo afilen
Pardos chacales:
Lime el tábano terco
Su aspa volante:
Muérdame en los dos labios
La bella carne:—
Que ya vienen, ya vienen
Mis talismanes!
Como nubes vinieron
Esos gigantes:
¡Ligeros como nubes
Volando iránse!

   La desdentada envidia
Irá, secas las fauces,
Hambrienta, por desiertos
Y calcinados valles,
Royéndose las mondas
Escuálidas falanges;
Vestido irá de oro
El diablo formidable,
En el cansado puño
Quebrada la tajante;
Vistiendo con sus lágrimas
Irá, y con voces grandes
De duelo, la Hermosura
Su inútil arreaje:—
Y yo en el agua fresca
De algún arroyo amable
Bañaré sonriendo
Mis hilillos de sangre.

   Ya miro en polvareda
Radiosa evaporarse

Aquellas escamadas
Corazas centelleantes:
Las alas de los cascos
Agitanse, debátense,
Y el casco de oro en fuga
Se pierde por los aires.
Tras misterioso viento
Sobre la hierba arrástranse,
Cual sierpes de colores,
Las flámulas ondeantes,
Junta la tierra súbito
Sus grietas colosales
Y echa su dorso verde
Por sobre los gigantes:
Corren como que vuelan
Tábanos y chacales,
Y queda el campo lleno
De un humillo fragante.
De la derrota ciega
Los gritos espantables
Escúchanse, que evocan
Callados capitanes;
Y mésase soberbia
El áspero crinaje,
Y como muere un buitre
Expira sobre el valle:
En tanto, yo a la orilla
De un fresco arroyo amable,
Restaño sonriendo
Mis hilillos de sangre.

    No temo yo ni curo
De ejércitos pujantes,
Ni tentaciones sordas,
Ni vírgenes voraces:
Él vuela en torno mío,
Él gira, él para, él bate;
Aquí su escudo opone;
Allí su clava blande;

A diestra y siniestra
Mandobla; quiebra, esparce;
Recibe en su escudillo
Lluvia de dardos hábiles;
Sacúdelos al suelo,
Bríndalo a nuevo ataque,
¡Ya vuelan, ya se vuelan
Tábanos y gigantes!—
Escúchase el chasquido
De hierros que se parten;
Al aire chispas fúlgidas
Suben en rubios haces;
Alfómbrase la tierra
De dagas y montantes;
¡Ya vuelan, ya se esconden
Tábanos y chacales!—
Él como abeja zumba,
Él rompe y mueve el aire,
Detiénese, ondea, deja
Rumor de las de ave:
Ya mis cabellos roza;
Ya sobre mi hombro párase;
Ya en mi regazo lánzase;
¡Ya la enemiga tropa
Huye, rota y cobarde!
¡Hijos, escudos fuertes,
De los cansados padres!
¡Venga mi caballero,
Caballero del aire!
¡Véngase mi desnudo
Guerrero de alas de ave,
Y echemos por la vía
Y con sus aguas frescas
Bañe mi hilo de sangre!
Caballeruelo mío!
Batallador volante!

TÓRTOLA BLANCA

El aire está espeso,
La alfombra manchada,
Las luces ardientes,
Revuelta la sala;
Y acá entre divanes
Y allá entre otomanas,
Tropiézase en restos
De tules, — o de alas!
Un baile parece
De copas exhaustas!
Despierto está el cuerpo,
Dormida está el alma;
¡Qué férvido el valse!
¡Qué alegre la danza!
¡Qué fiera hay dormida
Cuando el baile acaba!

Detona, chispea,
Espuma, se vacía,
Y expira dichosa
La rubia champaña:
Los ojos fulguran,
Las manos abrasan,
De tiernas palomas
Se nutren las águilas:
Don Juanes lucientes
Devoran Rosauras;
Fermenta y rebosa
La inquieta palabra;
Estrecha en su cárcel
La vida incendiada,
En risas se rompe
Y en lava y en llamas;
Y lirios se quiebran,
Y violas se manchan,
Y giran las gentes,
Y ondulan y valsan;

Mariposas rojas
Inundan la sala,
Y en la alfombra mueve
La tórtola blanca.

Yo fiero rehuso
La copa labrada;
Traspaso a un sediento
La alegre champaña;
Pálido recojo
La tórtola hollada;
Y en su fiesta dejo
Las fieras humanas; —
Que el balcón azotan
Dos alitas blancas
Que llenas de miedo
Temblando me llaman.

VALLE LOZANO

Dígame mi labriego
¿Cómo es que andando
En esta noche lóbrega
Este hondo campo?
Dígame de qué flores
Untó el arado,
Que la tierra olorosa
Trasciende a nardos?
Dígame de qué ríos
Regó este prado,
Que era un valle muy negro
Y ora es lozano?
Otros, con dagas grandes
Mi pecho araron:
Pues ¿qué hierro es el tuyo
Que no hace daño?

Y esto dije— y el niño
Riendo me trajo
En sus dos manos blancas
Un beso casto.

MI DESPENSERO

¿Qué me das? Chipre?
Yo no lo quiero:
Ní rey de bolsa
Ní posaderos
Tienen del vino
Que yo deseo;
Ni es de cristales
De cristaleros
La dulce copa
En que lo bebo.
   Mas está ausente
Mi despensero,
Y de otro vino
Yo nunca bebo.

ROSILLA NUEVA

Traidor! ¿Con qué arma de oro
Me has cautivado?
Pues yo tengo coraza
De hierro áspero.
Hiela el dolor: el pecho
Trueca en peñasco.

Y así como la nieve,
Del Sol al blando
Rayo, suelta el magnífico
Manto plateado,
Y salta en hilo alegre
Al valle pálido,
Y las rosillas nuevas
Riega magnánimo;
Así, guerrero fúlgido,
Roto a tu paso,
Humildoso y alegre
Rueda el peñasco;
Y cual lebrel sumiso
Busca saltando
A la rosilla nueva
Del valle pálido.

CAPÍTULO IX

LOS VERSOS LIBRES

Para fijar desde los comienzos la importancia y transcendencia de esta colección de versos, basta agregar que dejaron huella en uno de los pensadores más profundos de España, Don Miguel de Unamuno, "en cuyo Cristo de Velázquez puede notarse a veces el tono del endecasílabo martiano".[150]

Martí preparó un índice para esta colección de cuarenta y cinco poemas, pero en sus Obras Completas, se han publicado únicamente cuarenta y tres, porque no han podido encontrarse los titulados "Bosque de Rosas" y "Homagno Audaz". Martí confiesa en nota al margen de sus manuscritos: "a los veinticinco años de mi vida escribí estos versos" y el editor agrega a la nota "esto significaría que estos versos fueron escritos en 1878. Mucho de ellos sin embargo, están fechados de puño y letra de Martí, 1882".[151]

La fecha generalmente aceptada por los críticos es la de 1882, que es el año en que aparecen fechados y publicados la mayor parte de los mismos. En una u otra fecha es un libro modernista conocido seis años antes que "Azul" de Rubén Darío, al que se atribuye la creación de la Escuela Modernista.

En el Prólogo de estos "Versos Libres", Martí escribió un ensayo sobre su teoría poética y dice:

> "Estos son mis versos. Son como son. A nadie los pedí prestados. Mientras no pude encerrar íntegras mis visiones... Tajos son estos de mis propias entrañas—mis guerreros—. Ninguno me ha salido recalentado, artificioso, recompuesto, de la mente; sino como las lágrimas salen de los ojos y la sangre sale a borbotones de la herida... No zurcí de éste y aquél, sino sajé en mi mismo.

---

[150] *Ibid.*, p. 31.
[151] Martí, *op. cit.*, p. 476.

Van escritos, no en tinta de academia, sino en mi propia sangre. Lo que aquí doy a ver lo he visto antes (Yo lo he visto yo)...

De la extrañeza, singularidad, prisa, amontonamiento, arrebato de mis visiones, yo mismo tuve la culpa, que las he hecho surgir ante mi como las copio. De la copia soy yo el responsable. Amo las sonoridades difíciles y la sinceridad aunque pueda parecer brutal."[152]

Con igual sentido y con más o menos iguales palabras, en 1896 Rubén Darío escribió en las Preliminares a Prosas Profanas y Otros Poemas:

"Yo no tengo literatura "mía", como lo ha manifestado una magistral autoridad, para marcar el rumbo de los demás; mi literatura es mía en mi; quien siga servilmente mis huellas perderá su tesoro personal, y paje o esclavo, no podrá ocultar sello o librea."[153]

Y en el prefacio de "Cantos de Vida y Esperanza" en 1905, agregó:

"Voy diciendo mi verso con una modestia tan orgullosa, que solamente las espigas comprenden, y cultivo, entre otras flores, una rosa rosada, concreción de alba, capullo de provenir, entre el bullicio de la literatura."[154]

En ambas citas de Rubén Darío salta el deseo íntimo del poeta para cantar su propio verso y expresar su propio sentimiento. La prédica de Martí ha triunfado y el poeta modernista no pretende ni quiere cantar ya "las visiones ajenas". La influencia de Martí es directa, hasta en las imágenes, como esa que acabamos de leer de Rubén, "cultivo una rosa rosada", catorce años después que Martí escribió "cultivo una rosa blanca".[155]

Tanto en Martí como después en Darío, el "yo" que el verso nos revela, es un "yo" dominador, un "yo" que dice con "modestia orgullosa" su propio sentimiento, sin pudor, sin ambages, en una forma directa y con sinceridad.

---

[152] *Ibid.*
[153] Darío, *op. cit.*, p. 611.
[154] *Ibid.*, p. 704.
[155] Martí, *op. cit.*, p. 473.

El "yo" romántico es un "yo" que se cuenta para complacerse; que se confiesa por placer y no por necesidad íntima; un "yo" que se revela en la túnica rosada y misteriosa con que el poeta vive. El "yo" de que nos habla Martí llega a nosotros como un necesitado de confesión y sinceridad, llega como testigo de sus propias visiones. El "yo" es usado pero no es exhibido. Hablar de si mismo no es siempre signo de vanidad, o de orgullo pueril y vano, muchas veces prueba de intimidad con el semejante y necesidad de comunicación directa y sincera.

Domingo Faustino Sarmiento en carta a Paul Groussac publicada en "La Nación" de Buenos Aires en enero de 1887 dice: "en español nada hay que se parezca a esta salida de bramidos de Martí y después de Victor Hugo, nada presenta la Francia de esta resonancia de Metal".[156]

Dimos con anterioridad la opinión de Unamuno sobre esta poesía, y no consideramos excesivos en el halago, ni a Sarmiento ni a Don Miguel. Es cierto que no son comunes en el lenguaje español poemas del calibre musical, literario y filosófico de "Yugo y Estrella"; "Aguila Blanca"; "Copas con Alas"; "Amor de Cuidad Grande" y otros que deleitan tanto cuanto más se leen.

Florit con justicia se sorprende y se pregunta "¿por qué antes no fueron colocados en el lugar altísimo que les corresponde?"[157] Lo hemos dicho y Gabriela Mistral lo adivinó con su profunda intuición de poeta y mujer, a Martí el poeta lo ocultó entre sombras de gloria, Martí el último Apóstol de América. La gloria rutilante del mártir de Dos Ríos oscureció la pluma, hecha antorcha de luz y de genio, del autor de cinco libros de versos geniales.

Después del disfrute de la primer lectura de estos versos, vale la pena volverlos a leer, una y otra vez, observando la selección martiana de las palabras; el ritmo de la estrofa; la luz de la metáfora y el sentido general del poema. Después de la comprensión de estos versos quedan en el espíritu todas las metáforas convertidas en una gran metáfora llena de color y de luz y el mensaje poético nos es dado como en almohadilla de olor, y el alma toda queda indeleble e imperecederamente tocada por el poeta.

---

[156] Florit, *op. cit.*, p. 61.
[157] *Ibid.*, p. 30.

Retrato al óleo por el artista sueco Herman Norman

VERSOS LIBRES

(1882)[158]

---

[158] El Director de la edición de "Trópico" consigua esta nota a los Versos Libres:
"Al margen de los manuscritos de Martí de sus Versos Libres se encuentra esta nota, escrita en lápiz y ya apenas leíble:
"A los 25 años de mi vida escribí estos versos; hoy tengo cuarenta; se ha de escribir viviendo, con la expresión sincera del pensamiento libre, para renovar la forma poética."
Esto significaría que estos versos fueron escritos en 1878. Muchos de ellos, sin embargo, están fechados de puño y letra de Martí, 1882".

MIS VERSOS

Estos son mis versos. Son como son... A nadie los pedí prestados. Mientras no pude encerrar íntegras mis visiones en una forma adecuada a ellas, dejé volar mis visiones: ¡oh, cuánto áureo amigo que ya nunca ha vuelto! Pero la poesía tiene su honradez, y yo he querido siempre ser honrado. Recortar versos, también sé, pero no quiero. Así como cada hombre trae su fisonomía, cada inspiración trae su lenguaje. Amo las sonoridades difíciles, el verso escultórico, vibrante como la porcelana, volador como un ave, ardiente y arrollador como una lengua de lava. El verso ha de ser como una espada reluciente, que deja a los espectadores la memoria de un guerrero que va camino al cielo, y al envainarla en el Sol, se rompe en alas.

Tajos son éstos de mis propias entrañas—mis guerreros—. Ninguno me ha salido recalentado, artificioso, recompuesto, de la mente; sino como las lágrimas salen de los ojos y la sangre sale a borbotones de la herida.

No zurcí de éste y aquél, sino sajé en mí mismo. Van escritos, no en tinta de academia, sino en mi propia sangre. Lo que aquí doy a ver lo he visto antes (yo lo he visto, yo), y he visto mucho más, que huyó sin darme tiempo a que copiara sus rasgos. —De la extrañeza, singularidad, prisa, amontonamiento, arrebato de mis visiones, yo mismo tuve la culpa, que las he hecho surgir ante mí como las copio. De la copia yo soy el responsable. Hallé quebrados los vestidos, y otros no y usé de estos colores. Ya sé que no son usados. Amo las sonoridades difíciles y la sinceridad, aunque pueda parecer brutal.

Todo lo que han de decir, ya lo sé, y me lo tengo contestado. He querido ser leal, y si pequé, no me avergüenzo de haber pecado.

ACADÉMICA

Ven, mi caballo, a que te encinche: quieren
Que no con garbo natural el coso
Al sabio impulso corras de la vida,
Sino que el paso de la pista aprendas,
Y la lengua del látigo, y sumiso
Des a la silla el arrogante lomo: —
Ven, mi caballo: dicen que en el pecho
Lo que es cierto, no es cierto: que las estrofas
Igneas que en lo hondo de las almas nacen,
Como penacho de fontana pura
Que el blando manto de la tierra rompe
Y en gotas mil arreboladas cuelga,
No han de cantarse, no, sino las pautas
Que en moldecillo azucarado y hueco
Encasacados dómines díbujan:
Y gritan "Al bribón" — cuando a las puertas
Del templo augusto un hombre libre asoma!—
Ven, mi caballo, con tu casco limpio
A yerba nueva y flor de llano oliente,
Cinchas estruja, lanza sobre un tronco
Seco y piadoso, donde el sol la avive,
Del repintado dómine la chupa,
De hojas de antaño y de romanas rosas
Orlada, y deslucidas joyas griegas,—
Y al sol del alba en que la tierra rompe
Echa arrogante por el orbe nuevo.

"POLLICE VERSO"
(Memoria de presidio)

¡Sí! yo también, desnuda la cabeza
De tocado y cabellos, y al tobillo
Una cadena lurda, heme arrastrado
Entre un montón de sierpes, que revueltas
Sobre sus vicios negros, parecían
Esos gusanos de pesado vientre

Y ojos viscosos, que en hedionda cuba
De pardo lodo lentos se revuelcan!
Y yo pasé, sereno entre los viles,
Cual si en mis manos, como en ruego juntas,
Las anchas alas púdicas, abriese
Una paloma blanca. Y aun me aterro
De ver con el recuerdo lo que he visto
Una vez con mis ojos. Y espantado,
Póngome en pie, cual a emprender la fuga!
¡Recuerdos hay que queman la memoria!
Zarzal es la memoria; mas la mía
Es un cesto de llamas! A su lumbre
El porvenir de mi nación, preveo.
Y lloro. Hay leyes en la mente, leyes
Cual las del río, el mar, la piedra, el astro,
Asperas y fatales: ese almendro
Que con su rama oscura en flor sombrea
Mi alta ventana, viene de semilla
De almendro; y ese rico globo de oro
De dulce y perfumoso jugo lleno
Que en blanca fuente una niñuela cara,
Flor del destierro, cándida me brinda,
Naranja es, y vino de naranjo.
Y el suelo triste en que se siembran lágrimas,
Dará árbol de lágrimas. La culpa
Es madre del castigo. No es la vida
Copa de mago que el capricho torna
En hiel para los míseros, y en férvido
Tokay para el feliz. La vida es grave,
Y hasta el pomo ruin la daga hundida,
Al flojo gladiador clava en la arena.

¡Alza, oh pueblo, el escudo, porque es grave
Cosa esta vida, y cada acción es culpa
Que como aro servil se lleva luego
Cerrado al cuello, o premio generoso
Que del futuro mal próvido libra!
¿Véis los esclavos? Como cuerpos muertos
Atados en racimo, a vuestra espalda

Irán vida tras vida, y con las frentes
Pálidas y angustiosas, la sombría
Carga en vano halaréis, hasta que el viento
De vuestra pena bárbara apiadado,
Los átomos postreros evapore!
¡Oh, qué visión tremenda! ¡Oh qué terrible
Procesión de culpables! Como en llano
Negro los miro, torvos, anhelosos,
Sin fruta el arbolar, secos los píos
Bejucos, por comarca funeraria
Donde ni el Sol da luz, ni el árbol sombra!
Y bogan en silencio, como en magno
Océano sin agua, y a la frente
Porción de Universo frase unida
A frase colosal, sierva ligada
A un carro de oro, que a los ojos mismos
De los que arrastra en rápida carrera
Ocúltase en el áureo polvo, sierva
Con escondidas riendas ponderosas
A la incansable Eternidad atada!

Circo la tierra es, como el romano;
Y junto a cada cuna una invisible
Panoplia al hombre aguarda, donde lucen,
Cual daga cruel que hiera al que la blande,
Los vicios; y cual límpidos escudos
Las virtudes: la vida es la ancha arena,
Y los hombres esclavos gladiadores.
Mas el pueblo y el rey, callados miran
De grada excelsa, en la desierta sombra.
Pero miran! Y a aquel que en la contienda
Bajó el escudo, o lo dejó de lado,
O suplicó cobarde, o abrió el pecho
Laxo y servil a la enconosa daga
Del enemigo, las vestales rudas,
Desde el sitial de la implacable piedra,
Condenan a morir, pollice verso;
Llevan, cual yugo el buey, la cuerda uncida,
Y a la zaga, listado el cuerpo flaco

De hondos azotes, el montón de siervos!

¿Véis la carrozas, las ropillas blancas
Risueñas y ligeras, el luciente
Corcel de crin trenzada y riendas ricas,
Y la albarda de plata suntuosa
Prendida, y el menudo zapatillo
Cárcel a un tiempo de los pies y el alma?
¡Pues ved que los extraños os desdeñan
Como a raza ruin, menguada y floja!

A MI ALMA
(Llegada la hora del trabajo)

¡Ea, jamelgo! De los montes de oro
Baja, y de andar en prados bien olientes
Y de aventar con los ligeros cascos
Mures y viboreznos, y al sol rubio
Mecer gentil las brilladoras crines!

¡Ea, jamelgo! Del camino oscuro
Que va do no se sabe, ésta es posada,
Y de pagar se tiene al hostelero!
Luego será la gorja, luego el llano,
Luego el prado oloroso, el alto monte:
Hoy bájese el jamelgo, que le aguarda
Cabe el duro ronzal la gruesa albarda.

AL BUEN PEDRO

Dicen, buen Pedro, que de mi murmuras
Porque tras mis orejas el cabello
En crespas ondas su caudal levanta:
¡Diles, bribón, que mientras tú en festines,
En rubios caldos y en fragantes pomas,
Entre mancebas del astuto Norte,
De tus esclavos el sudor sangriento

Torcido en oro, descuidado bebes,—
Pensativo, febril, pálido, grave,
Mi pan rebano en solitaria mesa
Pidiendo ¡oh triste! al aire sordo mudo
De libertar de su infortunio al siervo
Y de tu infamia a ti! Y en estos lances,
Suéleme, Pedro, en la apretada bolsa
Faltar la monedilla que reclama
Con sus húmedas manos el barbero.

HIERRO[159]

    Ganado tengo el pan: hágase el verso,—
Y en su comercio dulce se ejercite
La mano, que cual prófugo perdido
Entre oscuras malezas, o quien lleva
A rastra enorme peso, andaba ha poco
Sumas hilando y revolviendo cifras.
Bardo ¿consejo quieres? Pues descuelga
De la pálida espalda ensangrentada
El arpa divea, acalla los sollozos
Que a tu garganta como mar en furia
Se agolparán, y en la madera rica
Taja plumillas de escritorio y echa
Las cuerdas rotas al movible viento.

    ¡Oh, alma! ¡oh alma buena! Mal oficio
Tienes!: póstrate, calla, sede, lame
Manos de potentado, ensalza, excusa
Defectos, ténios —que es mejor manera
De excusarlos—, y mansa y temerosa
Vicios celebra, encumbra vanidades:
Verás entonces, alma, cuál se trueca
En plato de oro rico tu desnudo
Plato de pobre!

---

[159] Con anterioridad Martí había titulado esta composición *Hora de Duelo*.

Pero guarda ¡oh alma!
Que usan los hombres hoy oro empañado!
Ni de esos cures, que fabrican de oro
Sus joyas el bribón y el barbilindo:
Las armas no,— las armas son de hierro!
   Mi mal es rudo; la ciudad lo encona;
La alivia el campo inmenso. ¡Otro más vasto
Lo aliviará mejor!—Y las obscuras
Tardes me atraen, cual si mi patria fuera
La dilatada sombra.[160]

   ¡Oh verso amigo,
Muero de soledad, de amor me muero!
No de vulgares amores; estos amores
Envenenan y ofuscan. No es hermosa
La fruta en la mujer, sino la estrella.
La tierra ha de ser luz, y todo vivo
Debe en torno de si dar lumbre de astro.
¡Oh, estas damas de muestra! Oh, estas copas
De carne! Oh, estas siervas, ante el dueño
Que las enjoya o estremece echadas!
¡Te digo, oh verso, que los dientes duelen
De comer de esta carne!
            Es de inefable
Amor del que yo muero, del muy dulce
Menester de llevar, como se lleva
Un niño tierno en las cuidosas manos,
Cuanto de bello y triste ven mis ojos.
 Del sueño, que las fuerzas no repara
Sino de los dichosos, y a los tristes
El duro humor y la fatiga aumenta,
Salto, al sol, como un ebrio. Con las manos
Mi frente oprimo, y de los turbios ojos
Brota raudal de lágrimas. ¡Y miro
El sol tan bello y mi desierta alcoba,
Y mi virtud inútil, y las fuerzas

---

[160] Aquí siguen unos versos que Martí tachó en el manuscrito original.

Que cual tropel famélico de hirsutas
Fieras saltan de mi buscando empleo;
Y el aire hueco palpo, y en el muro
Frío y desnudo el cuerpo vacilante
Apoyo, y en el cráneo estremecido
En agonía flota el pensamiento,
Cual leño de bajel despedazado
Que el mar en furia a playa ardiente arroja![161]

¡Sólo las flores del paterno prado
Tienen olor! ¡Sólo las ceibas patrias
Del sol amparan! Como en vaga nube
Por suelo extraño se anda; las miradas
Injurias nos parecen, y el Sol mismo,
Más que en grato calor, enciende en ira!
¡No de voces queridas puebla el eco
Los aires de otras tierras: y no vuelan
Del arbolar espeso entre las ramas
Los pálidos espíritus amados!
De carne viva y profanadas frutas
Viven los hombres; ¡ay! mas el proscripto
De sus entrañas propias se alimenta!
¡Tiranos: desterrad a los que alcanza
El honor de vuestro odio: ya son muertos!
Valiera más ¡oh bárbaros! que al punto
De arrebatarlos al hogar, hundiera
En lo más hondo de su pecho honrado
Vuestro esbirro más cruel su hoja más dura!
Grato es morir; horrible vivir muerto.
Mas no! mas no! La dicha es una prenda
De compasión de la fortuna al triste
Que no sabe domarla. A sus mejores
Hijos desgracias da Naturaleza:
Fecunda el hierro al llano, el golpe al hierro!

(New York, 4 de agosto.)

---

[161] Aquí siguen unos versos que Martí tachó en el manuscrito original.

CANTO DE OTOÑO

Bien; ya lo sé! La Muerte está sentada
A mis umbrales: cautelosa viene,
Porque sus llantos y su amor no apronten
En mi defensa, cuando lejos viven
Padre e hijo. Al retornar ceñudo
De mi estéril labor triste y oscura,
Con que a mi casa del invierno abrigo,
De pie sobre las hojas amarillas,
En la mano fatal la flor del sueño,
La negra toca en alas rematada,
Avido el rostro, trémulo la miro
Cada tarde aguardándome a mi puerta.
En mi hijo pienso, y de la dama oscura
Huyo sin fuerzas, devorado el pecho
De un frenético amor! Mujer más bella
No hay que la Muerte! Por un beso suyo
Bosques espesos de laureles varios,
Y las adelfas del amor, y el gozo
De remembrarme mis niñeces diera!
Pienso en aquel a quien mi amor culpable
Trajo a vivir, y, sollozando, esquivo
De mi amada los brazos; mas ya gozo
De la aurora perenne el bien seguro.
Oh, vida, adiós! Quien va a morir, va muerto

Oh, duelos con la sombra! Oh, pobladores
Ocultos del espacio! Oh, formidables
Gigantes que a los vivos azorados
Mueven, dirigen, postran, precipitan!
Oh, cónclave de jueces, blandos sólo
A la virtud, que en nube tenebrosa,
En grueso manto de oro recogidos,
Y duros como peña, aguardan torvos
A que al volver de la batalla rindan
— Como el frutal sus frutos —
De sus obras de paz los hombres cuenta,

De sus divinas alas!...de los nuevos
Arboles que sembraron, de las tristes
Lágrimas que enjugaron, de las fosas
Que a los tigres y víboras abrieron,
Y de las fortalezas eminentes
Que al amor de los hombres levantaron!
¡Esta es la dama, el rey, la patria, el premio
Apetecido, la arrogante mora
Que a su brusco señor cautiva espera
Llorando en la desierta barbacana!
Este el santo Salem, éste el Sepulcro
De los hombres modernos. No se vierta
Más sangre que la propia! No se bata
Sino al que odie al amor! Unjanse presto
Soldados del amor los hombres todos!
La tierra entera marcha a la conquista
 De este rey y señor, que guarda el cielo!
...Viles! El que es traidor a sus deberes
Muere como un traidor, del golpe propio
De su arma ociosa el pecho atravesado!
Ved que no acaba el drama de la vida
En esta parte oscura! Ved que luego
Tras la losa de mármol o la blanda
Cortina de humo y césped se reanuda
El drama portentoso! y ved, oh viles,
Que los buenos, los tristes los burlados,
Serán en la otra parte burladores!

 Otros del lirio y sangre se alimenten:
Yo no! yo no! Los lóbregos espacios
Rasgué desde mi infancia con los tristes
Penetradores ojos: el misterio
En una hora feliz de sueño acaso
De los jueces así, y amé la vida
Porque del doloroso mal me salva
De volverla a vivir. Alegremente
El peso eché del infortunio al hombro:
Porque el que en huelga y regocijo vive
Y huye el dolor, y esquiva las sabrosas

Penas de la virtud, irá confuso
Del frío y torvo juez a la sentencia,
Cual soldado cobarde que en herrumbre
Dejó las nobles armas; y los jueces
No en su dosel le ampararán, no en brazos
Lo encumbrarán, mas lo echarán altivos
A odiar, a amar y batallar de nuevo
En la fogosa sofocante arena!
Oh, qué mortal que se asomó a la vida
Vivir de nuevo quiere?...
        Puede ansiosa
La Muerte, pues, de pie en las hojas secas
Esperarme a mi umbral con cada turbia
Tarde de Otoño, y silenciosa puede
Irme tejiendo con helados copos
Mi manto funeral.
        No di al olvido
Las armas del amor: no de otra púrpura
Vestí que de mi sangre. Abre los brazos,
Listo estoy, madre Muerte: al juez me lleva!

        Hijo!...Qué imagen miro? Qué llorosa
Visión rompe la sombra, y blandamente
Como con luz de estrella la ilumina?
Hijo!... qué me demandan tus abiertos
Brazos? A qué descubres tu afligido
Pecho? Por qué me muestras tus desnudos
Pies, aun no heridos, y las blancas manos
Vuelves a mí, tristísimo gimiendo?
Cesa! calla! reposa! vive! El padre
No ha de morir hasta que a la árdua lucha
Rico de todas armas lance al hijo!
Ven, oh mi hijuelo, y que tus alas blancas
De los abrazos de la Muerte oscura
Y de su manto funeral me libren!

(New York, 1882.)

EL PADRE SUIZO

Little Rock, Arkansas, 1 de septiembre.
"El miércoles por la noche, cerca de París, condado de Logan, un suizo, llamado Edward Schwerzmann, llevó a sus tres hijos, de diez y ocho meses el uno, y cuatro y cinco años los otros, al borde de un pozo, y los echó en el pozo, y él se echó tras ellos. Dicen que Schwerzmann obró en un momento de locura". Telegrama publicado en Nueva York.

Dicen que un suizo, de cabello rubio
Y ojos secos y cóncavos, mirando
Con desolado amor a sus tres hijos,
Besó sus pies, sus manos, sus delgadas,
Secas, enfermas, amarillas manos;
Y súbito, tremendo, cual airado
Tigre que al cazador sus hijos roba,
Dio con los tres, y con si mismo luego,
En hondo pozo — y los robó a la vida!
Dicen que el bosque iluminó radiante
Una rojiza luz, y que a la boca
Del pozo oscuro — sueltos los cabellos,
Cual corona de llamas que al monarca
Doloroso, al humano, sólo al borde
Del antro funeral la sien desciñe— ,
La mano ruda a un tronco seco asida,
Contra el pecho huesoso, que sus uñas
Mismas sajaron, los hijuelos mudos
Por su brazo sujetos, como en noche
De tempestad las aves en su nido,
El alma a Dios, los ojos a la selva,
Retaba el suizo al cielo, y en su torno
Pareció que la tierra iluminaba
Luz de héroe, y que el reino de la sombra
La muerte de un gigante estremecía!

¡Padre sublime, espíritu supremo

Que por salvar los delicados hombros
De sus hijuelos, de la carga dura
De la vida sin fe, sin patria, torva
Vida sin fin seguro y cauce abierto,
Sobre sus hombros colosales puso
De su crimen feroz la carga horrenda!
Los árboles temblaban, y en su pecho
Huesoso, los seis ojos espantados
De los pálidos niños, seis estrellas
Para guiar al padre iluminadas,
Por el reino del crimen, parecían!
¡Ve bravo! Ve, gigante! Ve, amoroso
Loco! y las venenosas zarzas pisa
Que roen como tósigos las plantas
Del criminal, en el dominio lóbrego
Donde andan sin cesar los asesinos!
¡Ve!—que las seis estrellas luminosas
Te seguirán, y te guiarán, y ayuda
A tus hombros darán cuantos hubieren
Bebido el vino amargo de la vida!

FLORES DEL CIELO

Leí estos dos versos de Ronsard:
¡Je vous envoye un bouquet que ma main Vient
de trier de ces fleurs épanouies"...
Y escribí esto:

¿Flores? No quiero flores! Las del cielo
Quisiera yo segar!
        Cruja, cual falda
De monte roto esta cansada veste
Que me encinta y engrilla con sus miembros
Como con sierpes, y en mi alma sacian
Su hambre, y asoman a la cueva lóbrega
Donde mora mi espíritu, su negra
Cabeza, y boca roja y sonriente!
Caiga, como un encanto, este tejido

Enmarañado de raíces! Surjan
Donde mis brazos alas, y parezca
Que, al ascender por la solemne atmósfera,
De mis ojos, del mundo a que van llenos,
Ríos de luz sobre los hombres rueden!

Y huelguen por los húmedos jardines
Barbos tibios segando florecilla.
Yo, pálido de amor, de pie en las sombras,
Envuelto en gigantesca vestidura
De lumbre astral, en mi jardín, el cielo,
Un ramo haré magnifico de estrellas.
¡No temblará de asir la luz mi mano!

Y buscaré, donde las nubes duermen,
Amada, y en su seno la más viva
Le prenderé, y esparciré las otras
Por su áurea y vaporosa cabellera.

COPA CICLÓPEA

El Sol alumbra: ya en los aires miro
La copa amarga: ya mis labios tiemblan.
No de temor, que prostituye: de ira!...
El Universo, en las mañanas alza
Medio dormido aún de un dulce sueño
En las manos la Tierra perezosa,
Copa inmortal, en donde
Hierven al Sol las fuerzas de la vida!
Al niño triscador, al venturoso
De alma tibia y mediocre, a la fragante
Mujer que con los ojos desmayados
Abrirse ve en el aire extrañas rosas,
Iris la Tierra es, roto en colores,
Raudal que juvenece y rueda limpio
Y al desmayo después plácido brinda!
Por perfumado llano, y al retozo
Y para mi, porque a los hombres amo

Y mi gusto y mi bien terco descuido,
La tierra melancólica aparece
Sobre mi frente que la vida bate,
De lúgubre color inmenso yugo!
La frente encorvo, el cuello manso inclino,
Y, con los labios apretados, muero.

POMONA

Oh, ritmo de la carne, oh melodía,
Oh licor vigorante, oh filtro dulce
De la hechicera forma! No hay milagro
En el cuento de Lázaro, si Cristo
Llevó a su tumba una mujer hermosa!

Qué soy, quién es, sino Memnom en donde
Toda la luz del Universo canta,
Y cauce humilde en el que van revueltas,
Las eternas corrientes de la vida?
Iba, como arroyuelo que cansado
De regar plantas ásperas fenece,
Y, de amor por el noble Sol transido,
A su fuego con gozo se evapora:
Iba, cual jarra que el licor ligero
En el fermento rompe,
Y en silenciosos hilos abandona:
Iba, cual gladiador que sin combate
Del incólume escudo ampara el rostro
Y el cuerpo rinde en la ignorada arena.
...Y súbito, las fuerzas juveniles
De un nuevo mar, el pecho rebosante
Hinchan y embargan, el cansado brío
Arde otra vez, y puebla el aire sano
Música suave y blando olor de mieles!
Porque a mis ojos los brazos olorosos
En armónico gesto alzó Pomona.

MEDIA NOCHE

Oh, qué vergüenza! El Sol ha iluminado
La Tierra; el amplio mar en sus entrañas
Nuevas columnas a sus naves rojas
Ha levantado; el monte, granos nuevos
Juntó en el curso del solemne día
A sus jaspes y breñas; en el vientre
De las aves y bestias nuevos hijos
Vida, que es forma, cobran; en las ramas
Las frutas de los árboles maduran;
Y yo, mozo de gleba, he puesto sólo,
Mientras que el mundo gigantesco crece.
Mi jornal en las ollas de la casa!

Por Dios, que soy un vil! No en vano el sueño
A mis pálidos ojos es negado!
Nó en vano por las calles titubeo
Ebrio de un vino amargo, cual quien busca
Fosa ignorada donde hundirse, y nadie
Su crimen grande y su ignominia sepa!
No en vano el corazón me tiembla ansioso
Como el pecho sin calma de un malvado!

El cielo, el cielo, con sus ojos de oro
Me mira, y ve mi cobardía, y lanza
Mi cuerpo fugitivo por la sombra
Como quien loco y desolado huye
De un vigilante que en sí mismo lleva!"
¡La Tierra es soledad! ¡La, luz se enfría!
¿Adónde iré que este volcán se apague?
¿Adónde iré que el vigilante duerma?

Oh, sed de amor! Oh, corazón prendado
De cuanto vivo el Universo habita:
Del gusanillo verde en que se trueca
La hoja del árbol; del rizado jaspe
En que las ondas de la mar se cuajan;
De los árboles presos, que a los ojos

Me sacan siempre lágrimas; del lindo
Bribón que con los pies desnudos
En fango, y nieve, diario o flor pregona.

    Oh, corazón, que en el carnal vestido
No hierros de hacer oro, ni belfudos
Labios glotones y sensuosos mira,
Sino corazas de batalla, y hornos
Donde la vida universal fermenta.
Y yo, pobre de mí! Preso en mi jaula,
La gran batalla delos hombres miro!"

HOMAGNO

    Homagno sin ventura
La hirsuta y retostada cabellera
Con sús pálidas manos se mesaba.
"Máscara soy, mentira soy", decía;
Estas carnes y formas, estas barbas
Y rostro, estas memorias de la bestia,
Que como silla a lomo de caballo
Sobre el alma oprimida echan y ajustan,
Por el rayo de luz que el alma mía
En la sombra entrevé,— ¡no son Homagno!

    Mis ojos sólo, los miro caros ojos,
Que me revelan mi disfraz, son míos.
Queman, me queman, nunca duermen, oran,
Y en mi rostro los siento y en el cielo,
Y le cuentan de mi, y a mi de él cuentan.
¿Por qué, por qué, para cargar en ellos
Un grano ruin de alpiste mal trójado
Talló el Creador mis colosales hombros?
Ando, pregunto, ruinas y cimientos
Vuelco y sacudo; a sorbos delirantes
En la Creación, la madre de mil pechos,
Las fuentes todas de la vida aspiro.

Con demencia amorosa su invisible
Cabeza con las secas manos mías
Acaricio y destrenzo; por la tierra
Me tiendo compungido, y los confusos
Pies, con mi llanto baño y con mis besos,
Y en medio de la noche, palpitante,
Con mis voraces ojos en el cráneo
Y en sus órbitas anchas encendidos,
Trémulo, en mi plegado, hambriento espero,
Por si al próximo sol respuestas vienen.
Y a cada nueva luz, de igual enjuto
Modo y ruin, la vida me aparece,
Como gota de leche que en cansado
Pezón, al terco ordeño, titubea,
Como carga de hormiga, como taza
De agua añeja en la jaula de un "jilguero".
De mordidas y rotas, ramos de uvas
Estrujadas y negras, las ardientes
Manos del triste Homagno parecían!

Y la tierra en silencio, y una hermosa
Voz de mi corazón, me contestaron.

YUGO Y ESTRELLA

Cuando nací, si sol, mi madre dijo:
"Flor de mi seno, Homagno generoso,
De mi y de la Creación suma y reflejo,
Pez que en ave y corcel y hombre se torna,
Mira estas dos, que con dolor te brindo,
Insignias de la vida: ve y escoge.
Este, es un yugo: quien lo acepta, goza.
Hace de manso buey, y como presta
Servicio a los señores, duerme en paja
Caliente, y tiene rica y ancha avena.
Esta, oh misterio que de mi naciste
Cual la cumbre nació de la montaña,
Esta, que alumbra y mata, es una estrella.

Como que riega luz, los pecadores
Huyen de quien la lleva, y en la vida,
Cual un monstruo de crímenes cargado,
Todo el que lleva luz se queda solo,
Pero el hombre que el buey sin pena imita,
Buey vuelve a ser, y en apagado bruto
La escala universal de nuevo empieza.
El que la estrella sin temor se ciñe,
Como que crea, ¡crece!
                Cuando al mundo
De su copa el licor vació ya el vivo;
Cuando, para manjar de la sangrienta
Fiesta humana, sacó contento y grave
Su propio corazón, cuando a los vientos
De Norte y Sur vertió su voz sagrada,
La estrella como un manto, en luz lo envuelve,
Se enciende, como a fiesta, el aire claro,
Y el vivo que a vivir no tuvo miedo,
Se oye que un paso más sube en la sombra!"
— Dame el yugo, oh mi madre, de manera
Que puesto en él de pie, luzca en mi frente
Mejor la estrella que ilumina y mata.

ISLA FAMOSA

    Aquí estoy, solo estoy, despedazado.
Ruge el cielo; las nubes se aglomeran,
Y aprietan, y ennegrecen, y desgajan,
Los vapores del mar la roca ciñen.
Sacra angustia y horror mis ojos comen.
¿A qué, Naturaleza embravecida,
A qué estéril soledad en torno
De quién de ansia de amor rebosa y muere?
¿Dónde, Cristo sin cruz, los ojos pones?
¿Dónde, oh sombra enemiga, dónde el ara
Digna por fin de recibir mi frente?
¿En pro de quién derramaré mi vida?

　　　　Rasgóse el velo; por un tajo de ameno
De claro azul, como en sus lienzos abre
Entre mazos de sombra Díaz famoso,
EL hombre triste de la roca mira
En lindo campo tropical, galanes
Blancos, y Venus negras, de unas flores
Fétidas y fangosas coronados.
Danzando van; a cada giro nuevo
Bajo los muelles pies la tierra cede!
Y cuando en ancho beso los gastados
Labios sin lustre, ya trémulos juntan,
Sáltanles de los labios agoreras
Aves tintas en hiel, aves de muerte.

　　　　　　SED DE BELLEZA

　　　　Solo, estoy solo: viene el verso amigo,
Como el esposo diligente acude
De la erizada tórtola al reclamo.
Cual de los altos montes en deshielo
Por breñas y por valles en copiosos
Hilos las nieves desatadas bajan —
Así por mis entrañas oprimidas
Un balsámico amor y una celeste avaricia,
Celeste de hermosura se derraman.
Tal desde el vasto azul, sobre la tierra.
Cual si de alma virgen la sombría
Humanidad sangrienta perfumasen,
Su luz benigna las estrellas vierten
Esposas del silencio — y de las flores
Tal aroma vago se levanta.
　　　　Dadme lo sumo y lo perfecto: dadme
Un dibujo de Angelo: una espada
Con puño de Cellini, más hermosa
Que las techumbres de marfil calado
Que se place en labrar Naturaleza.
El cráneo augusto dadme donde ardieron
El universo Hamlet y la furia

Tempestuosa del moro: —la manceba
India que a orillas del ameno río
Que del viejo Chitchen los muros baña
A la sombra de un plátano pomposo
Y sus propios cabellos, el esbelto
Cuerpo bruñido y nítido enjuagaba.
Dadme mi cielo azul...,dadme la pura,
La inefable, la plácida, la eterna
Alma de mármol que al soberbio Louvre
Dio, cual su espuma y flor, Milo famosa.

¡OH, MARGARITA!

Una cita a la sombra de tu oscuro
Portal donde el friecillo nos convida
A apretarnos los dos, de tan estrecho
Modo, que un solo cuerpo los dos sean:
Deja que el aire zumbador resbale,
Cargado de salud, como travieso
Mozo que las corteja, entre las hojas
      Y en el pino
Rumor y majestad mi verso aprenda.
Sólo la noche del amor es digna.
La soledad, las oscuridad convienen.
Ya no se puede amar, oh Margarita.

AGUILA BLANCA

De pie, cada mañana,
Junto a mi áspero lecho está el verdugo.
Brilla el sol, nace el mundo, el aire ahuyenta
    Del cráneo la malicia,
Y mi águila infeliz, mi águila blanca,
Que cada noche en mi alma se renueva,
Al alba universal las tiende
Y, camino del Sol, emprende el vuelo.
Y en vez del claro vuelo al Sol altivo

Por entre pies ensangrentada y rota,
De un grano en busca el águila rastrea.
   Oh noche, sol del triste, amable seno
Donde su fuerza el corazón revive,
Perdura, apaga el Sol, toma la forma
De mujer libre y pura, a que yo pueda
Ungir tus pies, y con mis besos locos
Ceñir tu frente y calentar tus manos.
Líbrame, eterna noche, del verdugo,
O dale a que me dé con la primera
Alba una limpia y redentora espada.
¿Que con qué la has de hacer? ¡Con luz de estrellas!

AMOR DE CIUDAD GRANDE

   De gorja son y rapidez los tiempos.
Corre cual luz la voz; en alta aguja,
Cual nave despeñada en sirte horrenda,
Húndese el rayo, y en ligera barca
El hombre, como alado, el aire hiende.
¡Así el amor, sin pompa ni misterio
Muere, apenas nacido, de saciado!
Jaula es la villa de palomas muertas
Y ávidos cazadores! Si los pechos
Se rompen de los hombres, y las carnes
Rotas por tierra ruedan, no han de verse
Dentro más que frutillas estrujadas!

   Se ama de pie, en las calles, entre el polvo
De los salones y las plazas; muere
La flor el día en que nace. Aquella virgen
Trémula que antes a la muerte daba
La mano pura que a ignorado mozo;
El goce de temer; aquel salirse
Del pecho el corazón; el inefable
Placer de merecer; el grato susto
     De caminar de prisa en derechura
Del hogar de la amada, y a sus puertas

Como un niño feliz romper en llanto;
Y aquel mirar, de nuestro amor al fuego,
Irse tiñendo de color las rosas,
Ea, que son patrañas! Pues ¿quién tiene
Tiempo de ser hidalgo? ¡Bien que sienta,
Cual áureo vaso o lienzo suntuoso,
Dama gentil en casa de magnate!
O si se tiene sed, se alarga el brazo
Y a la copa que pasa se la apura!
Luego, la copa turbia al polvo rueda,
Y el hábil catador — manchado el pecho
De una sangre invisible — sigue alegre
Coronado de mirtos, su camino!
No son los cuerpos ya sino desechos,
Y fosas, y jirones! Y las almas
No son como en el árbol fruta rica
En cuya blanda piel la almíbar dulce
En su sazón de madurez rebosa,
Sino fruta de plaza que a brutales
Golpes el rudo labrador madura!

¡La edad es ésta de los labios secos!
De las noches sin sueño! ¡De la vida
Estrujada en agraz! ¿Qué es lo que falta
Que la ventura falta? Como liebre
Azorada, el espíritu se esconde,
Trémulo huyendo al cazador que ríe,
Cual en soto selvoso, en nuestro pecho;
Y el deseo, de brazo de la fiebre,
Cual rico cazador recorre el soto.

¡Me espanta la ciudad! Toda está llena
De copas por vaciar, o huecas copas!
¡Tengo miedo! ¡ay de mí! de que este vino
Tósigo sea, y en mis venas luego
Cual duende vengador los dientes clave!
¡Tengo sed; mas de un vino que en la tierra
No se sabe beber! ¡No he padecido
Bastante aún, para romper el muro

Que me aparta ¡oh dolor! de mi viñedo!
¡Tomad vosotros, catadores ruines
De vinillos humanos, estos vasos
Donde el jugo de lirio a grandes sorbos
Sin compasión y sin temor se bebe!
Tomad! Yo soy honrado, y tengo miedo!

New York, abril de 1882.

HE VIVIDO: ME HE MUERTO...

He vivido: me he muerto: y en mi andante
Fosa sigo viviendo: una armadura
Del hierro montaraz del siglo octavo,
Menos sí, menos que mi rostro pesa.
Al cráneo inquieto lo mantengo fijo
Porque al rodar por tierra, el mar de llanto
............................., no asombre.
Quejarme, no me quejo: es de lacayos
Quejarse, y de mujeres,
Y aprendices de la trova, manos
Nuevas en liras viejas: — Pero vivo
Cual si mi ser entero en un agudo
Desgarrador sollozo se exhalara.—
De tierra, a cada Sol mis restos propios
Recojo, presto los apilo a rastras,
A la implacable luz y a los voraces
Hombres, cual si vivieran los paseo:
Mas ¡frente a la luz me fuese dado
Como en la sombra do duermo, al polvo
Mis disfraces echar, viérase súbito
Un cuerpo sin calor venir a tierra
Tal como un monte muerto que en sus propias
Inanimadas faldas se derrumba.

He vivido: al deber juré mis armas
Y ni una vez el Sol dobló las cuestas
Sin que mi lidia y mi victoria viere:—

Ni hablar, ni ver, ni pensar yo quisiera!
Cruzando los brazos como en nube
Parda, en mortal sosiego me hundiría.
De noche, cuando al sueño a sus soldados
En el negro cuartel llama la vida,
La espalda vuelvo a cuanto vive: al muro
La frente doy, y como jugo y copia
De mis batallas en tierra miro—
La rubia cabellera de una niña
Y la cabeza blanca de un anciano!

ESTROFA NUEVA

.... Cuando, oh Poesía,
Cuando en tu seno reposar me es dado!
Ancha es y hermosa y fúlgida vida.
Que éste o aquél o yo vivamos tristes,
Culpa de éste o aquél será, o mi culpa!
Nace el corcel, del ala más lejano
Que el hombre, en quien el ala encumbradora
Ya en los ingentes brazos se diseña.
Sin más brida que el viento el corcel nace
Espoleador y flameador; al hombre
La vida echa sus riendas en la cuna!
Si las tuerce o revuelve y si tropieza
Y da en atolladero, a si se culpe
Y del incendio o del zarzal redima
La destrozada brida: sin que al noble
Sol y [162]............................... vida desafíe.

De nuestro bien o mal autores somos,
Y cada cual autor de sí; la queja
A la torpeza y la deshonra añade
De nuestro error. Cantemos, sí, cantemos,
Aunque las hidras nuestro pecho roan,

---

[162] En blanco en el original.

La hermosura y grandeza de la vida!
El Universo colosal y hermoso.

  Un obrero tiznado; una enfermiza
Mujer, de faz enjuta y dedos gruesos;
Otra que al dar al sol los entumidos
Miembros en el taller, como una egipcia
Voluptuosa y feliz, la saya burda
En las manos recoge y canta, y danza;
Un niño que sin miedo a la ventisca,
Como el soldado con el arma al hombro,
Va con sus libros a la escuela; el denso
Rebaño de hombres que en silencio triste
Sale a la aurora y con la noche vuelve,
Del pan del día en la difícil busca,
Cual la luz a Memnom, mueven mi lira.
Los niños, versos vivos, los heroicos
Y pálidos ancianos, los oscuros
Hornos donde en bridón o tritón truecan
Los hombres victoriosos las montañas,
Astiánax son y Andrómaca mejores,
Mejores, sí, que las del viejo Homero.

  Naturaleza, siempre viva; el mundo
De minotauro yendo mariposa,
Que de rondar el Sol enferma y muere;
La sed de luz, que como el mar salado
La de los labios, con el agua marga
De la vida se irrita; la columna
Compacta de asaltantes que sin miedo
Al Dios de ayer sobre los flacos hombros
La mano libre y desferrada ponen,
Y los ligeros pies en el vacío,
Poesía son y estrofa alada, y grito
Que ni en tercetos ni en octava estrecha
Ni en remilgados serventesios caben.
¡Vaciad un monte; en tajo de sol vivo
Tallad un plectro; o de la mar brillante
El seno rojo y nacarado, el molde

De la triunfante estrofa nueva sea!

    Como nobles de Nápoles, fantasmas
Sin carnes ya y sin sangre, que en polvosos
Palacios muertos con añejas chupas
De comido blasón, a paso sordo
Andan, y al mundo que camina enseñan
Como un grito sin voz, la seca encía,
Así, sobre los árboles cansados,
Y los ciriales rotos, y los huecos
De oxidadas diademas, duendecillos
Con chupa vieja y metro viejo asoman!
No en tronco seco muerto hacen sus nidos,
Alegres recaderos de mañana,
Las lindas aves cuerdas y gentiles!
Ramaje quieren suelto y denso, y tronco
Alto y robusto, en fibra rico y savia.
Mas con el Sol se alza el deber; se pone
Mucho después que el Sol; de la hornería
Y su batalla y su fragor cansada
La mente plena en el rendido cuerpo,
Atormentada duerme, como el verso
Vivo en los aires, por la lira rota
Sin dar sonidos desalado pasa!
Perdona, pues, oh estrofa nueva, el tosco
Alarde de mi amor. Cuando, oh poesía,
Cuando en tu seno reposar me es dado.

MUJERES

I

    Ésta, es rubia; ésa, oscura; aquélla, extraña
Mujer de ojos de mar y cejas negras;
Y una cual palma, egipcia, alta y solemne,
Y otra como un canario gorjeadora.
Pasan y muerden; los cabellos luengos
Echan, como una red; como un juguete
La lánguida beldad ponen al labio

Casto y febril del amador que a un templo
Con menos devoción que al cuerpo llega
De la mujer amada; ella, sin velos
Yace, y a su merced! él, casto y mudo,
En la inflamada, sombra alza dichoso
Como un manto imperial de luz de aurora.
Cual un pájaro loco en tanto ausente
En frágil rama y en menudas flores,
De la mujer el alma travesea.
Noble furor enciende al sacerdote,
Y a la insensata, contra el ara augusta
Como una copa de cristal rompiera.
Pájaros, sólo pájaros: el alma
Su ardiente amor reserva al universo.

II

Vino hirviente es amor: del vaso afuera,
Echa, brillando al sol, la alegre espuma,
Y en sus claras burbujas, desmayados
Cuerpos, rizosos niños, cenadores
Fragantes y amistosas alamedas
Y juguetones ciervos se retratan.
De joyas, de esmeraldas, de rubíes,
De ónices y turquesas y del duro
Diamante, al fuego eterno derretidos,
Se hace el vino satánico. Mañana
El vaso sin ventura que lo tuvo,
Cual comido de hienas, y espantosa
Lava mordente, se verá quemado.

III

Bien duerma, bien despierte, bien recline,
—Aunque no lo reclino— bien de hinojos,
Ante un niño que juega el cuerpo doble,
Que no se dobla a viles ni a tiranos,
Siento que siempre estoy en pie. Si suelo,
Cual del niño en los rizos suele el aire
Benigno, en los piadosos labios tristes
Dejar que vuele una sonrisa, es cierto

Que así, sépalo el mozo, así sonríen
Cuantos nobles y crédulos buscaron
El sol eterno en la belleza humana.
Sólo hay un vaso que la sed apague
De hermosura y amor: Naturaleza
Abrazos deleitosos, hibleos besos
A sus amantes pródiga regala.

IV
Para que el hombre los tallara, puso
El monte y el volcán Naturaleza;
El mar, para que le hombre ver pudiese
Que era menor que su cerebro; en horno
Igual, sol, aire y hombres elabora.
Porque los dome, el pecho al hombre inunda
Con pardos brutos y con torvas fieras.
¡Y el hombre no alza el monte; no en el libre
Aire ni en sol magnífico se trueca,
Y en sus manos sin honra, a las sensuales
Bestias del pecho el corazón ofrece.
A los pies de la esclava vencedora
El hombre yace deshonrado, muerto.

ASTRO PURO

De un muerto, que al calor de un astro puro,
De paso por la tierra, como un manto
De oro sintió sobre sus huesos tibios
El polvo de la tumba; al sol radiante
Resucitó gozoso, vivió un día,
Y se volvió a morir, son estos versos:

Alma piadosa que a mi tumba llamas
Y cual la blanca luz de astros de enero,
Por el palacio de mi pecho en ruinas
Entrase, irradias, y los restos fríos
De los que en él voraces habitaron
Truecas, oh maga! en cándidas palomas;

Espíritu, pureza, luz, ternura,
Ave sin pies que el ruido humano espanta,
Señora de la negra cabellera,
El verso muerto a tu presencia surge
Como a las dulces horas del rocío
En el oscuro mar el Sol dorado,
Y álzase por el aire cuanto existe
Cual su manto, en el vuelo recogiendo,
Y a ti llega, y se postra y por la tierra
En colosales pliegues
Con majestad de púrpura romana.
Besé tus pies, te vi, pasar, señora.
¡Perfume y luz tiene por fin la tierra!
El verso aquel que a dentelladas duras
La vida diaria y ruin me remordía
Y en ásperos retazos, de mis secos
Y codiciosos labios se exhalaba,
Ora triunfante y melodioso bulle.
Y como ola del mar al sol sereno,
Bajo el espacio azul rueda en espuma:
Oh mago, oh mago amor!
    Ya compañía
Tengo para afrontar la vida eterna.
Para la hora de la luz, la hora
De reposo y de flor, ya tengo cita.

  Esto diciendo, los abiertos brazos
Tendió el cantor como a abrazar. El vivo
Amor que su viril estrofa mueve
Sólo duró lo que su estrofa dura.
Alma infeliz el alma ardiente, aquella
En que el ascua más leve alza un incendio
...........................y el sueño
Que vio esplendor, y quiso así, hundióse
Como un águila muerta. El ígneo, el...
Calló, brilló, volvió solo a su tumba.

CRÍN HIRSUTA

¿Que como crín hirsuta de espantado
Caballo que en los troncos secos mira
Garras y dientes de tremendo lobo,
Mi destrozado verso se levanta?...
Sí, pero ¡se levanta! A la manera,
Como cuando el puñal se hunde en el cuello
De la res, sube al cielo hilo de sangre.
Sólo el amor engendra melodías.

A LOS ESPACIOS...

A los espacios entregarme quiero
Donde se vive en paz y con un manto
De luz, en gozo embriagador henchido,
Sobre las nubes blancas se pasea,
Y donde Dante y las estrellas viven.
Yo sé, yo sé, porque lo tengo visto
En ciertas horas puras, cómo rompe
Su cáliz una flor, y no es diverso
Del modo, no, con que lo quiebra el alma
Escuchad, y os diré:— viene de pronto
Como una aurora inesperada, y como
A la primera luz de primavera
De flor se cubren las amables lilas...
Triste de mí! contároslo quería,
Y en espera del verso, las grandiosas
Imágenes en fila ante mis ojos
Como águilas alegres vi sentadas.
Pero las voces de los hombres echan
De junto a mí las nobles aves de oro.
Ya se van, ya se van, Ved cómo rueda
La sangre de mi herida.
Si me pedís un símbolo del mundo
En estos tiempos, vedlo: un ala rota.
Se labra mucho el oro. El alma apenas!
Ved cómo sufro. Vive el alma mia

Cual cierva en una cueva acorralada.
Oh, no está bien; me vengaré, llorando!

PÓRTICO

Frente a las casas ruínes, en los mismos
Sacros lugares donde Franklin bueno
Citó al rayo y lo ató, por entre truncos
Muros, cerros de piedra, boqueantes
Fosos, y los cimientos asomados
Como dientes que nacen a una encía,
Un pórtico gigante se elevaba.
Rondaba cerca de él la muchedumbre
......................que siempre en torno
De las fábricas nuevas se congrega.
  Cuál, que ésta es siempre distinción de necios,
Absorto ante el tamaño; piedra el otro
Que no penetra el Sol, y cuál en ira
De que fuera mayor que su estatura.
Entre el tosco andamiaje, y las nacientes
Paredes, aquel pórtico,
En un cráneo sin tope parecía
Un labio enorme, lívido e hinchado.
Ruedas y hombres el aire sometieron;
Trepaban en la sombra; más arriba
Fueron que las iglesias; de las nubes
La fábrica magnifica colgaron:
Y en medio entonces de los altos muros
Se vio el pórtico en toda su hermosura.

MANTILLA ANDALUZA

¿Por qué no acaba todo, ora que puedes
Amortajar mi cuerpo venturoso
Con tu mantilla, pálida andaluza?
No me avergüenzo, no, de que me encuentren
Clavado el corazón con tu peineta!

¡Te vas! Como invisible escolta, surgen
Sobre sus tallos frescos, a seguirte
Mis jazmines sin mancha y mis claveles.
¡Te vas! ¡Todos se van! Y tú me miras,
Oh perla pura en flor, como quien echa
En honda copa joya resonante,
Y a tus manos tendidas me abalanzo
Como a un cesto de frutas un sediento.

De la tierra mi espíritu levantas
Como el ave amorosa a su polluelo.

POETA[163]

Como nacen las palmas en la arena
Y la rosa en la orilla al mar salobre,
Así de mi dolor mis versos surgen
Convulsos, encendidos, perfumados
Tal en los mares sobre el agua verde,
La vela hendida, el mástil trunco, abierto
A las ávidas olas el costado,
Después de la batalla fragorosa
Con los vientos, el buque sigue andando.
   ¡Horror, horror! En tierra y mar no había
Mas que crujidos, furia, niebla y lágrimas!
Los montes, desgajados sobre el llano
Rondaban; las llanuras, mares turbios,
En desbordados ríos convertidas,
Vaciaban en los mares; un gran pueblo
Del mar cabido hubiera en cada arruga;
Estaban en el cielo las estrellas
Apagadas; los vientos en jirones
Revueltos en la sombra, huían, se abrían,

---

[163] Sin título en el original, y más que de otros, dudamos si será éste el que le corresponde. Lo mismo decimos de la que hemos titulado "Noche de Mayo". Nota de Gonzalo de Quesada y Aróstegui.

Al chocar entre sí, y se despeñaban;
En los montes del aire resonaban
Rodando con estrépito; en las nubes
Los astros locos se arrojaban llamas!
   Rió luego el Sol; en tierra y mar lucia
Una tranquila claridad de boda.
¡Fecunda y purifica la tormenta!
Aire azul colgaban ya, prendidos
Cual gigantescos tules, los rasgados
Mantos de los crespudos vientos, rotos
En el fragor sublime. Siempre quedan
Por un buen tiempo luego de la cura
Los bordes de la herida sonrosados!
Y el barco, como un niño, con la olas
Jugaba, se mecía, traveseaba.

ODIO EL MAR

   Odio el mar, sólo hermoso cuando gime
Del barco domador bajo la hendente
Quilla, y como fantástico demonio
De un manto negro colosal tapado,
Encórvase a los vientos de la noche
Ante el sublime vencedor que pasa:—
Y a la luz de los astros, encerrada
En globos de cristales, sobre el puente
Vuelve un hombre impasible la hoja a un libro.—

   Odio el mar: vasto y llano, igual y frío
No cual la selva hojosa echa sus ramas
Como sus brazos, a apretar al triste
Que herido viene de los hombres duros
Y del bien de la vida desconfía;
No cual honrado luchador, en suelo
Firme y pecho seguro, al hombre aguarda
Sino en traidora arena y movediza,
Cual serpiente letal. —También los mares,
El sol también, también Naturaleza

Para mover el hombre a las virtudes,
Franca ha de ser, y ha de vivir honrada—
Sin palmeras, sin flores, me parece
Siempre una tenebrosa alma desierta.

  Que yo voy muerto, es claro: a nadie importa
Y ni siquiera a mi, pero por bella,
Ignea, varia, inmortal, amo la vida.
Lo que me duele no es vivir; me duele
Vivir sin hacer bien. Mis penas amo,
Mis penas, mis escudos de nobleza.
No a la próvida vida haré culpable
De mi propio infortunio, ni el ajeno
Goce envenenaré con mis dolores.
Buena es la tierra, la existencia es santa.
Y en el mismo dolor, razones nuevas
Se hallan para vivir, y goce sumo,
Claro como una aurora y penetrante.

  Mueran de un tiempo y de una vez los necios
Que porque el llanto de sus ojos surge
Más grande y más hermoso que los mares.
Odio el mar, muerto enorme, triste muerto
De torpes y glotonas criaturas
Odiosas habitado: se parecen
A los ojos del pez que de harto expira,
Los del gañán de amor que en brazos tiembla
De la horrible mujer libidinosa:—
Vilo, y lo dije—algunos son cobardes,
Y lo que ven y lo que sienten callan:
Yo no: si hallo un infame al paso mío,
Dígolo en lengua clara: ahí va un infame,
Y no, como hace el mar, escondo el pecho.
Ni mi sagrado verso nimio guardo
Para tejer rosarios a las damas
Y máscaras de honor a los ladrones.

  Odio al mar, que sin cólera soporta
Sobre su lomo complaciente, el buque

Que entre música y flor trae a un tirano.

NOCHE DE MAYO

    Con un astro la tierra se ilumina;
Con el perfume de una flor se llenan
Los ámbitos inmensos. Como vaga,
Misteriosa envoltura, una luz tenue
Naturaleza encubre, y una imagen
Misma del linde en que se acaba brota
Entre el humano batallar. ¡Silencio!
En el color, oscuridad! Enciende
El Sol al pueblo bullicioso y brilla
La blanca luz de luna! En los ojos
La imagen va, porque si fuera buscan
Del vaso herido la admirable esencia,
En haz de aromas a los ojos surge;
Y si al peso del párpado obedecen,
Como flor que al plegar las alas pliega
Consigo su perfume, en el solemne
Templo interior como lamento triste
La pálida figura se levanta!
Divino oficio! El Universo entero,
Su forma sin perder, cobra la forma
De la mujer amada, y el esposo
Ausente, el cielo póstumo adivina
Por el casto dolor purificado.

BANQUETE DE TIRANOS

    Hay una raza vil de hombres tenaces
De sí propios inflados, y hechos todos,
Todos del pelo al pie, de garra y diente;
Y hay otros, como flor, que al viento exhalan
En el amor del hombre su perfume.
Como en el bosque hay tórtolas y fieras
Y plantas insectívoras y puras

Sensitiva y clavel en los jardines.
De alma de hombres los unos se alimentan:
Los otros su alma dan a que se nutran
Y perfumen su diente los glotones,
Tal como el hierro frío en las entrañas
De la virgen que mata se calienta.

    A un banquete se sientan los tiranos,
Pero cuando la mano ensangrentada
Hunden en el manjar, del mártir muerto
Surge una luz que les aterra, flores
Grandes como una cruz súbito surgen
Y huyen, rojo el hocico, y pavoridos
A sus negras entrañas los tiranos.
Los que se aman a si, los que la augusta
Razón a su avaricia y gula ponen:
Los que no ostentan en la frene honrada
Ese cinto de luz que en el yugo funde
Como el inmenso sol en ascuas quiebra
Los astros que a su seno se abalanzan:
Los que no llevan del decoro humano
Ornado el sano pecho: los menores
Y los segundones de la vida, sólo
A su goce ruin y medro atentos
Y no al concierto universal.

    Danzas, comidas, músicas, harenes,
Jamás la aprobación de un hombre honrado.
Y si acaso sin sangre hacerse puede.
Hágase...clávalos, clávalos
En el horcón más alto del camino
Por la mitad de la villana frente.
A la grandiosa humanidad traidores,
Como implacable obrero
Como un féretro de bronce clavetea,
Los que contigo
Se parten la nación a dentelladas.

COPA CON ALAS

Una copa con alas ¿quién la ha visto
Antes que yo? Yo ayer la vi. Subía
Con lenta majestad, como quien vierte
Oleo sagrado; y a sus dulces bordes
Mis regalados labios apretaba.
Ni una gota siquiera, ni una gota
Del bálsamo perdí que hubo en tu beso!

Tu cabeza de negra cabellera
¿Te acuerdas? Con mi mano requería,
Porque de mi tus labios generosos
No se apartaran. Blanca como el beso
Que a ti me transfundía, era la suave
Atmósfera en redor; la vida entera
Sentí que a mí abrazándote, abrazaba!
Perdí el mundo de vista, y sus ruidos
Y su envidiosa y bárbara batalla!
Una copa en los aires ascendía
Y yo, en brazos no vistos reclinado
Tras ella, asido de sus dulces bordes,
Por el espacio azul me remontaba!

Oh, amor, oh inmenso, oh acabado artista!
En rueda o riel funde el herrero el hierro;
Una flor o mujer o águila o ángel
En oro o plata el joyador cincela;
Tú sólo, sólo tú, sabes el modo
De reducir el Universo a un beso!

ÁRBOL DE MI ALMA

Como un ave que cruza el aire claro,
Siento hacia mi venir tu pensamiento
Y acá en mi corazón hacer su nido.
Abrese el alma en flor; tiemblan sus ramas
Como los labios frescos de un mancebo

En su primer abrazo a una hermosura;
Cuchichean las hojas; tal parecen
Lenguaraces obreras y envidiosas,
A la doncella de la casa rica
En preparar el tálamo ocupadas.
Ancho es mi corazón, y es todo tuyo.
Todo lo triste cabe en él, y todo
Cuanto en el mundo llora, y sufre, y muere!
De hojas secas, y polvo, y derruidas
Ramas lo limpio; bruño con cuidado
Cada hoja, y los tallos; de las flores
    Los gusanos y el pétalo comido
Separo; oreo el césped en contorno
Y a recibirte, oh pájaro sin mancha,
Apresto el corazón enajenado!

LUZ DE LUNA

    Esplendía su rostro; por los hombros
Rubias guedejas le colgaban; era
Una caricia su sonrisa: era
Ciego de nacimiento: parecía
Que veía: tras las párpados callados
Como un lago tranquilo, el alma exenta
Del horror que en el mundo ven los ojos,
Sus apacibles aguas deslizaba:
Tras los párpados blancos se veían
Aves de plata, estrellas voladoras,
En unas grutas pálidas los besos
Risueños disputándose la entrada,
Y en el dorso de cisnes navegando
Del ciego fiel los pensamientos puros

    Como una rama en flor, al sosegado
Río silvestre que hacia el mar camina,
Una afable mujer se asomó al ciego:
Tembló, encendióse, se cubrió de rosas,
Y las pálidas manos del amante

Besó cien veces, y llenó con ellas:
En la misma guirnalda entrelazados
Pasan los dos la generosa vida:
Tan grandes son las flores que a su sombra
Suelen dormir la prolongada siesta.

    Cual quien enfrena a un potro que husmeando
Campo y batalla, en el portal sujeto
Mira, como quien muerde, al amo duro,
Así, rebelde a veces, tras sus ojos
El pobre ciego el alma sujetaba.
—¡Oh, si vieras! — los necios le decían
Que no han visto en sus almas— ¡oh si vieras
Cuando sobre los trigos requemados,
Su ejército de rayos el Sol lanza,
Cómo chispean, cómo relucen, cómo,
Asta al aire, el hinchado campamento
Los cascos mueve y el plumón lustrosos!
¡Si vieras cómo el mar, roto y negruzco
Vuelca al infeliz, y encumbra al fuerte;
Si vieses, infeliz, cómo la Tierra
Cuando la Luna llena la ilumina,
Desposada parece que en los aires
Buscando va, con planta perezosa,
La casa florecida de su amado!
—¡Ha de ser, ha de ser como quien toca
La cabeza de un niño!
            —Calla ciego.
Es como asir en una flor la vida.

    De súbito vio el ciego.—Esta que esplende,
Dijéronle, es la Luna. ¡Mira, mira
Qué mar de luz! Abismos, ruinas, cuevas,
Todo por ella casto y blando luce
Como de noche el pecho de las tórtolas!
— ¿Nada más? — dijo el ciego, y retornando
A su amada celosa los ya abiertos
Ojos, besóle la temblante mano

Humildemente, y díjole: —No es nueva,
Para el que sabe amar, la luz de luna.

FLOR DE HIELO
(Al saber que era muerto Manuel Ocaranza)[164]

Mírala! ¡Es negra! ¡Es torva! Su tremenda
Hambre la azuza. Son sus dientes hoces;
Antro su fauce; secadores vientos
Sus hálitos; su paso, ola que traga
Huertos y selvas; sus manjares, hombres.
Viene! escondeos; oh, caros amigos,
Hijo del corazón, padres muy caros!
Do asoma, quema; es sorda, es ciega: — El Hambre
Ciega el alma y los ojos. Es terrible
El hambre de la Muerte!
                    No es ahora
La generosa, la clemente amiga
Que le muro rompe al alma prisionera
Y le abre al claro cielo fortunado;
No es la dulce, la plácida, la pía
Redentora de tristes, que del cuerpo,
Como de huerto abandonado, toma
El alma adolorida, y en más alto
Jardín de deja, donde blanda luna
Perpetuamente brilla, y crecen sólo
En vástagos en flor blancos rosales;
No la esposa evocada; no la eterna
Madre invisible, que los anchos brazos,
Sentada en todo el ámbito solemne,
Abre a sus hijos, que la vida agosta,
Y a reposar y a reparar sus bríos
Para el fragor y la batalla nueva
Sus cabezas igníferas reclina
En su puro y jovial seno de aurora.

---

[164] Pintor mexicano, amigo de Martí, que muriera en 1875.

No; aun a la diestra del Señor sublime
Que envuelto en nubes, con sonora planta
Sobre cielos y cúspides pasea;
Aun en los bordes de la copa dívea
En colosal montaña trabajada
Por tallador cuyas tundentes manos
Hechas al rayo y trueno fragorosos
Como barro sutil la roca herían;
¡Aun a los lindes del gigante vaso
Donde se bebe al fin la paz eterna,
El mal, como un insecto, sus oscuros
Amillos mueve y sus antenas claca,
Artero, en los sedientos bebedores!
Sierva es la Muerte: sierva del caballo
Señor de toda vida: salvadora
Oculta de los hombres! Mas el igneo
Dueño a sus servos implacable ordena
Que hasta rendir el postrimer aliento,
A la sombra feliz del mirto de oro,
El bien y el mal el seno les combatan;
Y sólo las eternas rosas ciñe
Al que a sus mismos ojos el mal torvo
En batalla final convulso postra.
Y pío entonces en la seca frente
De aquel, en cuyo seno poderoso
No hay muerte ni dolor, un largo beso.
Y en la Muerte gentil, la Muerte misma,
Lidian el bien y el mal ¡Oh dueño rudo,
A rebelión y a admiración me mueve
Este misterio de dolor, que pena
La culpa de vivir, que es culpa tuya,
Con el dolor tenaz, martirio nuestro!
¿Es tu seno quizá tal hermosura
Y el placer de domar la interna fiera
Gozo tan vivo, que el martirio mismo
Es precio pobre a la final delicia?
¡Hora tremenda y criminal, oh Muerte,
Aquella en que en tu seno generoso

El hambre ardió, y en el ilustre amigo
Seca posaste la tajante mano!
No es, no, de tales víctimas tu empresa
Poblar la sombra! De cansados ruines,
De ancianos laxos, de guerreros flojos
Es tu oficio poblarla, y en tu seno
Rehacer al viejo la gastada vida
Y al soldado sin fuerzas la armadura.
Mas el taller de los creadores sea,
Oh Muerte! de tus hambres reservado!
Hurto ha sido; tal hurto, que en la sola
Casa, su pueblo entero los cabellos
Mesa, y su triste amigo solitario
Con gestos grandes de dolor sacude,
Por él clamando, la callada sombra!
Dime, torpe hurtadora, di el oscuro
Monte donde tu recia culpa amparas;
Y donde con la seca selva en torno,
Cual cabellera de tu cráneo hueco,
En lo profundo de la tierra escondes
Tu generosa víctima! Dí al punto
El antro, y a sus puertas con el pomo
Llamaré de mi espada vengadora!
Mas ay! ¿Que a do me vuelvo? ¿Qué soldado
A seguirme vendrá? Cápua es la tierra
Y de orto a ocaso, y a los cuatro vientos!
No hay más, no hay más que infames desertores,
De pie sobre sus armas enmohecidas
En rellenar, sus arcas afanados.

    No de mármol son ya, si son de oro,
Ni de piedra tenaz o hierro duro
Los divinos magníficos humanos.
De algo más torpe son: jaulas de carne
Son hoy los hombres, de los vientos crueles
Por mantos de oro y púrpura amparados,
Y de la jaula en lo interior, un negro
Insecto de ojos ávidos y boca

Ancha y febril, retoza, come, ríe!
Muerte! el crimen fué bueno: guarda, guarda
En la tierra inmortal tu presa noble!

CON LETRAS DE ASTROS

Con letras de astros el horror que he visto
En el espacio azul grabar querría
En la llanura, muchedumbre: —en lo alto
Mientras que los de abajo andan y ruedan
Y sube olor de frutas estrujadas,
Olor de danza, olor de lecho, en lo alto
De pie entre negras nubes, y en lo alto
De pie entre negras nubes, y en los hombros
Cual principio de alas se descuelgan,
Como un monarca sobre un trono, surge
Un joven bello, pálido y sombrío.
Como estrella apagada, en el izquierdo
Lado del pecho vésele abertura
Honda y boqueante, bien como la tierra
Cuando de cuajo un árbol se le arranca
Abalánzase, apriétanse, recójense,
Ante él, en negra tropa, toda suerte
De fieras, anca al viento, y bocas juntas
En una inmensa boca—, y en bordado
Plato de oro bruñido y perlas finas
Su corazón el bardo les ofrece.

MIS VERSOS VAN REVUELTOS...

Mis versos van revueltos y encendidos
Como mi corazón: bien es que corra
Manso el arroyo que en el fácil llano
Entre céspedes frescos se desliza:
¡Ay!; pero el agua que del monte viene
Arrebatada; que por hondas breñas

Baja, que la destrozan; que en sedientos
Pedregales tropieza, y entre rudos
Troncos salta en quebrados borbotones,
¿Cómo, despedazada, podrá luego
Cual lebrel de salón, jugar sumisa
En el jardín podado con las flores
O en pecera de oro ondear alegre
Para querer de damas olorosas?—

Inundará el palacio perfumado,
Como profanación: se entrará fiera
Por los joyantes gabinetes, donde
Los bardos, lindos como abates, hilan
Tiernas quintillas y rimas dulces
Con aguja de plata en blanca seda,
¡Y sobre sus divanes espantadas
Las señoras, los pies de media suave
Recogerán, —en tanto el agua rota,
Falsa, como todo lo que expira,
Besa humilde el chapín abandonado,
Y en bruscos saltos destemplada muere!

POÉTICA

La verdad quiere cetro. El verso mío
Puede, cual paje amable, ir por lujosas
Salas, de aroma vario y luces ricas,
Temblando enamorado en el cortejo
De una ilustre princesa, o gratas nieves
Repartiendo a las damas. De espadines
Sabe mi verso, y de jubón violeta
Y toca rubia, y calza acuchillada.
Sabe de vinos tibios y de amores
Mi verso montaraz; pero el silencio
Del verdadero amor, y la espesura
De la selva prolífica prefiere:
¡Cual gusta del canario, cual del águila!

LA POESÍA ES SAGRADA...

La poesía es sagrada. Nadie
De otro la tome, sino en sí. Ni nadie
Como a esclava infeliz que el llanto enjuga
Para acudir a su inclemente dueña,
La llame a voluntad: que vendrá entonces
Pálida y sin amor, como una esclava.
Con desmayadas manos el cabello
Peinará a su Señora: en alta torre,
Como pieza de gran repostería,
Le apretará las trenzas; o con viles
Rizados cubrirá la noble frente
Por donde el alma su honradez enseña;
O lo atará mejor, mostrando el cuello,
Sin otro adorno, en un discreto nudo.
¡Mas mientras la infeliz peina a la dama,
Su triste corazón, cual ave roja
De alas heridas, estará temblando
Lejos ¡ay! en el pecho de su amante,
Como en invierno un pájaro en su nido!
¡Maldiga Dios a dueños y tiranos
Que hacen andar los cuerpos sin ventura
Por do no pueden ir los corazones!—

CUENTAN QUE ANTAÑO...

Cuentan que antaño, —y por si no lo cuentan,
Invéntolo,— un labriego que quería
Mucho a un zorzal, a quien dejaba libre
Surcar el aire y desafiar el viento
—De cierto bravo halcón librarlo quiso
Que en cazar por el ala adestró astuto
Un señorín de aquellas cercanías,—
Y púsole al zorzal el buen labriego
Sobre sus alas, otras dos, de modo
Que el vuelo alegre al ave no impidiesen:

Salió el Sol, y el halcón, rompiendo nubes,
Tras el zorzal, que a la querencia amable
Del labrador inquieto se venia:
Ya le alcanza; ya le hinca: ya estremece
En la mano del mozo el hilo duro:
Mas ¡guay del señorín!: el halcón sólo
Prendió al zorzal, que diestro se le escurre,
Por las alas postizas del labriego.

¡Así, quien caza por la rima, aprende
Que en sus garras se escapa la poesía!

CANTO RELIGIOSO

La fatiga y las sábanas sacudo:
Cuando no se es feliz, abruma el sueño
Y el sueño, tardo al infeliz, y el miedo
A ver la luz que alumbra su desdicha
Resistense los ojos, — y parece
No que en plumones mansos se ha dormido
Sino en los brazos negros de una fiera.
Al aire luminoso, como al río
El sediento peatón dos labios se abren:
El pecho en lo interior se encumbra y goza
Como el hogar feliz cuando recibe
En Año Nuevo a la familia amada;—
Y brota, frente al Sol, el pensamiento!

Mas súbito, los ojos se oscurecen,
Y el cielo, y a la frente va la mano
Cual militar que el pabellón saluda:
Los muertos son, los muertos son, devueltos
A la luz maternal: los muertos pasan.

Y sigo a mi labor, como creyente
A quien unge en la sien el sacerdote
De rostro liso y vestiduras blancas—

Practico: En el divino altar comulgo
De la Naturaleza: es mi hostia el alma humana.

¡NO, MÚSICA TENAZ, ME HABLES DEL CIELO!

¡No, música tenaz, me hables del cielo!
¡Es morir, es temblar, es desgarrarme
Sin compasión el pecho! Si no vivo
Donde como una flor al aire puro
Abre su cáliz verde la palmera,
Si del día penoso a casa vuelvo...
¿Casa dije? ¡No hay casa en tierra ajena!...
Roto vuelvo en pedazos encendidos!
Me recojo del suelo: alzo y amaso
Los restos de mi mismo; ávido y triste
Como un estatuador un Cristo roto:
Trabajo, siempre en pie, por fuera un hombre,
¡Venid a ver, venid a ver por dentro!
Pero tomad a que Virgilio os guíe...
Si no, estáos afuera: el fuego rueda
Por la cueva humeante: como flores
De un jardín infernal se abren las llagas:
Y boqueantes por la tierra seca
Queman los pies los escaldados leños!
¡Toda fué flor la aterradora tumba!
No, música tenaz, me hables del cielo!

EN TORNO AL MÁRMOL ROJO...

En torno al mármol rojo en donde duerme
El corso vil, el Bonaparte infame,
Como manos que acusan, como lívidas,
Desgreñadas crenchas, las banderas
De tanto pueblo mutilado y roto
En pedazos he visto, ensangrentadas!
Bandera fué también el alma mía

Abierta al claro Sol y al aire alegre
En un asta, derecha como un pino,—
La vieron y la odiaron, gerifaltes
Pusieron, y celosa halconería a abatirla echaron,
A traer el fleco de oro entre sus picos:
Oh! Mucho halcón del cielo azul ha vuelto
Con un jirón de mi alma entre sus garras.
¡Y sus! ¡yo a izarla! —¡y sus! con piedra y palo
Las gentes a arriarla —¡y sus! ¡el pino
Como en fuga alargábase hasta el cielo
Y por él mi bandera blanca entraba!
Mas tras ella la gente, pino arriba,
Este el hacha, ése daga, aquél ponzoña,
Negro el aire en redor, negras las nubes,
Allí donde los astros son robustos
Pinos de luz, allí donde en fragantes
Lagos de leche van cisnes azules,
Donde el alma entra a flor, donde palpitan,
Susurran, y echan a volar las rosas,
Allí, donde hay amor, allí en las aspas
Mismas de las estrellas me embistieron!—
Por Dios, que aun se ve el asta: mas tan rota
Ya la bandera está, que no hay ninguna
Tan rota y sin ventura como ella
En las que adornan la apagada cripta
Donde en su rojo féretro sus puños
Roe despierto el Bonaparte infame!—

YO SACARÉ LO QUE EN EL PECHO TENGO...

Yo sacaré lo que en el pecho tengo
De cólera y de horror. De cada vivo
Huyo, azorado, como de un leproso.
Ando en el buque de la vida: sufro
De náusea y mal de mar: un ansia odiosa
Me angustia las entrañas: quién pudiera
En un solo vaivén dejar la vida!

No esta canción desoladora escribo
En hora de dolor:
                    ¡Jamás se escriba
En hora de dolor! el mundo entonces
Como un gigante a hormiga pretenciosa
Unce al poeta destemplado: escribo
Luego de hablar con un amigo viejo,
Limpio goce que el alma fortifica:—
¡Mas, cual las cubas de madera noble,
La madre del dolor guardo en mis huesos!
¡Ay! ¡mi dolor, como un cadáver, surge
A la orilla, no bien el mar serena!
Ni un poro sin herida: entre la uña
Y la yema estiletes me han clavado
Que me llegan al pie; se me han comido
Fríamente el corazón: y en este juego
Enorme de la vida, cupo en suerte
Nutrirse de mi sangre a una lechuza.
¡Así hueco y roído, al viento floto
Alzando el puño y maldiciendo a voces,
En mis propias entrañas encerrado!

        No es que mujer me engañe, o que fortuna
Me esquive su favor, o que el magnate
Que no gusta de pulcros, me querelle:
Es ¿quién quiere mi vida? es que a los hombres
Palpo, y conozco, y los encuentro malos.—
Pero si pasa un niño cuando lloro
Le acaricio el cabello, y lo despido
Como el naviero que a la mar arroja
Con bandera de gala un barco blanco.

        Y si decís de mi blasfemia, os digo
Que el blasfemo sois vos: ¿a qué me dieron
Para vivir en un tigral, sedosa
Ala, y no garra aguda? O por acaso
Es ley que el tigre de alas se alimente?
Bien puede ser: de alas de luz repleto,

Daráse al fin de un tigre luminoso,
Radiante como el Sol, la maravilla!—
Apresure el tigral el diente duro!
Nútrase en mí: coma de mí: en mís hombros
Clave los grifos bien: móndeme el cráneo,
Y, con dolor, a su mordida en tierra
Caigan deshechas mis ardientes alas!
Feliz aquel que en bien del hombre muere!
Bésale el perro al matador la mano!

  ¡Como un padre a sus hijas, cuando pasa
Un galán pudridor, yo mis ideas
De donde pasa el hombre, por quien muero,
Guardo, como un delito, al pecho helado!

  Conozco el hombre, y lo encontrado malo.
¡Así, para nutrir el fuego eterno
Perecen en la hoguera los mejores!
¡Los menos por los más! ¡los crucifixos
Por los crucificantes! En maderas
Clavaron a Jesús: sobre sí mismos
Los hombres de estos tiempos van clavados.
Los sabios de Chichén, la tierra clara
Donde el aroma y el maguey se crían,
Con altos ritos y canciones bellas
Al hondo de cisternas olorosas
A sus vírgenes lindas despeñaban
A su virgen mejor precipitaban:
A perfumar el Yucatán florido se alzaba luego
Como en tallo negruzco rosa suave
Un humo de magníficos colores:—
Tal a la vida echa el Creador los buenos:
A perfumar: a equilibrar: ea! clave
El tigre bien sus garras en mis hombros:
Los viles a nutrirse: los honrados
A que se nutran los demás en ellos.

  Para el misterio de la Cruz, no a un viejo

Pergamino teológico se baje:
Bájase al corazón de un virtuoso.
Padece mucho un cirio que ilumina:
Sonríe, como virgen que se muere,
La flor cuando la siegan de su tallo!
Duele mucho en la tierra un alma buena!
De día, luce brava: por la noche
Se echa a llorar sobre sus propios brazos:
Luego que ve en el aire la aurora,
Su horrenda lividez, por no dar miedo
A la gente, con sangre de sus mismas
Heridas, tiñe el miserable rostro,
Y emprende a andar, como una calavera
Cubierta, por piedad, de hojas de rosa!

14 de diciembre

MI POESÍA

Muy fiera y caprichosa es la Poesía,
A decírselo vengo al pueblo honrado:
La denuncio por fiera. Yo la sirvo
Con toda honestidad: no la maltrato;
No la llamo a deshora cuando duerme,
Quieta, soñando, que mi amor cansada,
Pidiendo para mi fuerzas al cielo;
No la pinto de gualda y amaranto
Como aquesos poetas; no le estrujo
En un talle he hierro el franco seno;
Y el cabello dorado, suelto al aire,
Ni con cintas retóricas le cojo:
No: no la pongo en lindas vasijas
Que morirían; sino la vierto al mundo,
A que cree y fecunde, y ruede y crezca
Libre cual las semillas por el viento.
Eso sí: cuido mucho de que sea
Claro el aire en su torno: musicales,

—Puro su lecho y limpio y surtido—
Los rasos que la amparan en el sueño,
Y limpios y aromados sus vestidos.—
Cuando va a la ciudad, mi Poesía
Me vuelve herida toda, el ojo seco
Y como de enajenado, las mejillas
Como hundidas, de asombro: los dos labios
Gruesos, blandos, manchados; una que otra
Gota de cieno —en ambas manos puras
Y el corazón, por bajo el pecho roto
Como un cesto de ortigas encendido:
Así de la ciudad me vuelve siempre:
Mas con el aire de los campos cura
Bajo del cielo en la serena noche
Un bálsamo que cierra las heridas.
¡Arriba oh corazón!: ¿quién dijo muerte?

    Yo protesto que mimo a mí Poesía:
Jamás en sus vagares la interrumpo,
Ni de su ausencia larga me impaciento.
¡Viene a veces terrible! Ase mi mano,
Encendido carbón me pone en ella
Y cual por sobre montes me la empuja!
¡Otras; muy pocas! viene amable y buena,
Y me amansa el cabello; y me conversa
Del dulce amor, y me convida a un baño!
Tenemos ella y yo, cierto recodo
Púdico en lo más hondo de mi pecho:
Envuelto en olorosa enrededera!—
Digo que no la fuerzo, y jamás la adorno,
Y sé adornar; jamás la solicito,
Aunque en tremendas sombras suelo a veces
Esperarla, llorando, de rodillas,
Ella ¡oh coqueta grande! en mi nube
Airada entra, la faz sobre ambas manos
Mirando como crecen las estrellas.
Luego, con paso de ala, envuelta en polvo
De oro, baja hasta mí, resplandeciente.

Vióme, un día infausto, rebuscando necio—
Perlas, zafiros, ónices, cruces
Para ornarle la túnica a su vuelta.
Ya de un lado, piedras tenía,
Cruces y acicaladas en hilera,
Octavas de claveles, cuartetines
De flores campesinas; tríos, dúos
De ardiente oro y pálida azucena
¡Qué guirnaldas de décimas! ¡qué flecos
De sonoras quintillas! ¡qué ribetes
De pálido romance! ¡qué lujosos
Broches de rima rara! ¡qué repuesto
De mil consonantes serviciales
Para ocultar con juicio las junturas:
Obra, en fin, de suprema joyería!—
Mas de pronto una lumbre silenciosa
Brilla; las piedras todas palidecen,
Como muertas, las flores caen en tierra
Lívidas, sin colores: es que bajaba
De ver nacer los astros mi Poesía!—
Como una cesta de caretas rotas
Eché a un lado mis versos. Digo al pueblo
Que me tiene oprimido mi Poesía:
Yo en todo la obedezco: apenas siento
Por cierta voz del aire que conozco
Su próxima llegada, pongo en fiesta
Cráneo y pecho; levántanse en la mente,
Alados, los corceles; por las venas
La sangre ardiente al paso se dispone;
El aire limpio, alejo los invitados,
Mueve el olvido generoso, y barro
De mi las impurezas de la tierra!

¡No es más pura que mi alma la paloma
Virgen que llama a su primer amigo!
Baja; vierte en mi mano unas extrañas
Flores que el cielo da, flores que queman;—
Como de un mar que sube, sufre el pecho,

Y a la divina voz, la idea dormida,
Royendo con dolor la carne tersa
Busca, como la lava, su camino
De hondas grietas el agujero luego queda,
Como la falda de un volcán cruzado;
Precio fatal de los amores con el cielo:
Yo en todo la obedezco; yo no esquivo
Estos padecimientos, yo le cubro
De unos besos que lloran, sus dos blancas
Manos que así me acabarán la vida.
Yo ¡qué más! cual de un crimen ignorado

CAPITULO X

LA EDAD DE ORO

La Edad de Oro fue una Revista Infantil con el hermoso objetivo de contarles a los niños "como está hecho el mundo"; y para enseñarles "como se vivía antes, y se vive hoy, en América, y en las demás tierras; y para mostrarles como se hacen tantas cosas de cristal y de hierro, y para decirles como algunos hombres habían inventado las máquinas de vapor, y los puentes colgantes, y la luz eléctrica..." Les hablaremos, añade Martí, "de todo lo que se hace en los talleres, donde suceden cosas más raras e interesantes que en los cuentos de magia, y son magia de verdad, más linda que la otra; y en fin será dicho todo lo que se sabe del cielo, y de lo hondo del mar y de la tierra".

Naturalmente este ambicioso propósito, contado por un hombre genial, situado fuera de su tiempo, necesariamente le llevó a situarse frente a la filosofía de los editores, y al sentimiento religioso de muchos de los hombres de su tiempo. Se publicaron solamente cuatro números correspondientes a los meses de julio, agosto, septiembre y octubre de 1889. En noviembre escribió a su agente en México, Manuel A. Mercado informándole que la *Edad de Oro* había salido de sus manos, "a pesar del amor con que la comencé, porque, por creencia o por miedo de comercio, quería el editor que yo hablase del "temor de Dios, y que el nombre de Dios, y no la tolerancia y el espíritu divino, estuviera en todos los artículos e historias."

En estos cuatro números de la *Edad de Oro*, escribió Martí páginas iluminadas, de una increíble profundidad filosófica en un maravilloso estilo, con el sublime esfuerzo de poner sus ideas al alcance de los niños. En toda la obra martiana se advierte su fe en los niños. En el primer número de la Revista afirma que "los niños saben más de lo que parece, y si les dijeran que escribiesen lo que saben, muy buenas cosas que escribirían." Porque creyó que los niños sabían más de lo que parecía, escribió para ellos poemas de profundo sentido filosófico y moral.

Su obra poética en la *Edad de Oro* es muy limitada. "Los Dos Milagros", "Fábula Nueva", "Los Dos Príncipes", "La Perla de la Mora", y "Los Zapaticos de Rosa" son los únicos poemas que encontramos en los números publicados.

En todos ellos da a los niños una lección profunda y saludable. En "Los Dos Milagros" con hermosas metáforas, que el niño puede sentir aunque no comprender, les enseña cuanto bien puede hacerse con una conducta llena de verdad y de luz; en Los Dos Príncipes muestra la igualdad del hombre frente a la vida y a la muerte; en "La Perla de la Mora" advierte a los niños que no se quieran las cosas por nuevas ni se desprecien por viejas; y "Los Zapaticos de Rosa" es el poema más fino, dulce y musical de José Martí. Martí comunica a los niños con imágenes visuales la tarde de sol "el mar de espuma; la arena fina; los zapaticos de rosa; el sombrerito de plumas; el balde color violeta; el aro color de fuego": todo el escenario que necesita presentar a los niños para darles una lección de bondad y compasión.

DOS MILAGROS

Iba un niño travieso
Cazando mariposas;
Las cazaba el bribón, les daba un beso,
Y después las soltaba entre las rosas.

Por tierra, en un estero,
Estaba un sicomoro;
Le da un rayo de sol, y del madero
Muerto, sale volando un ave de oro.

CADA UNO A SU OFICIO
Fábula nueva del filósofo norteamericano Emerson

La montaña y la ardilla
Tuvieron su querella:
— "¡Váyase usted allá, presumidílla!"
Dijo con furia aquélla;
A lo que respondió la astuta ardilla:
— "Sí que es muy grande usted, muy grande y bella;
Mas de todas las cosas y estaciones
Hay que poner en junto las porciones,
Para formar, señora vocinglera,
Un año y una esfera.
Yo no se que me ponga nadie tilde
Por ocupar un puesto tan humilde.
Si no soy yo tamaña
Como usted, mi señora la montaña,
Usted no es tan pequeña
Como yo, ni a gimnástica me enseña.
Yo negar no imagino
Que es para las ardillas buen camino
Su magnífica falda:
Difieren los talentos a las veces:
Ni yo llevo los bosques a la espalda,
Ni usted puede, señora, cascar nueces.

LOS DOS PRÍNCIPES
Idea de la poetisa norteamericana Helen Hunt Jackson

El palacio está de luto
Y en el trono llora el rey,
Y la reina está llorando
Donde no la pueden ver.
En pañuelos de olán fino
Lloran la reina y el rey.
Los señores del palacio
Están llorando también.
Los caballos llevan negro
El penacho y el arnés.
Los caballos no han comido,
Porque no quieren comer.
El laurel del patio grande
Quedó sin hoja esta vez.
Todo el mundo fué al entierro
Con coronas de laurel.
—¡El hijo del rey se ha muerto!
¡Se le ha muerto el hijo al rey!

En los álamos del monte,
Tiene su casa el pastor.
La pastora está diciendo:
"¿Por qué tiene luz le sol?"
Las ovejas cabizbajas,
Vienen todas al portón.
¡Una caja, larga, y honda
Está forrando el pastor!
Entra y sale un perro triste.
Canta allá adentro una voz—
"Pajarito, yo estoy loca,
Llévame donde él voló!"
El pastor coge llorando
La pala y el azadón.
Abre en la tierra una fosa.
Echa en la fosa una flor:
— ¡Se quedó el pastor sin hijo!
¡Murió el hijo del pastor!

LA PERLA DE LA MORA

Una mora de Trípoli tenía
Una perla rosada, una gran perla.
Y la echó con desdén al mar un día:
—"¡Siempre la misma! ¡ya me cansa verla!"

Pocos, años después, junto a la roca
De Trípoli...!la gente llora al verla!
Así le dice al mar la mora loca:
— "!Oh mar! ¡oh mar! ¡devuélveme mi perla!"

LOS ZAPATICOS DE ROSA

A Mademoiselle Marie: José Martí

Hay sol bueno y mar de espuma,
Y arena fina, y Pilar
Quiere salir a estrenar
Su sombrerito de pluma.

— "¡Vaya la niña divina!
Dice el padre, y le da un beso:
"Vaya mi pájaro preso
A buscarme arena fina".

"Yo voy con mi niña hermosa",
Le dijo la madre buena:
"¡No te manches en la arena
Los zapaticos de rosa!"

Fueron las dos al jardín
Por la calle del laurel,
La madre cogió un clavel
Y Pilar cogió un jazmín.

Ella va de todo juego,
Con aro, y balde, y paleta;
El balde es color violeta;
El aro es color de fuego.

Vienen a verlas pasar,
Nadie quiere verlas ir;
La madre se echa a reír,
Y un viejo se echa a llorar.

El aire fresco despeina
A Pilar, que viene y va
Muy oronda:— "¡Di, mamá!
¿Tu sabes qué cosa es reina?"

Y por si vuelven de noche
De la orilla de la mar,
Para la madre y Pilar
Manda luego el padre el coche.

Está la playa muy linda;
Todo el mundo está en la playa;
Lleva espejuelos el aya
De la francesa Florinda.

Está Alberto, el militar
Que salió en la procesión
Con tricornio y con bastón,
Echando un bote a la mar.

¡Y qué mala, Magdalena
Con tantas cintas y lazos,
A la muñeca sin brazos
Enterrándola en la arena!

Conversan allá en las sillas,
Sentadas con los señores,
Las señoras, como flores,
Debajo de las sombrillas.

Pero está con estos modos
Tan serios, muy triste el mar;
Lo alegre es allá, al doblar,
En la barranca de todos.

Dicen que suenan las olas
Mejor allá en la barranca,
Y que la arena es muy blanca
Donde están las niñas solas.

Pilar corre a su mamá:
— "¡Mamá, yo voy a ser buena;
Déjame ir sola a la arena;
Allá, tú me ves, allá!"

— "¡Esta niña caprichosa!
No hay tarde que no me enojes;
Anda, pero no te mojes
Los zapaticos de rosa".

Le llega a los pies la espuma;
Gritan alegres las dos;
Y se va, diciendo adiós,
La del sombrero de pluma.

¡Se va allá, donde ¡muy lejos!
Las aguas son más salobres,
Donde se sientan los pobres,
Donde se sientan los viejos!

Se fue la niña a jugar,
La espuma blanca bajó,
Y pasó el tiempo, y pasó
Un águila por el mar.

Y cuando el sol se ponía
Detrás de un monte dorado,
Un sombrerito callado
Por las arenas venía.

Trabaja mucho, trabaja
Para andar: ¿qué es lo que tiene
Pilar que anda así, que viene
Con la cabecita baja?

Bien sabe la madre hermosa
Por qué le cuesta el andar:

— "¿Y los zapatos, Pilar?
Los zapaticos de rosa?"

"¡Ah, loca! ¿en dónde estarán?
¡Dí dónde Pilar!" —"Señora",
Dice una mujer que llora:
"¡Están conmigo, aquí están!"

"Yo tengo una niña enferma
Que llora en el cuarto oscuro
Y la traigo al aire puro
A ver el sol, y a que duerma".

"Anoche soñó, soñó
Con el cielo, y oyó un canto,
Me dio miedo, me dio espanto,
Y la traje, y se durmió".

"Con sus dos brazos menudos
Estaba como abrazando;
Y yo mirando, mirando
Sus piececitos desnudos."

"Me llegó al cuerpo la espuma,
Alcé los ojos, y vi
Esta niña frente a mí
Con su sombrero de pluma.

— "!Se parece a los retratos
Tu niña! dijo: ¿es de cera?
¿Quiere jugar? ¡sí quisiera!...
¿Y por qué está sin zapatos?"

"Mira, ¡la mano le abrasa,
Y tiene los pies tan fríos!
¡Oh, toma, toma los míos,
Yo tengo más en mi casa!"

"No sé bien, señora hermosa,
Lo que sucedió después;
¡Le vi a mi hijita en los pies
Los zapaticos de rosa!"

Se vio sacar los pañuelos
A una rusa y a una inglesa;
El aya de la francesa
Se quitó los espejuelos.

Abrió la madre los brazos,
Se echó Pilar en su pecho,
Y sacó el traje deshecho,
Sin adornos y sin lazos.

Todo lo quiere saber
De la enferma la señora:
¡No quiere saber que llora
de pobreza una mujer!

— "!Sí, Pilar, dáselo! ¡y eso
También! ¡tu manta! ¡tu anillo!"
Y ella le dio su bolsillo,
Le dio el clavel, le dio un beso.

Vuelven calladas de noche
A su casa del jardín;
Y pilar va en el cojín
De la derecha del coche.

Y dice una mariposa
Que vio desde su rosal
Guardados en un cristal
Los zapaticos de rosa.

Óleo del pintor Juan E. Hernández Giró (1882-1953)

CAPITULO XI

LOS VERSOS SENCILLOS

En cuarenta y seis poemas Martí coleccionó sus "Versos Sencillos", que son sus versos más estudiados y más famosos. Esta colección ha dado fundamento al criterio de la mayor parte de los críticos de la poesía de Martí. Comencemos por fijar la circunstancia Vital de Martí cuando los escribió. Fue en el invierno de 1889 cuando Martí se enfermó de trabajo y de angustia en la Conferencia Internacional Americana celebrada en Washington. Allí confrontó y sufrió, representando a Uruguay y a la Argentina, la política internacional sostenida entonces por los Estados Unidos. Su exquisita sensibilidad no le soportó más y el Médico le ordenó absoluto reposo en el campo. En la primavera de 1890 Martí tomó sus vacaciones y escribió sus versos.

> Fue aquel invierno de angustia, en que por ignorancia, o por fe fanática, o por miedo, o por cortesía, se reunieron en Washington, bajo el águila temible, los pueblos hispano-americanos ¿Cuál de nosotros ha olvidado aquel escudo, el escudo en que el águila de Monterrey y de Chapultepec, el águila de López y de Walker, apretaba en sus garras los pabellones todos de América?. Y la agonía en que viví, hasta que pude confirmar la cautela y el brío de nuestros pueblos; y el horror y la vergüenza en que me tuvo el temor legítimo de que pudiéramos los cubanos, con manos parricidas, ayudar el plan insensato de apartar a Cuba, para bien único de un nuevo amo disimulado,....Me echó el médico al monte: corrían arroyos, y se cerraban las nubes: escribí versos. A veces ruge el mar, y revienta la ola, en la noche negra, contra las rocas del castillo ensangrentado: a veces susurra la abeja, merodeando entre las flores....? Por que se publica esta sencillez, escrita como jugando, y no mis encrespados versos libres, mis endecasílabos hirsutos, nacidos de grandes miedos, o de grandes esperanzas o de indómito amor de libertad o de amor doloroso a la hermosura, como riachuelo de oro natural, que va entre arena y aguas turbias y raíces, o como hierro caldeado, que silva y

chispea, o como surtidores candentes? Se imprimen estos versos porque el afecto con que los acogieron, una noche de poesía y de amistad, algunas almas buenas, los han hecho ya públicos. Y porque amo la sencillez, y creo en la necesidad de poner el sentimiento en formas llanas y sinceras.[165]

Otra vez el mejor crítico de su obra es Martí. Escribió versos para dejar escapar su angustia y su soledad y sus pensamientos frente a la naturaleza, que no por ser majestuosa dejar de ser sencilla. No es ya el niño poeta de España; ni el rebelde de México; ni el apasionado de Guatemala; ni el idealista de Caracas; es ahora el hombre reflexivo y maduro; enfermo de angustia pública y desengaño íntimo; con una montaña de recuerdos vivos y un sinnúmero de amores muertos. Toda esta vivencia sicológica debió haberlo llevado consecuentemente a la amargura y al resentimiento, sin embargo como el Cristo desde la Cruz de los tormentos, perdonó, asimiló y convirtió la causa de su dolor en tema de su poesía y a su pena amarga en pena dulce y pura. Dejó salir así, desde el hondón del alma, los versos más exquisitos, más brillantes, más cristalinos, más sencillos y más profundos de la poesía española. Allí en un pequeño pueblo de Haines Falls, al pie de las montañas Catskills, cerca de Nueva York, en un paisaje norteamericano, fueron escritos los versos más castizos y puros del idioma español. La sencillez de esos versos proceden de la nítida sencillez que el alma martiana había alcanzado en su purificación humana. Así como el agua de manantial mana limpia a través de las piedras que en un remoto pasado le fueron obstáculos, el verso martiano surge, y dulce y cristalino, corre a través de las penas y los desengaños. Él sabe "los nombres extraños de las yerbas, y las flores, y de mortales engaños, y de sublimes dolores"[166]; él aprendió a vivir "con el puñal al costado, sin decir jamás el nombre de aquella que lo ha matado"[167], pero "ha visto en la noche oscura llover sobre su cabeza los rayos de lumbre pura de la divina belleza".[168] Aprendió lo que ningún hombre realmente sabio puede ignorar; que el mundo está lleno de diferentes enfoques; que tiene una naturaleza de contrastes; que las sombras y las luces no han podido eliminarse recíprocamente. Que toca a cada individuo, hacer

---

[165] *Ibid.*, pp. 462-463.
[166] Martí, *op. cit.*, p. 463.
[167] *Ibid.*, p. 464.
[168] *Ibid.*

su propia selección de valores, y no convertirse en juez de luces desde las sombras; ni en juez de sombras desde las luces. Ya estan en condiciones espirituales de optar "si dicen que del joyero tome la joya mejor, tomo a un amigo sincero y pongo a un lado el amor"[169] y "dénle al vano el oro tierno que arde y brilla en el crisol: A mi dénme el bosque eterno cuando rompe en él el Sol".[170]

No se ha tratado, pero sería interesante, hacer un estudio sicológico de José Martí con vista únicamente a lo expresado por él en estos cuarenta y seis poemas que componen la colección de los "Versos Sencillos". No deberá hacerse en la reflexión de tal estudio énfasis sobre un verso, metáfora o estrofa determinada, sino en todo el conjunto de la obra; en la calidad del lenguaje del verso; en la selección martiana de los recuerdos íntimos y personales para convertirlos en temas poéticos y darles mensaje eterno y en la dulzura que un alma puede alcanzar cuando sabe asimilar y perdonar los horrores del mundo moral. En dulces, sonoros y limpios versos Martí dice su nostalgia del hogar disuelto: "corazón que lleva rota el ancla fiel del hogar, va como barca perdida que no sabe a donde va"[171]; su amor extraño, raro e imposible de Guatemala: "era su frente la frente que más he amado en mi vida"[172]; su vida frívola estudiantil de España: "hay baile, vamos a ver la bailarina española. Ya llega la bailarina: soberbia y pálida llega: ¿Cómo dicen que es gallega? Pues dicen mal: es divina"[173]; también nos dice su concepción de la coquetería femenina: "Eva se prendió al oscuro talle el diamante embustero: Y echó en el alfiletero, el alfiler de oro puro"[174]; y no oculta la forma en que quiere morir: "quiero salir del mundo por la puerta principal; en un carro de hojas verdes a morir me han de llevar".[175]

La filosofía de José Martí, aunque ofrecida en pinceladas con versos de arte menor en esta colección, se hace clara y perceptible sin ningún esfuerzo reflexivo. La vida que es digna de vivir para Martí es la vida de servicios, la de la entrega a la humanidad, la de darse entero para reencontrarse total: "cuando al peso de la cruz el hombre morir resuelve, sale a hacer bien, lo

---

[169] *Ibid.*
[170] *Ibid.*
[171] *Ibid.*, p. 466.
[172] *Ibid.*, p. 467.
[173] *Ibid.*
[174] *Ibid.*, p. 469.
[175] *Ibid.*, p. 470.

hace, y vuelve como de un baño de luz"[176]. El bien no es hecho por Martí en búsqueda de recompensa directa, no es un "doy para que me des", sino un doy para completarme mejor, que no debe confundirse con el egoísmo, sino con la altísima fe de que la naturaleza del hombre es perfectible y el camino de la perfección es el que nos dirige a ver en los demás el objeto de nuestras propias vidas.

Martí no es un iluso que trata de arar en el mar o de plantar en la arena flores propias de la tierra, por el contrario el ofrece la genial simbiosis del poeta con el político. Él sabe del sueño que es eso solamente: un sueño. "Se de un pintor atrevido que sale a pintar contento sobre la tela del viento y la espuma del olvido"[177]. Y agrega con intención tan profunda que casi se nos escapa de la total comprensión: "yo se de un pobre pintor que mira el agua al pintar, el agua ronca del mar, con un entrañable amor"[178]. En fin, en un rosario de versos hay un millón de buenas reflexiones y los recuerdos más vívidos de Martí. Cuando va deportado a España clava en su alma imperecederamente el embarque de los esclavos, "echa el barco, ciento a ciento, los negros por el portón"[179] y lleno de indignación humana inmortaliza la escena con un trascendental juramento: "Un niño lo vio: tembló De pasión por los que gimen: Y, al pie del muerto, juró lavar con su sangre el crimen"[180].

En el cielo azul y las montañas verdes y los arroyos cristalinos del hermoso valle de Catskills en primavera, Martí siente que su hirsuto verso libre que fue como látigo y bramido es hoy solamente "un abanico de plumas" y concluye reflexivo y sentencioso "mi verso es como un puñal que por el puño echa flor: mi verso es un surtidor que da un agua de coral"[181]. Su verso ha llegado a tal perfección musical que hay estrofas que describen más con los sonidos de las palabras que con sus significados. Ningún poeta modernista escribió versos tan modernistas como los siguientes:

> En el afeizar calado
> De la ventana moruna,
> Pálido como la luna,

---

[176] *Ibid.*
[177] *Ibid.*
[178] *Ibid.*
[179] *Ibid.*, p. 471.
[180] *Ibid.*
[181] *Ibid.*, p. 465.

Medita un enamorado.
Pálida, en su canapé
De seda tórtola y roja,
Eva, callada, deshoja
Una violeta en el te.[182]

Por estos mismos meses como adición a su libro "Azul", Darío escribía con igual tema, ritmo y sonoridad de palabras otro bello poema: "De Invierno" que nos recuerda el citado de Martí:

De Invierno
En invernales horas, mirad a Carolina
Medio apelotonada, descansa en el sillón,
envuelta con su abrigo de marta cibelina
y no lejos del fuego que brilla en el salón...
como una rosa roja que fuera flor de lis,
Abre los ojos, mírame con su mirar risueño,
y en tanto cae la nieve del cielo de París.[183]

---

[182] *Ibid.*, pp. 468-469.
[183] Darío, *op. cit.*, p. 601.

JOSÉ MARTÍ.

VERSOS SENCILLOS

NEW YORK
LOUIS WEISS & CO., Impresores
No. 116 Fulton Street
1891

Copia de la página título y de la dedicatoria a Gonzalo de Quesada de un ejemplar del libro publicado en agosto de 1891.

VERSOS SENCILLOS[184]

---

[184] Editados por Martí, en un pequeño volumen, en la imprenta de Louis Weise & Co., 116 Fulton Street, de Nueva York, el año 1891.

A MANUEL MERCADO, de México.
A. ENRIQUE ESTRÁZULAS, del Uruguay

Mis amigos saben cómo se me salieron estos versos del corazón. Fue aquel invierno de angustia, en que por ignorancia, o por fe fanática, o por miedo, o por cortesía, se reunieron en Washington, bajo el águila temible, los pueblos hispano-americanos ¿cuál de nosotros ha olvidado aquel escudo en que el águila de Monterrey y de Chapultepec, el águila de López y de Walker, apretaba en sus garras los pabellones todos de la América? Y la agonía en que viví, hasta que pude confirmar la cautela y el brío de nuestros pueblos; y el horror y vergüenza en que me tuvo el temor legítimo de que pudiéramos los cubanos, con manos parricidas, ayudar el plan insensato de apartar a Cuba, para bien único de un nuevo amo disimulado, de la patria que la reclama y en ella se completa, de la patria hispano-americana, que quitaron las fuerzas mermadas por dolores injustos. Me echó el médico al monte: corrían arroyos, y se cerraban las nubes: escribí versos. A veces ruge el mar, y revienta la ola, en la noche negra, contra las rocas del castillo ensangrentado: a veces susurra la abeja, merodeando entre las flores.

¿Por qué se publica esta sencillez, escrita como jugando, y no mis encrespados VERSOS LIBRES; mis endecasílabos hirsutos, nacidos de grandes miedos, o de grandes esperanzas, o de indómito amor de libertad, o de amor doloroso a la hermosura, como riachuelo de oro natural, que va entre arena y aguas turbias y raíces, o como hierro caldeado, que silba y chispea, o como surtidores candentes? ¿Y mis VERSOS CUBANOS, tan llenos de enojo, que están mejor donde no se les ve? ¿Y tanto pecado mío escondido, y tanta prueba ingenua y rebelde de literatura? ¿Ni a qué exhibir ahora, con ocasión de estas flores silvestres, un curso de mi poética, y decir por qué repito un consonante de propósito, o los gradúo y agrupo de modo que vayan por la vista y el oído al sentimiento, o salto por ellos, cuando no pide rimas ni soporta repujos la idea tumultuosa? Se imprimen estos versos porque el afecto con que los acogieron, en una noche de poesía y amistad, algunas almas buenas los ha hecho ya públicos. Y porque amo la sencillez, y creo en la necesidad de poner el sentimiento en formas llanas y sinceras.

José Martí
Nueva York; 1891.

I

Yo soy un hombre sincero
De donde crece la palma,
Y antes de morirme quiero
Echar mis versos del alma.

Yo vengo de todas partes,
Y hacia todas partes voy:
Arte soy entre las artes,
En los montes, monte soy.

Yo sé los nombres extraños
De las yerbas y las flores,
Y de mortales engaños,
Y de sublimes dolores.

Yo he visto en la noche oscura
Llover sobre mi cabeza
Los rayos de lumbre pura
De la divina belleza.

Alas nacer vi en los hombros
De las mujeres hermosas:
Y salir de los escombros,
Volando las mariposas.

He visto vivir a un hombre
Con el puñal al costado,
Sin decir jamás el nombre
De aquélla que lo ha matado.

Rápida como un reflejo,
Dos veces vi el alma, dos:
Cuando murió el pobre viejo,
Cuando ella me dijo adiós.

Temblé una vez —en la reja,
A la entrada de la viña,—

Cuando la bárbara abeja
Picó en la frente a mi niña.

Gocé una vez, de tal suerte
Que gocé cual nunca:— cuando
La sentencia de mi muerte.
Leyó el alcalde llorando.

Oigo un suspiro, a través
De las tierras y la mar,
Y no es un suspiro,— es
Que mi hijo va a despertar.

Si dicen que del joyero
Tome la joya mejor,
Tomo a un amigo sincero
Y pongo a un lado el amor.

Yo he visto al águila herida
Volar al azul sereno,
Y morir en su guarida
La víbora del veneno.

Yo sé bien que cuando el mundo
Cede, lívido, al descanso,
Sobre el silencio profundo
Murmura el arroyo manso.

Yo he puesto la mano osada
De horror y júbilo yerta,
Sobre la estrella apagada
Que cayó frente a mi puerta.

Oculto en mi pecho bravo
La pena que me lo hiere:
El hijo de un pueblo esclavo
Vive por él, calla y muere.

Todo es hermoso y constante,
Todo es música y razón,
Y todo, como el diamante,
Antes que luz es carbón.

Yo sé que el necio se entierra
Con gran lujo y con gran llanto,—
Y que no hay fruta en la tierra
Como la del camposanto.

Callo, y entiendo, y me quito
La pompa del rimador:
Cuelgo de un árbol marchito
Mi muceta de doctor.

II
Yo sé de Egipto y Nigricia,
Y de Persia y Xenophonte;
Y prefiero la caricia
Del aire fresco del monte.

Yo sé de las historias viejas
Del hombre y de sus rencillas;
Y prefiero las abejas
Volando en las campanillas.

Yo sé del canto del viento
En las ramas vocingleras:
Nadie me diga que miento,
Que lo prefiero de veras.

Yo sé de un gamo aterrado
Que vuelve al redil, y expira,—
Y de un corazón cansado
Que muere oscuro y sin ira.

III
Odio la máscara y vicio
Del corredor de mi hotel:
Me vuelvo al manso bullicio
De mi monte de laurel.

Con los pobres de la tierra
Quiero yo mi suerte echar:
El arroyo de la sierra
Me complace más que el mar.

Denle al vano el oro tierno
Que arde y brilla en el crisol:
A mí denme el bosque eterno
Cuando rompe en él el Sol.

Yo he visto el oro hecho tierra
Barbullendo en la redoma:
Prefiero estar en la sierra
Cuando vuela una paloma.

Busca el obispo de España
Pilares para su altar;
¡En mi templo, en la montaña.
El álamo es el pilar!

Y la alfombra es puro helecho,
Y los muros abedul,
Y la luz viene del techo,
Del techo de cielo azul.

El obispo, por la noche,
Sale, despacio, a cantar:
Monta, callado, en su coche,
Que es la piña de un pinar.

Las jacas de su carroza
Son dos pájaros azules:

Y canta el aire y retoza,
Y cantan los abedules.

Duermo en mí cama de roca
Mi sueño dulce y profundo:
Roza una abeja mi boca
Y crece en mi cuerpo el mundo.

Brillan las grandes molduras
Al fuego de la mañana,
Que tiñe las colgaduras
De rosa, violeta y grana.

El clarín, solo en el monte,
Canta al primer arrebol:
La gasa del horizonte
Prende, de un aliento, el Sol.

¡Díganle al obispo ciego,
Al viejo obispo de España
Que venga, que venga luego,
A mi templo, a la montaña!

IV
Yo visitaré anhelante
Los rincones donde a solas
Estuvimos yo y mi amante
Retozando con las olas.

Solos los dos estuvimos,
Solos, con la compañía
De dos pájaros que vimos
Meterse en la gruta umbría.

Y ella, clavando los ojos,
En la pareja ligera,
Deshizo los lirios rojos

Que le dio la jardinera.

La madreselva olorosa
Cogió con sus manos ella,
Y una madama graciosa,
Y un jazmín como una estrella.

Yo quise, diestro y galán,
Abrirle su quitasol;
Y ella me dijo: "¡Qué afán!
¡Si hoy me gusta ver el Sol!"

"Nunca más altos he visto
Estos nobles robledales:
Aquí debe estar el Cristo
Porque están las catedrales."

"Ya sé dónde ha de venir
Mi niña a la comunión;
De blanco la he de vestir
Con un gran sombrero alón."

Después, del calor al peso,
Entramos por el camino,
Y nos dábamos un beso
En cuanto sonaba un trino.

¡Volveré, cual quien no existe,
Al lago mudo y helado:
Clavaré la quilla triste:
Posaré el remo callado!

V
Si ves un monte de espumas,
Es mi verso lo que ves:
Mi verso es un monte, y es
Un abanico de plumas.

MI verso es como un puñal
Que por el puño echa flor:
Mi verso es un surtidor
Que da un agua de coral.

Mi verso es de un verde claro
Y de un carmín encendido:
Mi verso es un ciervo herido
Que busca en el monte amparo.

Mi verso al valiente agrada:
Mi verso, breve y sincero,
Es del vigor del acero
Con que se funde la espada.

VI
Si quieren que de este mundo
Lleve una memoria grata,
Llevaré, padre profundo,
Tu cabellera de plata.

Si quieren, por gran favor,
Que lleve más, llevaré
La copia que hizo el pintor
De la hermana que adoré.

Si quieren que a la otra vida
Me lleve todo un tesoro,
¡Llevo la trenza escondida
Que guardo en mi caja de oro!

VII
Para Aragón, en España,
Tengo yo en mi corazón
Un lugar todo Aragón,
Franco, fiero, fiel, sin saña.

Si quiere un tonto saber
Por qué lo tengo, le digo
Que allí tuve un buen amigo,
Que allí quise a una mujer.

Allá, en la vega florida,
La de la heroica defensa,
Por mantener lo que piensa
Juega la gente la vida.

Y si un alcalde lo aprieta
O lo enoja un rey cazurro,
Calza la manta el baturro
Y muere con su escopeta.

Quiero a la tierra amarilla
Que baña el Ebro lodoso:
Quiero el Pilar azuloso
De Lanuza y de Padilla.

Estimo a quien de un revés
Echa por tierra a un tirano:
Lo estimo, si es un cubano;
Lo estimo, si aragonés.

Amo los patios sombríos
Con escaleras bordadas;
Amo las naves calladas
Y los conventos cacíos.

Amo la tierra florida,
Musulmana o española,
Donde rompió su corola
La poca flor de mi vida.

VIII

Yo tengo un amigo muerto
Que suele venirme a ver:
Mi amigo se sienta, y canta;
Canta en voz que ha de doler.

"En un ave de dos alas
"Bogo por el cielo azul:
"Un ala del ave es negra
"Otra de oro Caribú.

"El corazón es un loco
"Que no sabe de un color:
"O es su amor de dos colores,
"O dice que no es amor.

"Hay una loca más fiera
"Que el corazón infeliz:
"La que le chupó la sangre
"Y se echó luego a reír.

"Corazón que lleva rota
"El ancia fiel del hogar,
"Va como barca perdida,
"Que no sabe a dónde va."

En cuanto llega a esta angustia
Rompe el muerto a maldecir:
Le amanso el cráneo: lo acuesto:
Acuesto el muerto a dormir.

IX

Quiero, a la sombra de un ala,
Contar este cuento en flor:
La niña de Guatemala,
La que se murió de amor.

Eran de lirios los ramos,
Y las orlas de reseda
Y de jazmín: la enterramos
En una caja de seda.

...Ella dio al desmemoriado
Una almohadilla de olor:
Él volvió, volvió casado:
Ella se murió de amor.

Iban cargándola en andas
Obispos y embajadores:
Detrás iba el pueblo en tandas,
Todo cargado de flores.

...Ella, por volverlo a ver,
Salió a verlo al mirador:
Él volvió con su mujer:
Ella se murió de amor.

Como de bronce candente
Al beso de despedida
Era su frente ¡La frente
Que más he amado en mi vida!

...Se entró de tarde en el río,
La sacó muerta el doctor:
Dicen que murió de frío:
Yo sé que murió de amor.

Allí, en la bóveda helada,
La pusieron en dos bancos:
Besé su mano afilada,
Besé sus zapatos blancos.

Callado, al oscurecer,
Me llamó el enterrador:
¡Nunca más he vuelto a ver

A la que murió de amor!

X

El alma trémula y sola
Padece al anochecer:
Hay baile; vamos a ver
La bailarina española.

Han hecho bien en quitar
El banderón de la acera;
Porque si está la bandera,
No sé, yo no puedo entrar.

Ya llega la bailarina:
Soberbia y pálida llega:
¿Cómo dicen que es gallega?
Pues dicen mal: es divina.

Llega un sombrero torero
Y una capa carmesí:
¡Lo mismo que un alelí
Que se pusiese un sombrero!

Se ve, de paso, la ceja,
Ceja, de mora traidora:
Y la mirada, de mora:
Y como nieve la oreja.

Preludian, bajan la luz,
Y sale en bata y mantón,
La virgen de la Asunción
Bailando un baile andaluz.

Alza, retando, la frente;
Crúzase al hombro la manta:
En arco el brazo levanta:
Mueve despacio el pie ardiente.

Replica con los tacones
El tablado zalamera,
Como si la tabla fuera
Tablado de corazones.

Y va el convite creciendo
En las llamas de los ojos,
Y el manto de flecos rojos
Se va en el aire meciendo.

Súbito, de un salto arranca:
Húrtase, se quiebra, gira:
Abre en dos la cachemira,
Ofrece la bata blanca.

El cuerpo cede y ondea;
La boca abierta provoca;
Es una rosa la boca:
Lentamente taconea.

Recoge, de un débil giro,
El manto de flecos rojos:
Se va, cerrando los ojos,
Se va, como en un suspiro...

Baila muy bien la española,
Es blanco y rojo el mantón:
¡Vuelve, fosca a su rincón
El alma trémula y sola!

XI

Yo tengo un paje muy fiel
Que me cuida y que me gruñe,
Y al salir, me limpia y bruñe
Mi corona de laurel.

Yo tengo un paje ejemplar

Que no come, que no duerme,
Y que se acurruca a verme
Trabajar, y sollozar.

Salgo, y el vil se desliza
Y en mi bolsillo aparece;
Vuelvo, y el terco me ofrece
Una taza de ceniza.

Si duermo, al rayar el día
Se sienta junto a mí cama:
Si escribo, sangre derrama
Mi paje en la escribanía.
Mi paje, hombre de respeto,
Al andar castañetea:
Hiela mi paje, y chispea
Mi paje es un esqueleto.

XII
En el bote iba remando
Por el lago seductor,
Con el sol que era oro puro
Y en el alma más de un sol.

Y a mis pies ví de repente,
Ofendido del hedor,
Un pez muerto, un pez hediondo
En el bote remador.

XIII
Por donde abunda la malva
Y da el camino en rodeo,
Iba un ángel de paseo
Con una cabeza calva.

Del castañar por la zona
La pareja se perdía:
La calva resplandecía
Lo mismo que una corona.

Sonaba el hacha en lo espeso
Y cruzó un ave volando:
Pero no se sabe cuándo
Se dieron el primer beso.

Era rubio el ángel; era
El de la calva radiosa,
Como el tronco a que amorosa
Se prende la enredadera.

XIV
Yo no puedo olvidar nunca
La mañanita de otoño
En que le salió un retoño
A la pobre rama trunca.

La mañanita en que, en vano,
Junto a la estufa apagada,
Una niña enamorada
Le tendió al viejo la mano.

XV
Vino el médico amarillo
A darme su medicina,
Con una mano cetrina
Y la otra mano al bolsillo:

¡Yo tengo allá en un rincón
Un médico que no manca
Con una mano muy blanca
Y otra mano al corazón!

Viene, de blusa y casquete,
El grave del repostero,
A preguntarme si quiero
O Málaga o Pajarete:

   ¡Díganle a la repostera
Que ha tanto tiempo no he visto,
Que me tenga un beso listo
Al entrar la primavera!

XVI
   En el aféizar calado
De la ventana moruna,
Pálido como la luna,
Medita un enamorado.

   Pálida, en su canapé
De seda tórtola y roja,
Eva, callada, deshoja
Una violeta en el te.

XVII
   Es rubia: el cabello suelto
Da más luz al ojo moro:
Voy, desde entonces, envuelto
En un torbellino de oro.

   La abeja estival que zumba
Más ágil por la flor nueva,
No dice, como antes, "tumba":
"Eva" dice: todo es "Eva".

   Bajo, en lo oscuro, al temido
Raudal de la catarata:
¡Y brilla el iris, tendido
Sobre las hojas de plata!

   Miro, ceñudo, la agreste
Pompa del monte irritado:
¡Y en el alma azul celeste
Brota un jacinto rosado!

   Voy, por el bosque, a paseo
A la laguna vecina:
Y entre las ramas la veo,
Y por el agua camina.

   La serpiente del jardín
Silba, escupe, y se resbala
Por su agujero: el clarín
Me tiende, trinando, el ala.

   ¡Arpa soy salterio soy
Donde vibra el Universo:
Vengo del sol, y al sol voy:
Soy el amor: soy el verso!"

XVIII
   El alfiler de Eva loca
Es hecho del oro oscuro
Que lo sacó un hombre puro
Del corazón de una roca

   Un pájaro tentador
Le trajo en el pico ayer
Un relumbrante alfiler
De pasta y de similor.

   Eva se prendió al oscuro
Talle el diamante embustero:
Y echó en el alfiletero
Al alfiler de oro puro.

XIX

Por tus ojos encendidos
Y lo mal puesto de un broche,
Pensé que estuviste anoche
Jugando a juegos prohibidos.

Te odié por vil alevosa:
Te odié con odio de muerte:
Náusea me daba de verte
Tan villana y tan hermosa.

Y por la esquela que vi
Sin saber cómo ni cuándo
Sé que estuviste llorando
Toda la noche por mí.

XX

Mi amor del aire se azora;
Eva es rubia, falsa es Eva:
Viene una nube, y se lleva
Mí amor que gime y que llora.

Se lleva mi amor que llora
Esa nube que se va:
Eva me ha sido traidora:
¡Eva me consolará!

XXI

Ayer la vi en el salón
De los pintores, y ayer
Detrás de aquella mujer
Se me saltó el corazón.

Sentada en el suelo rudo
Está en el lienzo: dormido
Al pie, el esposo rendido:
Al seno el niño desnudo.

Sobre unas briznas de paja
Se ven mendrugos mondados:
Le cuelga el manto a los lados,
Lo mismo que una mortaja.

No nace en el torvo suelo
Ni una viola, ni una espiga:
Muy lejos, la casa amiga,
Muy triste y oscuro el cielo!...

¡Esa es la hermosa mujer
Que me robó el corazón
En el soberbio salón
De los pintores de ayer!

XXIII

Estoy en el baile extraño
De polaina y casaquín
Que dan, del año hacia el fin,
Los cazadores del año.

Una duquesa violeta
Va con un frac colorado:
Marca un vizconde pintado
El tiempo en la pandereta.

Y pasan las chupas rojas
Pasan los tules de fuego,
Como delante de un ciego
Pasan colando las hojas.

XXIII

Yo quiero salir del mundo
Por la puerta natural:

En un carro de hojas verdes
A morir me han de llevar.

No me pongan en lo oscuro
A morir como un traidor:
Yo soy bueno, y como bueno
Moriré de cara al Sol!

XXIV
Sé de un pintor atrevido
Que sale a pintar contento
Sobre la tela del viento
Y la espuma del olvido.

Yo sé de un pintor gigante,
El de divinos colores,
Puesto a pintarle las flores
A una corbeta mercante.

Yo sé de un pobre pintor
Que mira el agua al pintar,—
El agua ronca del mar,—
Con un entrañable amor.

XXV
Yo pienso, cuando me alegro
Como un escolar sencillo,
En el canario amarillo,—
Que tiene el ojo tan negro!

Yo quiero, cuando me nuera,
Sin patria, pero sin amo,
Tener en mi losa un ramo
De flores,— y una bandera!

XXVI
Yo que vivo, aunque me he muerto,
Soy un gran descubridor,
Porque anoche he descubierto
La medicina de amor.

Cuando al peso de la cruz
El hombre morir resuelve,
Sale a hacer bien, lo hace, y vuelve
Como de un baño le luz.

XXVII
El enemigo brutal
Nos pone fuego a la casa:
El sable la calle arrasa,
A la luna tropical.

Pocos salieran ilesos
Del sable del español
La calle, al salir el Sol,
Era un reguero de sesos.

Pasa, entre balas, un coche:
Entran, llorando, a una muerta:
Llama una mano a la puerta
En lo negro de la noche.

No hay bala que no taladre
El portón: y la mujer
Que llama, me ha dado el ser:
Me viene a buscar mi madre.

A la boca de la muerte,
Los valientes habaneros
Se quitaron los sombreros
Ante la matrona fuerte.

Y después que nos besamos
Como dos locos, me dijo:
"Vamos pronto, vamos, hijo:
La niña esta sola: vamos!"

XXVIII
Por la tumba del cortijo
Donde está el padre enterrado,
Pasa el hijo, de soldado
Del invasor: pasa el hijo.

El padre, un bravo en la guerra,
Envuelto en su pabellón
Alzase: y de un bofetón
Lo tiende, muerto, por tierra.

El rayo reluce: zumba
El viento por el cortijo:
El padre recoge al hijo,
Y se lo lleva a la tumba.

XXIX
La imagen del rey, por ley
Lleva el papel del Estado:
El niño fué fusilado
Por los fusiles del rey.

Festejar el santo es ley
Del rey: en la fiesta santa
¡La hermana del niño canta
Ante la imagen del rey!

XXX
El rayo surca, sangriento,
El lóbrego nubarrón:

Echa el barco, ciento a ciento,
Los negros por el portón.

El viento, fiero, quebraba
Los almácigos copudos;
Andaba la hilera, andaba,
De los esclavos desnudos.

El temporal sacudía
Los barracones henchidos:
Una madre con su cría
Pasaba, dando alaridos.

Rojo, como en el desierto,
Salió el Sol al horizonte:
Y alumbró a un esclavo muerto,
Colgado a un seibo del monte.

Un niño lo vio: tembló
De pasión por los que gimen:
Y, al pie del muerto, juró
Lavar con su sangre el crimen!

XXXI
Para modelo de un dios
El pintor le envió a pedir:—
¡Para eso no! ¡para ir,
Patria, a servirte los dos!

Bien estará en la pintura
El hijo que amo y bendigo:—
¡Mejor en la ceja oscura,
Cara a cara el enemigo!

Es rubio, es fuerte, es garzón
De nobleza natural:
¡Hijo, por la luz natal!

¡Hijo, por el pabellón!

Vamos, pues, hijo viril:
Vamos los dos: si yo muero,
Me besas: si tú...!prefiero
Verte muerto a verte vil!

XXXII
En el negro callejón
Donde en tinieblas paseo,
Alzo los ojos, y veo
La iglesia, erguida, a un rincón.

¿Será misterio? ¿Será
revelación y poder?
¿Será, rodilla, el deber
De postrarse? ¿Qué será?

Tiembla la noche: en la parra
Muerde el gusano el retoño;
Grazna, llamando al otoño,
La hueca y hosca cigarra.

Grazna dos: atento al dúo
Alzo los ojos y veo
Que la iglesia del paseo
Tiene la forma de un buho.

XXXIII
De mí desdicha espantosa
Siento, ¡oh estrellas!, que muero:
Yo quiero vivir, yo quiero
Ver a una mujer hermosa.

El cabello, como un casco,
Le corona el rostro bello:
Brilla su negro cabello
Como un sable de Damasco.

¿Aquélla?...Pues pon la hiel
El mundo entero en un haz,
Y tállala en cuerpo, y haz
Un alma entera de hiel!

¿Esta?... Pues esta infeliz
Lleva escarpines rosados.
Y los labios colorados.
Y la cara de barniz.

El alma lúgubre grita:
"¡Mujer, maldita mujer!"
¡No sé yo quién pueda ser
Entre las dos la maldita!

XXXIV
¡Penas! Quién osa decir
Que tengo yo penas? Luego,
Después del rayo, y del fuego,
Tendré tiempo de sufrir.

Yo sé de un pesar profundo
Entre las penas sin nombres:
¡La esclavitud de los hombres
Es la gran pena del mundo!

Hay montes, y hay que subir
Los montes altos; ¡después
Veremos, alma, quién es
Quien te me ha puesto al morir!

XXXV

   ¿Qué importa que tu puñal
Se me clave en el riñón?
¡Tengo mis versos, que son
Más fuerte que tu puñal!

   ¿Qué importa que este dolor
Seque el mar y nuble el cielo?
El verso, dulce consuelo,
Nace alado del dolor.

XXXVI

   Ya sé: de carne se puede
Hacer una flor: se puede,
Con el poder del cariño,
Hacer un cielo, — y un niño!

   De carne se hace también
El alacrán; y también
El gusano de la rosa,
Y la lechuza espantosa.

XXXCII

   Aquí está el pecho, mujer,
Que ya sé que lo herirás;
¡Mas grande debiera ser,
Para que lo hirieses más!

   Porque noto, alma torcida,
Que en mi pecho milagroso,
Mientras más honda la herida,
Es mi canto más hermoso.

XXXVIII

   ¿Del tirano? Del tirano
Di todo, ¡dí más!: y clava
Con furia de mano esclava
Sobre su oprobio al tirano.

   ¿Del error? Pues del error
Di el antro, dí las veredas
Oscuras: dí cuanto puedas
Del tirano y del error.

   ¿De mujer? Pues puede ser
Que mueras de su mordida;
Pero no empañes tu vida
Diciendo mal de mujer!

XXXIX

   Cultivo una rosa blanca,
En julio como en enero,
Para el amigo sincero
Que me da su mano franca.

   Y para el cruel que me arranca
El corazón con que vivo,
Cardo ni oruga cultivo;
Cultivo la rosa blanca.

XL

   Pinta mi amigo el pintor
Sus angelones dorados,
En nubes arrodillados,
Con soles alrededor.

   Pínteme con sus pinceles
Los angelitos medrosos
Que me trajeron, piadosos,

Sus dos ramos de claveles.

XLI

Cuando me vino el honor
De la tierra generosa,
No pensé en Blanca ni en Rosa
Ni en lo grande del favor.

Pensé en el pobre artillero
Que está en la tumba, callado:
Pensé en mi padre, el soldado:
Pensé en mi padre, el obrero.

Cuando llegó la pomposa
Carta, en su noble cubierta.
Pensé en la tumba desierta
No pensé en Blanca ni en Rosa.

XLII

En el extraño bazar
Del amor, junto a la mar,
La perla triste y sin par
Le tocó por suerte a Agar.

Agar, de tanto tenerla
Al pecho, de tanto verla
Agar, llegó a aborrecerla:
Majó, tiró al mar la perla.

Y cuando Agar, venenosa
De inútil furia, y llorosa,
Pidió al mar la perla hermosa,
Dijo la mar borrascosa:

"¿Qué hiciste, torpe, qué hiciste
De la perla que tuviste?
La majaste, me la diste:
Yo guardo la perla triste."

XLIII

Mucho, señora, daría
Por tender sobre tu espalda
Tu cabellera bravía,
Tu cabellera de gualda:
   Despacio la tendería,
   Callado la besaría.

Por sobre la oreja fina
Baja lujoso el cabello,
Lo mismo que una cortina
Que se levanta hacia el cuello.
   La oreja es obra divina
   De porcelana de China.

Mucho, señora, te diera
Por desenredar el nudo
De tu roja cabellera
Sobre tu cuello desnudo:
   Muy despacio la esparciera,
   Hilo por hilo la abriera.

XLIV

Tiene el leopardo un abrigo
En su monte seco y pardo:
Yo tengo más que el leopardo:
Porque tengo un buen amigo.

Duerme, como en un juguete,
La mushma en su cojinete
De arte del Japón yo digo:
"No hay cojín como un amigo."

Tiene el conde su abolengo:
Tiene la aurora el mendigo:
Tiene ala el ave: ¡yo tengo
Allá en México un amigo!

Tiene el señor presidente
Un jardín con una fuente,
Y un tesoro en oro y trigo:
Tengo más, tengo un amigo.

XLV
Sueño con claustros de mármol
Donde en silencio divino
Los héroes, de pie, reposan:
¡De noche, a al luz del alma,
Hablo con ellos: de noche!
Están en fila: paseo
Entre las filas: las manos
De piedra les beso: abren
Los ojos de piedra: mueven
Los labios de piedra: tiemblan
Las barbas de piedra: empuñan:
La espada de piedra: Lloran:
¡Vibra la espada en la vaina!
Mudo,, les beso la mano.

Hablo con ellos, de noche!
Están en fila: paseo
Entre las filas: lloroso
Me abrazo a un mármol: "Oh, mármol
Dicen que deben tus hijos
Su propia sangre en las copas
Venenosas de sus dueños!
¡Que hablan la lengua podrida
De sus rufianes! Que comen
Juntos el pan del oprobio

En la mesa ensangrentada¡
Que pierden en lengua inútil
El último fuego¡ ¡Dicen,
Oh mármol, mármol dormido,
Que ya se ha muerto tu raza¡"

Echame en tierra de un bote
El héroe que abrazo: me ase
Del cuello: barre la tierra
Con mi cabeza: levanta
El brazo, ¡el brazo le luce
Lo mismo que un sol!: resuena
La piedra: buscan el cinto
Las manos blancas: del soplo
Saltan los hombres de mármol¡

XLVI
Vierte, corazón, tu pena
Donde no se llegue a ver,
Por soberbia, y por no ser
Motivo de pena ajena.

Yo te quiero, verso amigo,
Porque cuando siento el pecho
Ya muy cargado y deshecho,
Parto la carga contigo.

Tú me sufres, tú aposentas
En tu regazo amoroso,
Todo mi amor doloroso,
Todas mis ansias y afrentas.

Tú, porque yo pueda en calma
Amar y hacer bien, consientes
En turbar tus corrientes
Con cuanto me agobia el alma

Tú, porque yo cruce fiero
La tierra, y sin odio, y puro,
Te arrastras, pálido y duro,
Mi amoroso compañero.

Mi vida así se encamina
Al cielo limpia y serena,
Y tú me cargas mi pena
Con tu paciencia divina.

Y porque mi cruel costumbre
De echarme en ti te desvía
De tu dichosa armonía
Y natural mansedumbre;

Porque mis penas arrojo
Sobre tu seno, y lo azotan,
Y tu corriente alborotan,
Y acá, lívido, allá rojo,

Blanco allá como la muerte
Ora arremetes y ruges,
Ora con el peso crujes
De un dolor más que tú fuerte,

¿Habré, como me aconseja
Un corazón mal nacido,
De dejar en el olvido
A aquel que nunca me deja?

¡Verso, nos hablan de un Dios
A donde van los difuntos:
Verso, o nos condenan juntos,
O nos salvamos los dos¡

CAPITULO XII

FLORES DEL DESTIERRO

El nombre de este título lo encontramos en un verso del poema segundo de su colección de "Versos Libres":

> Que en blanca fuente una niñuela cara,
> Flor del Destierro, cándida me brinda,
> Naranja es, y vino de naranjo.
> Y el suelo triste en que se siembran lágrimas,
> Dará árbol de lágrimas.[185]

En este mismo poema Martí ha escrito que sus recuerdos le queman la memoria y ha llamado a la memoria "cesto de llamas". De este cesto de llamas le salieron las flores del destierro de esta colección de versos. Veintitrés poemas que el propio Martí, después de preguntarse por qué los publica, se responde diciendo que es porque los ama.

La época generalmente aceptada para estos versos es la que va desde 1882, año del "Ismaelillo" hasta 1891, años de los "Versos Sencillos". Florit refiriéndose a "Flores del Destierro" escribió:

> Es interesante referirse a este libro, porque además de ser él un noble complemento del resto de su obra y de tener la excelencias y las prisas que por toda ella se observan (Hijas de sus escasas horas de silencio consigo), tuvo a los ojos de Martí alto tan peculiar, que le atraía más que otras cosas suyas. Sin duda porque gran vate como era, percibía en estos versos mucho de lo que corresponde a la categoría de lo maravilloso.[186]

Este período de nueve años constituye precisamente la época en la que Martí cultiva su espíritu y prepara su conciencia para organizar la Revolu-

---

[185] Martí, *op. cit.*, p. 478.
[186] Florit, *op. cit.*, p. 34.

ción por la independencia de Cuba. Es su etapa de febril agitación política exterior y de constante reflexión interior, en la que el futuro Mártir de su patria regatea el minuto que el poeta con su maravillosa inspiración reclama. Él lo expresa así:

> Me parece la expresión la hembra del acto, y mientras hay que hacer, me parece la mera expresión indigno empleo de fuerzas del hombre. Cada día, de tanta imagen que viene a azotarme las sienes, y a pasearse, como buscando forma, ante mis ojos, pudiera hacer un tomo como éste.[187]

¿Por qué no escribe los versos que vienen a azotarle las sienes?—Martí lo responde con sencillez en su propio prólogo confesando que el poeta que hay en él llora por el verso ido:

> El buey no ara con el arpa de David, que haría sonora la tierra, sino con el arado, que no es lira. Y se van las imágenes, llorosas y torvas, desvanecidas como el humo: y yo me quedo, congojoso y triste, como quien ha faltado a su deber...y a mis solas, y donde nadie lo sospeche, y sin lágrimas, lloro.[188]

Está organizando la Revolución, y aunque cargado de poesía, llorando porque no la expresa, hace con entusiasmo la Revolución. Quizás en esta sincera confesión podemos encontrar la causa de la poesía en nuestra guerra y en los documentos cubanos de la guerra. Martí hizo la guerra, y murió en ella, lleno de su poesía anhelosa de hacerse verso. Sus últimas cartas desde la manigua redentora; las órdenes militares que desde ella cursa; el Manifiesto de la Guerra, en fin, todo cuanto escribe se le hace poesía y en todo cuanto escribe hay ritmo, y hay sentido creador y poético.

Es natural que esta obra poética no presente la unidad de sus otras colecciones de versos. Esta no representa un momento del espíritu martiano, sino muchos momentos. Son versos que vienen desde los años de angustia íntima con el rompimiento de sus relaciones conyugales, a través de destierros y desilusiones políticas, hasta el Calvario de su resolución definitiva de preparar y dirigir la guerra que durante los cincuenta años

---

[187] Martí, *op. cit.*, p. 523.
[188] *Ibid.*

anteriores los cubanos no habían sido capaces de organizar y llevar al triunfo. Resulta pues, comprensible, verle en un poema nostálgico como en "Dos Patrias" y en otro poema rebelde "contra el verso retórico y ornado". Sin embargo quizás por esta misma falta de unidad encontramos en "Flores del Destierro", un Martí no personal, un Martí que habla más de lo que siente y de lo que piensa, que de su yo mismo. Desde la propia dedicatoria del verso nos lleva de la mano a una generación que por su amplitud nos pierde: A mi tierra; A una mujer buena; A mis amigos. Ha dicho en prosa repetidas veces que su tierra es América y que a ella se debe; ha dicho siempre que la amistad es su joya preferida, luego tierra, mujer y amigo en la pluma de Martí, por significar tanto, nos dice poco concreto. Toda esta generalidad que aterra, toda esta despersonalización que aflige, está latente en el fondo de toda esta colección de versos. Por no se qué maravillosa intuición poética Martí ha incorporado la palabra "destierro" a estos versos "despersonalizados" y ha tomado el título entero de un verso que forma parte de un poema propio que escribió en memoria del presidio político y en cuyo poema plantea la ley de la causalidad: con la memoria como cesto de llamas y con la lumbre de ese cesto de llamas "prevé el porvenir de su nación" y llora cuando recuerda la ley fatal de la naturaleza: del oro; oro; del naranjo; naranjas; y del árbol de lágrimas; lágrimas; y concluye adivinando la futura tragedia cubana: "cada acción es culpa que como aro servil se lleva luego cerrado al cuello".[189]

---

[189] *Ibid.*, p. 478.

Cabeza de José Martí por el escultor José Gómez Sicre

IV

FLORES DEL DESTIERRO

A MI TIERRA
A UNA MUJER BUENA
A MIS AMIGOS

Estas ofrezco, no son composiciones acabadas: son, ¡ay de mí! notas de imágenes tomadas al vuelo, y como para que no se escapasen, entre la muchedumbre anti-ática de las calles, entre el rodar estruendoso y arrebatado de los ferrocarriles, o en los quehaceres apremiantes e inflexibles de un escritorio de comercio — refugio cariñoso del proscripto.

Por qué las publico, no sé: tengo miedo pueril de no publicarlas ahora. Yo desdeño todo lo mío: y a estos versos, atormentados y rebeldes, sombríos y querellosos, los mimo, y los amo.

Otras cosas podría hacer: acaso no las hago, no las intento acaso, robando horas al sueño, únicas horas mías, porque me parece la expresión la hembra del acto, y mientras hay que hacer, me parece la mera expresión indigno empleo de fuerzas del hombre. Cada día, de tanta imagen que viene azotarme las sienes, y a pasearse, como buscando forma, ante mis ojos, pudiera hacer un tomo como éste, pero el buey no ara con el arpa de David, que haría sonora la tierra, sino con el arado, que no es lira! Y se van las imágenes, llorosas y torvas, desvanecidas como el humo: y yo me quedo, congojoso y triste, como quien ha faltado a su deber o no ha hecho bien los honores de la visita a una dama benévola y hermosa: y a mis solas, y donde nadie lo sospecha, y sin lágrimas, lloro.

> Sufro, cuando no viene: yo no tengo
> Otro amor en el mundo ¡oh mi poesía!
> Como sobre la pampa el viento negro
> Cae sobre mí tu enojo!
> A mi, que te respeto.
> De su altivez me quejo al pueblo honrado:
> De su soberbia femenil. No sufre
> Espera, No perdona. Brilla, y quiere
> Que con el limpio brillo del acero
> Ya el verso al mundo cabalgando salga;—
> Tal, una loca de pudor, apenas
> Un minuto al artista el cuerpo ofrece
> Para que esculpa en mármol su hermosura!—
> ¡Vuelan las flores que del cielo bajan,

Vuelan, como irritadas mariposas,
Para jamás volver, las crueles vuelan...

De estos tormentos nace, y con ellos se excusa, este libro de versos. Pudiera surgir de él, como debiera surgir de toda vida, rumbo a la muerte consoladora, un águila blanca!

Ya sé que están escritos en ritmo desusado, que por esto, o por serio de veras, va a parecer a muchos duro. ¿Mas, con qué derecho puede quebrar la mera voluntad artística...[190], la forma natural y sagrada, en que, como la carne de la idea; envía el alma los versos a los labios? Ciertos versos pueden hacerse en toda forma: otros, no. A cada estado del alma, un metro nuevo. Da el amor versos claros y sonoros, y no sé por qué, en esas horas de florescencia, vertimiento, grata congoja, vigor pujante y generoso rebose del espíritu, recuerdo esas gallardas velas blancas que en el mar sereno cruzan por frente a playas limpias bajo un cielo bruñido. Del color, saltan los versos, como las espadas de la vaina, cuando las sacudes en ellas la ira, como las negras olas de turbia y alta cresta que azotan los ijares fatigados de un buque formidable en horas de tormenta.

Se encabritan los versos, como las olas: se rompen con fragor o se mueven pesadamente, como fieras en jaula y con indómito y trágico desorden, como las aguas contra el barco. Y parece como que se escapa de los versos, escondiendo sus heridas, un alma sombría, que asciende velozmente por el lúgubre espacio, envuelta en ropas negras. ¡Cuán extraño que se abrieran las negras vestiduras y cayera de ellas un ramo de rosas!

¡Flores del destierro!

---

[190] Siguen unas palabras ininteligibles.

CONTRA EL VERSO RETÓRICO Y ORNADO

Contra el verso retórico y ornado
El verso natural. Acá un torrente:
Aquí una piedra seca. Allá un dorado
Pájaro, que en las ramas verdes brilla,
Como una marañuela entre esmeraldas—
Acá la huella fétida y viscosa
De un gusano: los ojos, dos burbujas
De fango, pardo el vientre, craso, inmundo.
Por sobre el árbol, más arriba, sola
En el cielo de acero una segura
Estrella; y a los pies el horno,
El horno a cuyo ardor la tierra cuece—
Llamas, llamas que luchan, con abiertos
Huecos como ojos, lenguas como brazos,
Savia como de hombre, punta aguda
Cual de espada: la espada de la vida
Que incendio a incendio gana al fin, la tierra!
Trepa: viene de adentro; ruge: aborta.
Empieza el hombre en fuego y para en ala.
Y a su paso triunfal, los maculados,
Los viles, los cobardes, los vencidos,
Como serpientes, como gozques, como
Cocodrilos de doble dentadura
De acá, de allá, del árbol que le ampara,
Del suelo que le tiene, del arroyo
Donde apaga la sed, del yunque mismo
Donde se forja el pan, le ladran y echan
El diente al pie, al rostro el polvo y lodo,
Cuanto cegarle puede en su camino.
El, de un golpe de ala, barre el mundo
Y sube por la atmósfera encendida
Muerto como hombre y como Sol sereno.
Así ha de ser la noble poesía:
Así como la vida: estrella y gozque;
La cueva dentellada por el fuego,
El pino en cuyas ramas olorosas

A la luz de la luna canta un nido
Canta un nido a la lumbre de la luna.

CUAL DE INCENSARIO ROTO...

Cual de incensario roto huye el perfume
Así de mi dolor se escapa el verso:
Me nutro del dolor que me consume
De donde vine, ahí voy: al Universo.

Cirio soy encendido en la tormenta:
El fuego con que brillo me devora
Y en lugar de apagarme me alimenta
El vendaval que al temeroso azora.

Yo nunca duermo: al despertarme, noto
En mí el cansancio de una gran jornada
A donde voy de noche, cuando, roto
El cuerpo, hundo la faz en mi almohada.

¿Quién, cuando a mal desconocido postro
Mis fuerzas, me unge con la estrofa blanda,
Y de lumbre de amor me baña el rostro
Y abrir las alas y anunciar me manda?

¿Quién piensa en mí? ¿Quién habla por mis labios
Cosas que en vano detener intento?
¿De dónde vienen los consejos sabios?
¿A dónde va sin rienda el pensamiento?

Ya no me quejo, no, como solía
De mi dolor callado e infecundo:
Cumplo con el deber de cada día
Y miro herir y mejorarse el mundo.

Ya no me aflijo, no, ni me desolo
De verme aislado en mi difícil lucha,

Va con la eternidad el que va solo,
Que todos oyen cuando nadie escucha.

Qué fué, no sé; jamás en mí dí asiento
Sobre el amor al hombre, a amor alguno,
Y bajo tierra, y a mis plantas siento
Todo otro amor, menguado e importuno.

La libertad adoro y el derecho.
Odios no sufro, ni pasiones malas:
Y en la coraza que me viste el pecho
Un águila de luz abre sus alas.

Vano es que amor solloce o interceda,
Al limpio Sol mis armas he jurado
Y sufriré en la sombra hasta que pueda
Mi acero en pleno Sol dejar clavado.

Como una luz férvida palabra
A los temblantes labios se me asoma:
Mas no haya miedo que las puertas le abra
Si antes el odio y la pasión no doma.

Qué fue, no sé: pero yo he dado un beso
A una gigante y bondadosa mano
Y desde entonces, por donde hablo, impreso
Queda en los hombres el amor humano.

Ya no me importa que la frase ardiente
Muera en silencio, o ande en casa oscura,
Amo y trabajo: así calladamente
Nutre el río a la selva en la espesura.

ANTES DE TRABAJAR

Antes de trabajar, como el cruzado
Saludaba a la hermosa en la arena,

La lanza de hoy, la soberana pluma
Embrazo, a la pasión, corcel furioso
Con mano ardiente embrido, y de rodillas
Pálido domador, saludo al verso.

  Después, como el torero, al circo salgo
A que el cuerno sepulte en mis entrañas
El toro enfurecido. Satisfecho
De la animada lid, el mundo amable
Merendará, mientras expiro helado,
Pan blanco y vino rojo, y los esposos
Nuevos se encenderán con las miradas.

  En las playas el mar dejará en tanto
Nuevos granos de arena: nuevas alas
Asomarán ansiosas en los huevos
Calientes de los nidos: los cachorros
Del tigre echarán diente: en los preñados
Arboles de la huerta, nuevas hojas
Con frágil verde poblarán las ramas.

  Mi verso crecerá: bajo la yerba
Yo también creceré: ¡Cobarde y ciego
Quien del mundo magnífico murmura!

DOS PATRIAS

  Dos patrias tengo yo: Cuba y la noche.
¿O son una las dos? No bien retira
Su majestad el sol, con largos velos
Y un clavel en la mano, silenciosa
Cuba cual viuda triste me aparece.
¡Yo sé cual es ese clavel sangriento
Que en la mano le tiembla! Está vacío
Mi pecho, destrozado está y vacío
En donde estaba el corazón. Ya es hora
De empezar a morir. La noche es buena

Para decir adiós. La luz estorba
Y la palabra humana. El universo
Habla mejor que el hombre.
              Cual bandera
Que invita a batallar, la llama roja
De la vela flamea. Las ventanas
Abro, ya estrecho en mí. Muda, rompiendo
Las hojas del clavel, como una nube
Que enturbia el cielo, Cuba, viuda, pasa...

DOMINGO TRISTE

Las campanas, el Sol, el cielo claro
Me llenan de tristeza, y en los ojos
Llevo un dolor que el verso compasivo mira,
Un rebelde dolor que el verso rompe
Y es ¡oh mar! la gaviota pasajera
Que rumbo a Cuba va sobre tus olas!

Vino a verme un amigo, y a mí mismo
Me preguntó por mí; ya en mi no queda
Más que un reflejo mío, como guarda
La sal del mar la concha de la orilla.
Cáscara soy de mí, que en tierra ajena
Gira, a la voluntad del viento huraño,
Vacía, sin fruta, desgarrada, rota.
Miro a los hombres como montes; miro
Como paisajes de otro mundo, el bravo
Codear, el mugir, el teatro ardiente
De la vida en mi torno: Ni un gusano
Es ya más infeliz: suyo es el aire,
Y el lodo en que muere es suyo!
Siento la coz de los caballos, siento
Las ruedas de los carros; mis pedazos
Palpo: ya no soy vivo: ni lo era
Cuando el barco fatal levó las anclas
Que me arrancaron de la tierra mía!

AL EXTRANJERO

Hoja tras hoja de papel consumo:
Rasgos, consejos, iras, letras fieras
Que parecen espadas: Lo que escribo,
Por compasión lo borro, porque el crimen,
El crimen es al fin de mis hermanos.

Huyo de mí, tiemblo del Sol; quisiera
Saber dónde hace el topo su guarida,
Dónde oculta su escama la serpiente,
Dónde sueltan la carga los traidores,
Y donde no hay honor, sino ceniza:
¡Allí, mas sólo allí, decir pudiera
Lo que dicen ¡y viven!, que mi patria
Piensa en unirse al bárbaro extranjero!

DIOS LAS MALDIGA!...

¡Dios las maldiga! Hay madres en el mundo
Que apartan a los padres de sus hijos:
Y preparan al mal sus almas blancas
Y les derraman el odio en los oídos!
¡Dios las maldiga! Oh, cielo, ¿no tendrás
Un Dios más cruel que las maldiga más?

¡Dios las maldiga! Frívolas e impuras
Guardan tal vez el cuerpo con recato,
Como un vaso de Sevres donde humean
Hidras ardientes y espantosos trasgos
¡Dios las maldiga, y si puede sepulte
Todo rostro que al alma real oculte!

¡Dios las maldiga! Ciegas, y sensibles
Del mundo sólo a los ligeros goces,
Odian, como a un tirano, al que a sus gustos
La majestad de la pureza opone!

¡Dios las maldiga, y cuanta hacerse quiera
De las joyas de Dios aro y pulsera!

¡Dios las maldiga! Untadas las mejillas,
Frente y manos cubiertas de albayalde,
Con la mano pintada, al justo acusan
Que de su amor infecundo se deshace!
¡Dios las maldiga, y a la ruin caterva
De esclavas que el honor del hombre enerva¡

¡Dios las maldiga! En las temblantes manos
Los pedazos del pecho recogidos,
El justo irá do la piedad lo llame,
O alguien lo quiera, o se vislumbre un nido;
¡Dios las maldiga!

¡Dios las maldiga! ¡Yo he visto el pecho
Horrible como un cáncer animado!
Sufre, que es bueno, y llora, amigo mío,
Llora muriendo en mis cansados brazos!
¡Dios las perdone! ¿No se ve en este lloro
Otro clavo en la Cruz y otro astro de oro?

4 de febrero.

OH, NAVE...

Oh, nave, oh pobre nave:
¡Pusiste al cielo el rumbo, engaño grave!—
Y andando por mar seco
Con estrépito horrendo, diste en hueco!
Castiga así la tierra a quien la olvida
Y a quien la vida burla, hunde en la vida:
Bien solitario estoy, y bien desnudo,
Pero en tu pecho, oh niño, está mi escudo!

28 de febrero.

A BORDO

Vela abajo, mozo arriba,
Acá el roto, allá el peñasco,
Ido el Sol, recio el chubasco,
Y el barco, no barco, criba:
Gigante el viento derriba
Los hombres de las escalas;
Desatadas van las balas
Rodando por la cubierta,—
Y yo, en medio a la obra muerta
Vivo, mi hijo en las alas!—

BIEN VENGAS...

Bien vengas, mar! De pie sobre la roca
Te espero altivo: si mi barba toca
Tu ola voraz, ni tiemblo, ni me aflijo:
Alas tengo y huiré—las de mi hijo!

28 de febrero.

ME HAN DICHO, BUEN FLORENCIO...

Me han dicho, buen Florencio—que deseas—
Ver un grano de trigo,
Luego que sobre él cruza y recruza
La rueda corpulenta del molino:
    Pues, bien! ábreme el pecho:
Que traigo en él un grano bien deshecho.

TÁLAMO Y CUNA

"Deja ¡oh mi esposo! La labor cansada
Que tus hermosas fuerzas aniquila,

Y ven bajo la bóveda tranquila
De nuestro lecho azul, con tu adorada"
Y alcé los ojos de mi libro, y vila
De susto y de dolor enajenada.
"Secos y rojos del trabajo al peso,
"Tus ojos mira",— pálida me dijo:
"Duerme!"—y me puso en la mirada un beso.
Hacia la cuna trémulo dirijo
Mi vista ansiosa, y vuelvo al tosco impreso:
¡No ha derecho a dormir quien tiene un hijo!

EN UN CAMPO FLORIDO...

En un campo florido en que retoñan
A Sol de Abril las campanillas blancas,
Un coro de hombres jóvenes espera
        A sus novias gallardas.

Tiembla el ramaje, canta y aletean
Los pájaros: las silvias de su nido
Salen, a ver pasar las lindas mozas
        En sus blancos vestidos.

Ya se ven en parejas por lo oscuro
Susurrando los novios venturosos:
Volverán, volverán dentro de un año
        Más felices los novios.

Sólo uno, el más feliz, uno sombrío
Con un traje más blanco que la nieve,
Para nunca volver, llevaba el brazo
        La novia que no vuelve,

12 de mayo de 1887.

ENVILECE, DEVORA...

Envilece, devora, enferma, embriaga
La vida de ciudad: se come el ruido,
Como un corcel la yerba, la poesía.
Estréchase en las casas la apretada
Gente, como un cadáver en su nicho:
Y con penoso paso por las calles
Pardas, se arrastran hombres y mujeres
Tal como sobre el fango los insectos,
Secos, airados, pálidos, canijos.

Cuando los ojos, del astral palacio
De su interior, a la ciudad convierte
El alma heroica, no en batallas grandes
Piensa, ni en templos cóncavos, ni en lides
De la palabra centelleante: piensa
En abrazar, como un haz, los pobres
Y a donde el aire es puro, y el Sol claro
Y el corazón no es vil, volar con ellos.

PATRIA EN LAS FLORES

¿Por qué os secáis, violetas generosas,
Que no dio en hora amarga mano pía?
Pues patria al alma dais, flores medrosas,
¡No os secaréis en la memoria mía!

3 de marzo.

SEÑOR: EN VANO INTENTO

Señor: en vano intento
Contener el león que me devora:
Hasta a escribir mi amargo pensamiento
La pluma recia se me niega ahora—

    Señor: mi frente fría
Prenda clara te da de mi agonía:
Cual ceiba desraigada
Mi trémula armazón cruje espantada:
No dejes que así cimbre
Como a recio huracán delgado mimbre:

    Señor, Señor! yo siento
Que esta alta torre se derrumba al viento.
A la pasión, al tigre que me muerde
El poder de embridar el alma pierde.

    Señor, Señor! No quieras
Mi pobre corazón dar a las fieras.

12 de marzo.

CRUJE LA TIERRA, RUEDA HECHA PEDAZOS...

    Cruje la tierra, rueda hecha pedazos
La ciudad, urge el miedo a la concordia,
Siervo y señor confúndense en abrazos:
Bosques las calles son, bosque de brazos
Que piden al Señor misericordia.

    La soberana espira bambolea,
El pórtico corintio tiembla luego,
Vota y jura la gente, el suelo humea
Y sobre el llanto y el pavor pasea
De torre en torre el misterioso fuego.

    Asoma: ¿quién es? ¿quién puede en un minuto
Revolcar en su polvo a las ciudades,—
Trocar al hombre en espantado bruto,
Echar la tierra sobre el mar enjuto,
Aventar como arena las edades?

Ya vuelve, ya adelanta, crece, oscila
El suelo como un mar, se encrespa, ruge,
Hincha el lomo, entreabre la pupila,
Cuanto quedaba en pie rueda o vacila:
Ya se apaga, se extingue, ronca muge.

La ciudad, como un árbol, se deshoja,
Cortados a cercén vuelan los techos,
Se abre la tierra blanda en cuenca roja
Y a las madres, ¡tan fiera es la congoja!
Se les seca la leche de los pechos!

Salta una novia de la alcoba nueva
Donde el naranjo fresco florecía:
Muerta a su espalda el novio se la lleva:
Párase, ve el horror, en negra cueva
Rompe el suelo a sus pies, y a ella se fía.

Abatido el poder, pálido el mando,
El más bravo es allí trémulo ejemplo
De pavura mortal: huye llorando
Un clérigo infeliz: danzan temblando
Sobre el altar los santos en el templo.

Al lívido reflejo de las luces
Vése allí un pueblo orando por sus vidas,
Unos a rastras van; otros de bruces
Piden merced a Dios, junto a las cruces
De las torres magníficas caídas.

Todos quieren vivir: ¡mas se ha notado
Que hay uno allí que ve demás la vida;
Uno en el pueblo entero!—un desterrado
Que a anonadar su cuerpo quebrantado
A las torres y pórticos convida.

6 de septiembre.

ABRIL

Juega el viento de Abril gracioso y leve
Con la cortina azul de mi ventana:
Da todo el Sol de Abril sobre la ufana
Niña que pide al Sol que se la lleve.

En vano el Sol contemplará tendidos
Hacia su luz sus brazos seductores,
Estos brazos donde cuelgan las flores
Como en las ramas cuelgan los nidos.

También el Sol, también el Sol ha amado
Y como todos los que amamos, miente,
Puede llevar la luz sobre la frente,
Pero lleva la muerte en el costado.

HERVOR DE ESPÍRITU

¡Cielo, mi amor!—en vano sobre el libro
La vista fijo y la atención reclamo:
Tu luz enciendo, con tus rayos vibro,
Y expulsando de ti, perdón te clamo!
Si te merezco ¡oh padre! Si te adoro
¿Qué delito filial he cometido?
¡Puesto que llanto sobrehumano lloro
Delito alguno sobrehumano ha sido!
En vaso apago el férvido gemido;
La voladora idea
La frente en vano hacia la tierra inclino:
La sien desenfrenada me golpea,—
El cerebro revuelto se ilumina
Y el ojo enardecido centellea!
Cierto corcel intrépido y fogoso
De raudo giro irregular y eterno
Rebelde, piafa, rápido circula,
Detiénese, se lanza

Del cráneo en torno en veloz carrera,
Y de polvo divino
Llena, y de nube, la revuelta esfera!
La ciencia, el cerco, el mísero detalle,
El número, la clase, la doctrina;
Y bullendo en el mar de mi cerebro
La impaciencia y la cólera divina!
Sentir que sobre el monte
Sol fuera, luminar del horizonte,
Y frente a una ventana,
Doble prisión sobre la interna mía
Plegar al libro el alma sobrehumana
Y el alma ardiente a la cadena fría!
Así, encerrada un águila
En un místico cuerpo de paloma
La garra ruda ciega movería
Y en el círculo estrecho,
Del golpe propio desgarrado el pecho
Con el ala enclavada moriría.

TIENES EL DON...

Tienes el don, tienes el verso, tienes
Todo el valor de ti, tienes la altiva
Resolución que arrostra y que cautiva
Y llama las coronas a las sienes.

Tiene la fuga, el verbo, los desdenes
Divinos de quien es, y el habla viva
De quien cruza la tierra cielo arriba
Y ni adula al feliz, ni aguarda bienes.

—¡Pero no tengo el impudor odioso
De enseñar mis entrañas derretidas
En estuche de verso recamado!

Viva mi nombre oscuro y en reposo

Si he de comprar las palmas perseguidas
Sacando al viento mi dolor sagrado.

7 de mayo

QUIEREN; OH MI DOLOR!...

 Quieren, ¡oh mi dolor! que a tu hermosura
De su ornamento natural despoje,
Que el árbol pode, que la flor deshoje,
Que haga el manto viril broche y cintura:

 Quieren que el verso arrebatado en dura
Cárcel sonante y apretada aherroje,
Cual la espiga deshecha en alta troje
O en el tosco lagar la vid madura.

 No puede ser: La crónica alquilada
El paso ensaye y el sollozo, en donde
Llena de untos, fingirá que implora:

 El gran dolor, el alma desolada,
Ni con carmín su lividez esconde,
Ni se trenza el cabello cuando llora.

BIEN: YO RESPETO...

 Bien: yo respeto
A mi modo brutal, un modo manso
Para los infelices e implacable
Con los que el hambre y el dolor desdeñan,
Y el sublime trabajo, yo respeto
La arruga, el callo, la joroba, la hosca
Y flaca palidez de los que sufren.
Respeto a la infeliz mujer de Italia,
Pura como su cielo, que en la esquina

De la casa sin sol donde devoro
Mis ansias de belleza, vende humilde
Piñas dulces y pálidas manzanas.
Respeto al buen francés, bravo, robusto,
Rojo como su vino, que con luces
De bandera en los ojos, pasa en busca
De pan y gloria al Istmo donde muere.

SIEMPRE QUE HUNDO LA MENTE
EN LIBROS GRAVES

Siempre que hundo la mente en libros graves
La saco con un haz de luz de aurora:
Yo percibo los hilos, la juntura,
La flor del Universo; yo pronuncio
Pronta a nacer una inmoral poesía.
No de dioses de altar ni libros viejos
No de flores de Grecia, repintadas
Con menjurjes de moda, no con rastros
De rastros, no con lívidos despojos
Se amasará de las edades muertas:
Sino de las entrañas exploradas
Del Universo, surgirá radiante
Con la luz y las gracias de la vida.
Para vencer, combatirá primero:
E inundará de luz, como la aurora.—

Dibujo de Martí por Bernardo Figueredo Antúnez.
Cayo Hueso, diciembre de 1893

CAPITULO XIII
VERSOS VARIOS

Esta colección de cincuenta poemas fueron publicados en las Obras Completas de José Martí con el título: "Versos Varios", y en tal libro se incluyen desde los primeros del Apóstol hasta los póstumos.

Como es obvio en esta colección refleja Martí todos sus estilos literarios y todo su desarrollo poético que va desde el soneto clásico hasta el verso libre hirsuto; desde la redondilla hasta la décima; desde la lira hasta la silva. Desde el verso infantil y sin adornos, ni escuela hasta la perfección exquisita que ostentan los versos póstumos publicados por Darío después de la muerte de Martí en 1895. Por ejemplo apenas reconocemos el estilo de Martí en:

> Madre del alma, madre querida,
> Son tus natales, quiero cantar,
> Porque mi alma de amor henchida,
> Aunque muy joven, nunca se olvida
> De la que vida me hubo de dar. [191]

Y en la misma colección el siguiente lujo poético:

> En la cuna sin par nació la airosa
> Niña de honda mirada y paso leve,
> Que el padre le tejió de milagrosa
> Música azul y clavellín de nieve.
> De sol voraz y de la cumbre andina,
> Con mirra nueva, el séquito de bardos
> Vino a regar sobre la cuna fina
> Olor de myosotia y luz de nardos.
> A las pálidas alas del arpegio,
> Preso del cinto a la trenzada cuna,
> Colgó liana sutil el bardo regio

---

[191] *Ibid.*, p. 538.

> De ópalo tenue y claridad de luna.[192]

Ni en el "Azul" de Rubén Darío, ni en ningún otro poema modernista en América hay versos más modernistas que éstos, ni por la forma, ni por el tema, ni por la melodía. Martí ha venido a México meses antes de partir para el campo de batalla y morir allá; trae la revolución en toda el alma; la inquietud de la enorme responsabilidad que esta contrayendo con su patria y con la historia, pero no ha podido sustraerse de visitar a su viejo amigo, el ilustre poeta modernista de México, Manuel Gutiérrez Nájera. En casa de éste conoce a Cecilia Gutiérrez Nájera y Maillefert, llena de gracia como mujer y llena de talento como su padre. Al final de este poema que venimos estudiando en un magistral regodeo de la palabra, dice Martí directamente a la hija del amigo:

> Niña: si el mundo infiel al bardo airoso
> Las magia roba con que orló tu cuna,
> Tu le ornarás de nuevo el milagroso
> Verso de ópalo tenue y luz de luna.[193]

Asimismo en los poemas póstumos publicados por Rubén Darío como parte del artículo que el gran poeta nicaragüense dirigió al Mártir de "Dos Ríos", como homenaje, se encuentra la brillantez del estilo modernista que no pidió otra cosa a Europa ni al pasado, que la historia para no regresar a ella. En estos últimos poemas de Martí, hay un dominio tal del verso, de la técnica, de la palabra, y de la creación poética que maravilla:

> La del pañuelo de rosa,
> la de los ojos muy negros,
> no hay negro como tus ojos
> ni rosa cual tu pañuelo.
> La de promesa vendida,
> la de los ojos tan negros,

---

[192] *Ibid.*, p. 587.
[193] *Ibid.*, p. 588.

más negros son que tus ojos
las promesas de tu pecho.[194]

En ocho versos de arte menor ha repetido cuatro veces la palabra negro con distinto sentido cada vez; ha hecho rimas interiores propias de romance; ha cambiado la posición de los adjetivos y de los nombres y con todo este artificio magistral y creativo, nos ha dado la impresión indeleble que quería darnos: una promesa de esperanza, sin posibilidad de realización ni de cumplimiento es siempre una promesa negra.

Con el mismo artificio creativo hizo música, creo nuevo ritmo, y dio sonoridad limpia, cristalina, al verso en la siguiente estrofa:

> De tela blanca y rosada
> Tiene Rosa un delantal,
> y a la margen de la puerta
> casi, casi en el umbral,
> un rosal de rosas blancas
> y de rojas un rosal.
> Una hermana tiene Rosa
> que tres años besó abril,
> y le piden rojas flores
> y la niña va al pensil,
> y al rosal de rosas blancas
> blancas rosas va a pedir.
> Y esta hermana caprichosa
> que a las rosas nunca va,
> cuando Rosa juega y vuelve
> en el juego el delantal,
> si ve el blanco abraza a Rosa,
> si ve el rojo da en llorar.
> Y si pasa caprichosa
> por delante del rosal
> flores blancas pone a Rosa
> en el blanco delantal.[195]

---

[194] *Ibid.*, p. 608.
[195] *Ibid.*, p. 608.

Con sobrada razón Darío, el caudillo del modernismo en América, publicó entero este poema después de la muerte de Martí. Si lo hubiera firmado ningún crítico osaría discutirle la paternidad. La repetición de consonantes, como la R, la L que son intrínsicamente sonoras; la de sílabas musicales como son tal, bral, sal, bril, sil, y ro; y la de palabras como rosas, rojas, blanca, y delantal, dan con su repetición inusitada sonoridad al poema, hasta convertirlo en juego de sonidos musicales. Pero la poesía martiana está más allá de todo este juego de sonidos musicales y trasciende de su propia escuela literaria, con su genio, sus temas y su mensaje. Florit comentando esta trascendencia:

> Ese papel de iniciador del movimiento modernista no limita la poesía (o la prosa) de Martí a una época determinada, puesto que su personalidad no consiente el "archivo" en determinada escuela, sino que se sale de todas, para llegar hasta nosotros más viva y fresca que la de otros muchos poetas de su época. Su poesía, verdadera, original, lo sitúa en ventajosa posición dentro del cuadro de la lírica castellana. Además de los temas "realistas" que hay en esta poesía: patria, mujer, honor, libertad, amistad— todos ellos, naturalmente, elevados casi siempre a categorías absolutas en su mente preocupada por las cosas esenciales, hay en los versos de Martí la presencia de lo sobrenatural, o extrahumano que es precisamente lo que le da tono de extrañeza y maravilla.[196]

---

[196] Florit, *op. cit.*, p. 57.

V
VERSOS VARIOS

A MI MADRE[197]

Madre del alma, madre querida,
Son tus natales, quiero cantar;
Porque mi alma, de amor henchida,
Aunque muy joven, nunca se olvida
De la que vida me hubo de dar.

Pasan los años, vuelan las horas
Que yo a tu lado no siento ir,
Por tus caricias arrobadoras
Y las miradas tan seductoras
Que hacen mi pecho fuerte latir.

A Dios yo pido constantemente
Para mis padres vida inmortal;
Porque es muy grato, sobre la frente
Sentir el roce de un beso ardiente
Que de otra boca nunca es igual

1868

A MICAELA
En la muerte de Miguel Ángel[198]

I

Cuando en la noche del duelo
Llora el alma sus pesares,
Y lamenta su desgracia,
Y conduele sus afanes,
Tristes lágrimas se escapan
Como perlas de los mares;

Y por eso, Micaela,
Triste lloras, sin que nadie
Tu dolor consolar pueda
Y tus sollozos acalle;
Y por eso, Micaela,
Triste en tu dolor de madre,

---

[197] Estos son, probablemente, según los biógrafos de Martí, los primeros versos que compuso el Maestro.

[198] Miguel Ángel fue el primer hijo del segundo matrimonio de Rafael María de Mendive, maestro de Martí. Murió al año de nacido. (Nota de "Trópico").

Lloras siempre, siempre gimes
La muerte de Miguel Angel.

II
  ¡Allí está! Cual fresca rosa,
Blanco lirio de la tarde,
Sentado en el vede musgo,
Yace tu Miguel, tu "ángel",
La imagen de tus delirios,
La noche de tus afanes,
El alma de tus amores,
Consuelo de tus pesares,
Pura gota de rocío
Que al blando beso del aire
Casta brotó de tu seno
Convertida en Miguel Angel.

III
  ¡Allí está! Lágrimas tristes
Anublan tu faz de madre,
Porque le falta a tus ojos
Algo bello, algo tan suave
Como las nubes de oro,
Rosa y grana, de la tarde

Y en el aire que respiras,
Y en las hojas de los árboles,
Ves cruzar, cual misteriosa
Sombra, de tu amor imagen,
A la perla de tus sueños,
Al precioso Miguel Angel.

IV
  Pero, ¿no ves, Micaela,
Esa nube y esos ángeles?
¡Mira! ¿No ves cómo suben?
¿Los ves? ¿Los ves? ¡Triste madre,
Ya se llevan a tu hijo,
De tus delirios la imagen,
El alma de tus amores,
La noche de tus afanes,
Pura gota de rocío,
Linda perla de los mares!...
¡Llora, llora, Micaela,
Porque se fué Miguel Angel!

14 de abril de 1868.

¡10 DE OCTUBRE![199]

No es un sueño, es verdad: grito de guerra
Lanza el cubano pueblo, enfurecido;
El pueblo que tres siglos ha sufrido
Cuanto de negro la opresión encierra.
Del ancho Cauto a la Escambraíca sierra,
Ruge el cañón, y al bélico estampido,
El bárbaro opresor, estremecido,

---

[199] Publicado por José Martí en "El Siboney" periódico manuscrito que se repartía entre los estudiantes de segunda enseñanza de la Habana en los primeros meses de 1869.

Gime, solloza, y tímido se aterra.
De su fuerza y heroica valentía
Tumbas los campos son, y su grandeza
Degrada y mancha horrible cobardía.
Gracias a Dios que ¡al fin con entereza
Rompe Cuba el dogal que la oprimía
Y altiva y libre yergue su cabeza!

BRIGADA — 113[200]

Mírame, madre, y por tu amor no llores:
Si esclavo de mi edad y mis doctrinas,
Tu mártir corazón llené de espinas;
Piensa que nacen entre espinas flores.

Presidio, 28 de agosto de 1870.

¡MADRE MÍA!

Mi madre: el débil resplandor te baña
De esta mísera luz con que me alumbro,
Y aquí desde mi lecho
Te miro, y no me extraña—
Si tú vives en mí—que venga estrecho
A mi gigante corazón mi pecho.

El sueño esquivan ya los ojos míos,
Porque fueran, sí al sueño se cerraran,
Ojos sin luz de Dios, ojos impíos.
¡Te miro ¡oh madre! y en la vida creo!
¿Cómo cerrar al plácido descanso
Los agitados ojos, si te veo?

---

[200] Dedicatoria en un retrato con el traje de presidiario, con el grillete al pie, enviado a su madre. Martí fue destinado a la "Brigada, con el número 113

Se me llenan de lágrimas.. ¿Es cierto
Que vivo aún como los otros viven?
¿Que al placer de la vida no me he muerto?
Lloro, ¡oh mi santa madre! Yo creía
Que por nada en el mundo lloraría!
Los goces de la tierra despreciaba,
Y lenta, lentamente me moría.

Yo no pensaba en ti: yo me olvidaba
De que eras solo tú la vida mía
Tú estás aquí: la sombra de tu imagen,
Cuando reposo, baña mi cabeza.
¡No más, no más tu santo amor ultrajen
Pensamientos de bárbara fiereza!
Una vida acabó: ¡mi vida empiezo!

La luz alumbra ahora
Tus ojos, y me miras,
¡Cuán dulcemente me hablas! Me parece
Que todo ríe, plácido a mi lado;
Y es que mi alma, si me miras, crece,
¡Y no hay nada después que me has mirado!

Huya el sueño de mí. ¡Cuán poco extraño
Las horas éstas que al descanso robo!
¡Oh! Si siento la muerte,
Es porque, muerto ya, no podré verte!

Ya vienen a través de mi ventana
Vislumbres de la luz de la mañana.
Ni trinan como allá los pajarillos,
Ni aroman como allá las frescas flores,
Ni escucho aquel cantar de los sencillos
Cubanos y felices labradores.
Ni hay aquel cielo azul que me enamora,
Ni verdor en los árboles, ni brisa,
Ni nada del edén que mí alma llora
Y que quiero arrancar de tu sonrisa.

Aquí no hay más que pavoroso duelo
En todo aquello que en mi patria ríe,
Negruzcas nubes en el pardo cielo,
Y en todas partes, el eterno hielo,
¡Sin un rayo de sol con que te envíe
La expresión inefable de mi anhelo!

Pero no temas, madre, que no tengo
En mí, esta nieve, yo. Si la tuviera,
Una mirada de tus dulces ojos
Como un rayo de sol la deshiciera.
¿Nieve viviendo tú? Pedirme fuera
Que en tu amor no creyese....¡oh madre mía!
Y si en él no creyera,
La serie de las vidas viviría,
Y como alma perdida vagaría,
Y eterno loco en los espacios fuera,
¡Amame, ámame siempre, madre mía!

30 de diciembre de 1871.

VIRGEN MARÍA[201]

Madre mía de mi vida y de mí alma,
Dulce flor encendida,
Resplandeciente y amorosa gasa
Que mí espíritu abriga.

Serena el escozor que siento airado,
Que tortura mi vida,
¡Qué tirano!
¡Cómo sidera el alma mía!

¡Se rebela, maldice,

---

[201] Publicada, como de Martí, en la *Antología de Poetas Americanos*, por Editorial Sopena, de Barcelona.

No quiere que yo viva
Mientras la Patria amada
Encadenada gime!

    Un gran dolor le sigue
Como al hombre la sombra furtiva,
Y los dos me acompañan
Junto con la fatiga.

    Madre mía de mí vida y de mí alma,
Dulce flor encendida,
Resplandeciente y amorosa gasa
Que mí espíritu abriga.

    Mata en mí la zozobra
Y entre la sombra de mi alma brilla...
¡El peregrino muera!
¡Qué la patria no gima!

A MIS HERMANOS MUERTOS EL 27 DE NOVIEMBRE

    Cadáveres amados los que un día
Ensueños fuisteis de la patria mía,
¡Arrojad, arrojad sobre mi frente
Polvo de vuestros huesos carcomidos!
¡Tocad mi corazón con vuestras manos!
¡Gemid a mis oídos!
¡Cada uno ha de ser de mis gemidos
Lágrimas de uno más de los tiranos!
¡Andad, a mi redor; vagad en tanto
Que mi ser vuestro espíritu recibe,
Y dadme delas tumbas el espanto,
Que es poco ya para llorar el llanto
Cuando en infame esclavitud se vive!

    ✪

    Y tú, Muerte, hermana del martirio,

Amada misteriosa
Del genio y del delirio,
Mi mano estrecha, y siéntate a mi lado;
¡Os amaba viviendo, mas sin ella
No os hubiera tal vez idolatrado!

En lecho ajeno y en extraña tierra
La fiebre y el delirio devoraban
Mi cuerpo, si vencido, no cansado,
Y de la patria gloria enamorado.
¡El brazo de un hermano recibía
Mi férvida cabeza,
Y era un eterno, inacabable día,
De sombras y letargos y tristeza!

De pronto vino, pálido el semblante,
Con la tremenda palidez sombría
Del que ha aprendido a odiar en un instante,
Un amigo leal, antes partido
A buscar nuevas vuestras decidido.
La expresión de la faz callada y dura,
Los negros ojos al mirar inciertos,
Algo como de horror y de pavura,
La boca contraída de amargura,
Los surcos de dolor recién abiertos,
Mi afán y mi ansiedad precipitaron,
— ¿Y ellos? ¿Y ellos? Mis labios preguntaron;
— ¡Muertos! me dijo: ¡muertos!
Y en llanto amargo prorrumpió mi hermano,
Y se abrazó llorando con mi amigo,
Y yo mi cuerpo alcé sobre una mano,
Viví en infierno bárbaro un instante,
Y amé, y enloquecí, y os vi, y deshecho
En iras y en dolor, odié al tirano,
Y sentí tal poder y fuerza tanta,
Que el corazón se me salió del pecho,
Y lo exhalé en un ¡ay! por la garganta!

       Y vime luego en el ajeno lecho,
Y en la prestada casa, y en sombría
Tarde que no es la tarde que yo amaba.
¡Y quise respirar, y parecía
Que un aire ensangrentado respiraba!
Vertiendo sin consuelo
Ese llanto que llora al patrio suelo,
Lágrimas que después de ser lloradas
Nos dejan en el rostro señaladas
Las huellas de una edad de sombra y duelo,—
       Mi hermano, cuidadoso,
Vino a darme la calma, generoso,
Una lágrima suya,
Gruesa, pesada, ardiente,
Cayó en mi faz; y así, cual si cayera
Sangre de vuestros cuerpos mutilados
Sobre mi herido pecho, y de repente
En sangre mi razón se obscureciera,
Odié, rugí, luché; de vuestras vidas
Rescate halló mi indómita fiereza...
¡Y entonces recordé que era impotente!
¡Cruzó la tempestad por mi cabeza
Y hundí en mis manos mi cobarde frente!
                ✪
       Y luché con mis lágrimas, que hervían
En mi pecho agitado, y batallaban
Con estrépito fiero,
Pugnando todas por salir primero;
Y así como la tierra estremecida
Se siente en sus entrañas removida,
Y revienta la cumbre calcinada
Del volcán a la horrenda sacudida,
Así el volcán de mi dolor, rugiendo,
Se abrió a la par en abrasados ríos,
Que en rápido correr se abalanzaron.
Y que las iras de los ojos míos
Por mis mejillas pálidas y secas
En tumulto y tropel precipitaron.

❂
Lloré, lloré de espanto y amargura:
Cuando el amor o el entusiasmo llora,
Se siente a Dios, y se idolatra, y se ora.
¡Cuando se llora como yo, se jura!
❂
¡Y yo juré! Fué tal un juramento,
¡Que si el fervor patriótico muriera,
Si Dios puede morir, nuevo surgiera
Al soplo arrebatado de su aliento!
¡Tal fué, que si el honor y la venganza
Y la indomable furia
Perdieran su poder y su pujanza;
Y el odio se extinguiese, y de la injuria
Los recuerdos ardientes se extraviaran,
De mi fiera promesa surgirían,
Y con nuevo poder se levantaran,
E indómita pujanza cobrarían!
❂
Sobre un montón de cuerpos desgarrados
Una legión de hienas desatada,
Y rápida y hambrienta,
Y de seres humanos avarienta,
La sangre bebe y a los muertos mata.
Hundiendo en el cadáver
Sus garras cortadoras,
Sepulta en las extrañas destrozadas
La asquerosa cabeza; dentro del pecho
Los dientes hinca agudos, y con ciego
Horrible movimiento se menea,
Y despidiendo de los ojos fuego,
Radiante de pavor, levanta luego
La cabeza y el cuello en sangre tintos;
Al uno y otro lado,
Sus miradas estúpidas pasea,
Y de placer se encorva, y ruge, y salta,
Y respirando el aire ensangrentado,
Con bárbara delicia se recrea,

¡Así sobre vosotros
— Cadáveres vivientes,
Esclavos tristes de malvadas gentes—,
Las hienas en legión se desataron,
Y en respirar la sangre enrojecida
Con bárbara fruición se recrearon!

✪

Y así como la hiena desparece
Entre el montón de muertos,
Y al cabo de un instante reaparece
Ebria de gozo, en sangre reteñida,
Y semeja que crece,
Y muerde, y ruge, y rápida desgarra,
Y salta, y hunde la profunda garra
En un cráneo saliente,
Y, al fin, allí se para triunfadora,
 Rey del infierno en solio omnipotente,
Así sobre tus restos mutilados,
Así sobre los cráneos de tus hijos,
¡Hecatombe inmortal, puso sedienta!
¡Así con contemplarte se recrea!
Así a la patria gloria te arrebata!
!Así ruge, así goza, así te mata!
¡Así se ceba en ti! ¡Maldita sea!

✪

Pero, ¿cómo mi espíritu exaltado,
Y del horror en alas levantado,
Súbito siente bienhechor consuelo?
¿Por qué espléndida luz se ha disipado
La sombra infausta de tan negro duelo?
Ni ¿qué divina mano me contiene,
Y sobre la cabeza del infame
Mi vengadora cólera detiene?...

¡Campa! ¡Bermúdez! ¡Álvarez! Son ellos,
Pálido el rostro, plácido el semblante;
¡Horadadas las mismas vestiduras
Por los feroces dientes de la hiena!

¡Ellos los que detienen mi justicia!
¡Ellos los que perdonan a la fiera!
¡Dejadme ¡oh gloria! que a mi vida arranque
Cuando del mundo mísero recibe!
¡Deja que vaya al mundo generoso,
Donde la vida del perdón se vive!

✪

¡Ellos son! ¡Ellos son! Ellos me dicen
Que mi furor colérico suspenda,
Y me enseñan sus pechos traspasados,
Y sus heridas con amor bendicen,
Y sus cuerpos estrechan abrazados,
¡Y favor por los déspotas imploran!
¡Y siento ya sus besos en mí frente,
Y en mi rostro las lágrimas que lloran!

✪

!Aquí, están, aquí están! En torno mío
se mueven y se agitan...
— ¡Perdón!
— ¡Perdón!
— ¿Perdón para el impío?
— ¡Perdón! ¡Perdón!—me gritan,
¡Y en un mundo de ser se precipitan!

✪

¡Oh gloria, infausta suerte,
Si eso inmenso es morir, dadme la muerte!

✪

— ¡Perdón!—Así dijeron
Para los que en la tierra abandonada
Sus restos esparcieron!
¡Llanto para vosotros los de Iberia,
Hijos en la opresión y la venganza!
¡Perdón! ¡Perdón! esclavos de miseria!
¡Mártires que murieron, bienandanza!
La virgen sin honor del Occidente.
El removido suelo que os encubre
Golpea desolada con la frente,
Y al no hallar vuestros nombres en la tierra

Que más honor y más mancilla encierra,
Del vértigo fatal de la locura
Horrible presa ya, su vestidura
Rasga, y emprende la veloz carrera,
Y, mesando su ruda cabellera.
— ¡Oh—clama—pavorosa sombra obscura!
¡Un mármol les negué que lo cubriera,
Y un mundo tienen ya por sepultura!
Y más que un mundo, más! Cuando se muere
En brazos de la patria agradecida,
La muerte acaba, la prisión se rompe;
¡Empieza, al fin, con el morir, la vida!

¡Oh, más que un mundo, más! Cuando la gloria
A esta estrecha mansión nos arrebata,
El espíritu crece,
El cielo se abre, el mundo se dilata
Y en medio de los mundos se amanece.

¡Déspota, mira aquí cómo tu ciego
Anhelo ansioso contra ti conspira:
Mira tu afán y tu impotencia, y luego
Ese cadáver que venciste mira,
Que murió con un himno en la garganta,
Que entre tus brazos mutilado expira
Y en brazos de la gloria se levanta!
No vacile tu mano vengadora;
No te pare el que gime ni el que llora:
¡Mata, déspota, mata!
¡Para el que muere a tu furor impío,
El cielo se abre, el mundo se dilata!

Madrid, 1872.

MIS PADRES DUERMEN...

Mis padres duermen
Mi hermana ha muerto[202]

Es hora de pensar. Pensar espanta,
Cuando se tiene el alma en la garganta.

¡Oh, sueño de los pobres,
Los ignorados héroes de la vida,
Los que han sólo en la ruta sin medida
Cielo negro, sol puesto, aguas salobres!

¡Oh, sueño acongojado,
Por el futuro mal interrumpido
Por el presente mal sobresaltado!—
Pues tu víctima soy, mi cuerpo toma:
Allá se van los miembros al verdugo:
Envilécelos tú, — tú me lo domas.
Y pues, — cobarde al fin—acepto el yugo.
Sélo digno de mí, sélo tan fuerte
Que llegue pronto, por tu peso hundido,
Al más lejano yugo de la muerte!—

Y tal puedas en mí, que — escarnecido—
Por mi impotencia vil, hazme tu imbécil,
Pues hacerlos de paz aun no he podido.

Ellos tienen las canas en la frente,
La noche del amor en la memoria
Y en la faz una lágrima caliente
Y un caliente cadáver por historia.

Ellos la oyen gemir, con ese extraño
Oído paternal, que oye y escucha

---

[202] Se refiere a su hermana Mariana Matilde. Ana. Fallecida en México el 6 de enero de 1875.

Más allá de las tierra del engaño
Donde el espíritu con el cuerpo lucha.

　　Ellos saben la voz que se levanta
Y en los misterios de la noche breve,
Y conocen el árbol en que canta
Y adivinan la rama en que se mueve!

　　Ellos la ven de la apartada huesa
Alzarse blanca, embellecer la vida
Y sienten el instante en que los besa,
Y en que en su corazón está dormida!

　　También es noche ahora—
Y ella riega la tierra que la cubre
Con el llanto de amor que por mí llora!
☆
　　¡No está, no está! Las hojas que gimiendo
Grabé en dolor, — por sus miradas bellas—
Abiertas miro aquí, como diciendo
Que el ángel que las vio partióse de ellas.

　　Y el pensamiento mismo que en una hora
Amarga le envié, cabe el vacío
Limbo, amarillo y pálido está ahora,
Como el desierto pensamiento mío!

　　Ella el lenguaje hablaba misterioso
Del sueño y la oración: — ella tañía
En el arpa del ángel silencioso
El canto aquel que el ángel prefería!

　　Y allá en la paz en que la vida es bella
Y la luna y el sol alumbran la fortuna,
Yo un rayo de aquel Sol sentíme, y ella
Otro rayo también de aquella luna!

　　Ella nació con flores en la frente;

Ella brotaba luz de su cabeza,
Y en sus brazos dormía blandamente
La Virgen sin color de la pureza.

 ¿Dónde es la Virgen ida
Si ella, su dulce hermana, es ya partida?
Yo ví cómo arrancada
Por mano vil del tallo, y deshojada,
Murió de desconsuelo
Y de perdido amor a una flor blanca;
Así mueren los ángeles del cielo
Cuando al cielo la tierra los arranca!

 Aquella rosa pálida encendida
En su mejilla en que la paz se jura;—
Aquella claridad suave esparcida
En el tenue redor de su figura:—

 Y aquel párpado azul en que dormían
Las alas del amor — eran de duelo
Lágrimas y de luz, que en sí vertían,
Memorias de su amor perdido al cielo!
 De su perdido amor —
   Ella sabía
Las mañanas de sol, — tardes azules,—
Noches en que la madre tierra fría
Con reflejos de Sol la amante Luna
Acaricia y esplende todavía,
Y supo bien los cantos del martirio
Y las hirientes trovas de la pena,
Y la manera con que gime el lirio
Y el modo con que llora la azucena!

 Y cuando en el misterio de la tarde
La madre-flor su seno al aire abría
Al beso postrimer del Sol que aun arde, —
Ellos la amaban, — ella lo sabía—

La tierra la quería
Como quiere a los niños la mañana:
Era hermana del Sol, y era mi hermana;
Pero en la tierra vil se me moría!—
              ☆
   ¡Oh, como está lo vivo
De muerto y agotado!
Y oscuro el Padre-Sol, y yo cautivo
Del más mezquino afán, de ella alejado!

   ¿Verdad que tú me besas
En las que amaste míseras mejillas?—
¿Verdad que están impresas,—
En este altar inmenso de la tierra,—
Tus rodillas al par que mis rodillas?

   Pues nos vimos los dos en aquel rayo
De una luna y de un Sol, y el mismo día...
Y eras tú del crepúsculo el desmayo
Y el vigor era yo del medio-día;—

   Pues tu ser y mi ser tan juntos fueron
Que cuando no alentamos,
Con unas mismas lágrimas lloramos
Y en una misma fosa se cayeron;
Pues es verdad que al punto en que moriste
Contigo yo morí, — y a ti la tierra

   Atmósfera formó, y a mí más triste
Atmósfera fatal, cubre y encierra,—
O vuelve tú a mi lado,
O llévame a tu mundo en ti encendido.
O mucho tú has dormido
O mucho tiempo ha que he despertado!

   ¡Oh, madre, que la ves de la honda huesa
Alzarse blanca, embellecer la vida,
Y sientes el instante en que te besa

Y en que en tu corazón está dormida!-
¡Oh, labios, que el postrer aire gozaron
Que sus vírgenes labios respiraron!—

   ¡Oh, brazos de mi padre — todo aquello
Que la palpó y la vio, — cuando por verla
Para mi corazón es ya tan bello!—

   ¡Oh, rayo de la luz, que aquella perla
De divino dolor, al cielo abriste!—
¡Oh, destello del Sol, que en ti tuviste
Con su postrer adiós, mejor destello!

   Decidme cómo ha muerto;
Decid cómo logró morir sin verme;—
Y — puesto que es verdad que lejos duerme—
Decidme cómo estoy aquí despierto!—

México, 28 de febrero de 1875.
"Revista Universal", México, 7 de Marzo de 1875.

MUERTO

   ¡Espíritu, a soñar! Soñando, crece
La eternidad en ti, Dios en la altura!

   El cielo y el Infierno
Hermanos son, hermanos en lo eterno:
¡Sobre la Eternidad yo me levante,
En la savia vital mi fuego encienda,
Todo a mi lado resplandezca y cante,
A mis plantas lo ilímite se extienda,
Y cuanto el Sol alumbra y cubre el cielo
Cantares traiga aquí para este duelo!

   ¿Quién sabe cuándo ha sido?
¿Quién piensa que él ha muerto?

¡Desde que aquel cadáver ha vivido,
El Universo todo está despierto!
Y desde que a la luz de aquella frente
Su seno abrió a la madre Galilea,
Cadáver no hay que bajo el sol no aliente
Y eterno vivo en el sepulcro sea.

Él cavó las atmósferas dormidas;
El contrajo los miembros fatigados;
En haz de luces concentró las idas
Mieses descoloridas
De los campos del hombre abandonados;
Ungiólo en fuego, lo esparció por tierra.

¡Hermano, hermano fuerte!
¡Oh padre, padre altivo,
Que adivinó las vidas de la muerte
Y eternamente resplandece vivo!
¡Oh padre, que se sienta
Donde el Sol del los mundos se calienta!
¡Oh sol que no anochece!
¡Ojos de amor que eternamente lloran!

Fuego de paz que eternamente crece;
Brazos que al mundo por le mundo imploran,
Cuando a un mísero golpe de su planta
En polvo hierve el mundo que levanta.
El hombre en que moriste,
La cruz en que te hollaron,
La madre en que gemiste,
Y el sol que con tu muerte iluminaron,
¡Ni hombre, ni cruz, ni sol, ni madre fueron!
Abandonado al Génesis dormía,
Y el Universo entero se moría,
Y los besos del Génesis surgieron.

Y si de tantas lágrimas lloradas
Algo quedó en la tierra estremecida,

Las de la madre fueron, derramadas
Como en la tumba hundida
Los postrimeros cantos de la vida.
¡Oh llanto de una madre, nueva aurora
Que el agotado aliento resucita
En que todo el espíritu se llora
Y todo el fuego redentor palpita!
Si el Génesis muriera,
Si todo se acabara,
El llanto de una madre vivo fuera,
Y porque el hijo por quien llora viera,
La nada con el hijo fecundara!

  ¿Oh madre, mí María!
Porque hubieran tus labios de mi boca
El beso postrimer, y la sombría
Existencia fatal que el polvo invoca
No sintiese el horror de tu agonía,
¡Oh, madre! aquí en la Tierra,
En la cárcel imbécil que me encierra,
Devorando mis miembros viviría!

  ¡Aquél! Fue grande Aquél; pero en la cima
De la grandeza paternal no hay monte
Que de dolor de pequeñez no gima,
Ni hay rayos en el Sol, ni hay horizonte
Que de besar sus huellas se levante,
Ni mar que no murmure,
Ni labio que no jure,
Ni mundo que no cante.
Hay cantos para ti: canta el mezquino
Ser de la tierra el oro y el palacio,
Y a ti, padre divino,
¡El mundo entona el canto del espacio!

  Un leño se cruzó con otro leño;
Un cadáver — Jesús—hundió la arcilla,
Y al resplandor espléndido de un sueño,

Cayó en tierra del mundo la rodilla.

¡Un siglo acaba, nace otra centuría,
Y el hombre de la cruz canta abrazado,
Y sobre el vil cadáver de la Injuria,
El Universo adora arrodillado!

México, 23 de marzo de 1875.
"Revista Universal", México 25 de marzo de 1875.

SIN AMORES

Amada, adiós. En horas de ventura
Mi mano habló de amores con tu mano:
Amarte quise ¡oh ánima sin cura
Ni derecho al amor! Para tu hermano
Aun sobra altivo entre mis venas fuego,
Y para amarte, apenas
La sangre bulle en mis dormidas venas.

¡Oh, yo no sé! La tarde enajenada
En que al mirarnos, de una vez nos vimos,
Amado me sentí, tú fuiste amada,
Y callamos, y todo lo dijimos.
Después, ¿lo sabes tú? Vuelta del sueño,
El alma en su descanso sorprendida,
Alzóse en mi contra el gallardo dueño
Por la temprana esclavitud herida;
Y mísera, y llorando,
Esta infeliz de amores se me muere,
Y por lo mismo esta loca no te quiere.

¡Oh! No me pidas que comprima el llanto
De soledad que ante tus ojos vierto.
Si solo estoy, de mi orfandad me espanto,
Pero a mentir, ni para amarte, acierto.

Y llorarás: yo sé cómo pusiste
En el soñado altar tempranas flores.
Y triste queda, pero yo más triste
De amores vivo y muerto sin amores.

Amarte quise. Peregrino ciego
Yo sé el amor al cabo del camino,
Mas ¡cómo en tanto devorando el fuego
El alma va del pobre peregrino!

Engaño, infamia. Si en tu amor pusiera
Un punto solo de una vil mentira,
Vergüenza al punto de mentir rompiera
La cuerda audaz de la cobarde lira.

Si brusco soy, si de soberbia herido,
Te hiero a ti, ni mi perdón te imploro.
Vencí otra vez; yo quiero ser vencido,
Y en busca aquí de quien me venza, lloro.

¡Perdón, perdón! Yo puse en mis miradas
El fuego extraño de la patria mia.
Allá donde la vida en alboradas
Perpetuas se abre al palpitar de día.

¡Perdón! No supe que una vez surcado
Un corazón por el amor de un hombre,
Ido el amor, el seno ensangrentado
Doliendo queda de un dolor sin nombre.

¡Perdón, perdón! Porque en aquel instante
En que quise soñar que te quería,
Olvidé por tu mal que cada amante
Pone en el corazón su gota fría.

Y si es verdad que, de su bien cansado,
No te ama ya mi corazón, perdona,
En gracia al menos por haberte amado,

Este adiós que a la nada me abandona.

¡Oh, pobre ánima mía,
Quemada al fuego de su propio día!

México, 17 de abril de 1875.
"Revista Universal", México, 18 de abril de 1875

FLOR BLANCA

Los ojos puros, la mirada inquieta,
La mejilla caliente y encendida:
Así a la Virgen esperó el poeta
Con un sueño más largo que una vida.

Mi amor, mi puro amor ¿a quién has visto
Que así en el fondo de mi ser despiertas?
Tiene aroma la atmósfera en que existo
Y el árbol de mi amor flores abiertas.

Leño fué un tiempo en que el dolor ponía
Color de sombra en la infecunda rama,
Y el pardo tronco el aire repetía:
"¡Cómo está muerto el infeliz que no ama!"

Y ¡visten hojas aquel tronco oscuro!
Y ¡el pardo leño brilla y reverdece!
Y hay luz, hay luz en el espíritu puro,
Y en la noche de mi alma me amanece

Ornate, amor, los castos atavíos
De la gentil mañana en mes de flores,
Y esclavo ya feliz de sus amores,
Sus besos buscas en los labios míos.

Yo amaba, amaba mucho: parecía
Señor mi ser de los gallardos seres:

Toda bella mujer soñada mía;
¡Cuánto es bello soñar con las mujeres!

    Que vivir sin amor, fuera mentira:
Todo espíritu vive enamorado:
El alma joven nuevo amor suspira:
Aman los viejos por haber amado.

    Tal es amor, que cuando nace enciende
Luz muere, convida a imaginar la gloria,
Y muere, y suave claridad esplende
Que baja del cadáver la memoria.

    Se sueña que el espíritu intranquilo
Tuvo de alzarse de la tierra a intento,
Y con su amada de la mano, asilo
Se fué a buscar al ancho firmamento.

    Vida es morir: los sienten estos años
De la cansada tierra en que vivimos,
Y andan los hombres ciegos, como extraños:
Locos somos buscando lo que fuimos.

    Mucho duele el vivir, mas hay un duelo
Mayor que vida: ¡nuestra vida sola!
¿No se buscan las nubes en el cielo?
¿No se enlaza en el mar ola con ola?

    Y cuando al pie de las musgosas rejas,
Sin dueño mueren las dolientes flores,
¿No vienen, amor mío, las abejas,
Sembrando germen y zumbando amores?

    Ola, nube, flor, reja, cuanto alcanza
La humana vida, sueña amor y espera:
Nace un hombre; lo aguarda la Esperanza,
Y camina a su lado hasta que muera.

Se anda, se llora, el pecho está oprimido;
Y la mirada al cielo se extravía:
La esperanza en la tierra se ha perdido
Y se espera en el cielo todavía.

Pues que ¿me muero yo? Si yo concibo
La inmensa eternidad que no perece,
No muero nunca: eternamente vivo:
Yo sé bien dónde el Sol nunca anochece.

Pero andar, ir sin fe, sin criatura
Que sostenga, al mirar nuestra cabeza,
Con manos blancas, con el alma pura,
Anuncio humano de inmortal belleza;—

Vagar cayendo; sobre el hombro herido
Doblar sin fuerzas el cansado cuello,
Y no tener un corazón querido,
Ni una mano que juegue en el cabello!—

Es el tormento de vivir, la suma
De mal mayor e insoportable unida:
¡Nube sin ámbar! ¡Ola sin espuma!
¡El amor es la excusa de la vida!

Tú eres la virgen: virgen en la frente
Por sólo el beso paternal sellada,
Y para el riego de mi amor potente
Entre los velos del pudor guardada;

Virgen sin huella del cansancio humano;
Virgen sin mancha de impudor ni hastío,
Que abierta llevas en la casta mano
La blanca flor que ansiaba el amor mío.

¿Y te vas? ¿No me quieres? ¿Y te enojas?
¡Espera! ¡Espera siempre! ¿Quién arranca
A quien ha visto tanta flor sin hojas,

La memoria feliz de una flor blanca?

Horas de mar, mi virgen: ¿Cuántas horas
De males que en el alma llevo impresos?
¡Cuántas me han sorprendido las auroras
Soñando labios y esperando besos!

Y es este noble amor: cuando tu boca
Buscara enferma de deseo la mía.
Con ira de mi ser te apartaría:
¡Odio el amor que enciende y que provoca!

Te amo, porque no existe en ti la huella
De impuro ardor, ni el corazón te hiere
La costumbre de amar que en la doncella
Aventura infeliz a amor prefiere:—

Te amo, porque la vida se levanta
Con el suave calor de tu alma nueva,
Y todo el himno vibra en mi garganta,
Y el pardo leño en flores se renueva:—

Te amo, porque los besos del paterno
Afán palpitan en tu frente bella:
¡No más que el puro amor es bien eterno!
¡Feliz, virgen de amor! ¡Feliz aquella

De sueños castos y pudor dichoso,
Que comprimió las palpitantes besos,
Para dejarlos en el alma impresos
En los honrados labios del esposo!—

Estando en esto, de un hermoso sueño
Que un hombre pobre sin querer tenía,
Mostróle un duende de arrugado ceño,
La luz muriendo y la pared vacía.

—"Oye, infeliz: cuando en la tierra nace

Un hombre imbécil que solloza y sueña.
Se le muestra esa luz que se deshace
Y esa pared desnuda se le enseña!

Bueno es con sueños adornar la vida;
Mas, ¿tienes tú para soñar derecho?
¿Tu tierra acaso está en tu ser dormida?
¿El hambre acaso no te muerde el pecho?

Cuando el hambre se sienta a nuestro lado,
Y la miseria las paredes moja,
La luz se apaga, el cielo está cerrado,
Y muere la flor blanca hoja por hoja.

Así, infeliz, si amores te sonríen
Y sombras de mujer te desvanecen,
La luz y la pared de ti se ríen:
Las astros ante ti desaparecen."—

Fuése el duende: la lámpara extinguida
No alumbra al triste que soñaba besos,
Y ya no queda al joven de la vida
Más que un frío terrible entre los huesos:

Pero volvió las pálidas miradas,
De aquel duende fatal buscando huella,
Y al través de las piedras agrietadas,
En el fondo del cielo vio una estrella!

México, 26 de junio de 1875.
"Revista Universal", México, 27 de junio de 1875.

LA VÍ AYER, LA VÍ HOY

Así niña querida — de manera
Que lentamente el corazón se inflame,
Y ya tu imagen en mi amor no muera,

Aunque ha ya mucho tiempo que te ame.

 Lento, lento, — de modo, niña mía,
Que cada sol me traiga una mirada,
Y más te quiera yo con cada día.
Y guarde tanta aurora acumulada,

 Que henchido al cabo el corazón de flores,
Y repleta de luz el alma bella,
Haya al fin una aurora toda amores,
Y una vivida lumbre toda estrella.

☆

¿Me quieres? — Buen placer: placer extraño
Que hace fiesta en el pecho en que se anida,
Y vale por una hora todo un año,
Y por un año — más, más de una vida.

 Es puro, es armonioso, es un anhelo
En que un temor divino se acaricia,
Y es un cielo soñar que se ve el cielo,
Y aumenta el sobresalto la delicia,

 Y a besos tardos y a rubores gusta
Esta alma fiera, y más que fiera avara
El placer de adornar la fe robusta
Con la flor del rubor de un alma clara.

☆

 Así mi niña pura, — de manera
Viva a mi lado y a mi lado muera
Tu sombra amante, eterna, fugitiva.
Que en la sombra en que es fuerza que yo viva,

 Yo busco, yo persigo, yo reboso
Fuerza de amor, que de mi forma vierto:
Vivo extra-mí; cuerpo sin reposo
Vertido ya el amor, es cuerpo muerto.

 Vaga en mí torno: siéntolo y palpita

A cada forma de mujer que pasa,
Y cada vez que esta alma se me agita
El solitario cuerpo se me abrasa.

   Y cómo ¡oh niña hermosa me conmueve
Cada imagen de amor! ¡Cómo este exceso
De afán se agranda cuando a una hoja leve,
Las brisas tocan y se dan un beso!
☆
   Este amor, esta atmósfera, esta vaga
Vida que en mí rebosa y me rodea,
Sueña siempre otra vida que la halaga
Y en espacios magníficos pasea.

   Es pura, tierna, delicada, hermosa:
Líneas tiene perdidas en un vago
Redor de sombra opaca y nebulosa,—
Dama gentil del adormído Lago.

   No sé el instante en que a al tierra toca:
Su blanca falda sobre nubes veo,
Y lleva siempre en la plegada boca
Prendido el beso blanco que deseo.

   Los ojos cierro, y ante mí la miro:
La mano extiendo, y en la sombra oscura,
Se esconde, se dilata, — y un suspiro
Lleva a la sombra un sueño de ventura.

   Y así, mi niña, eternamente andamos,
Ella hundiéndose en sombra y yo tras ella,
Y de lejos y huyendo nos amamos
Con el inmenso amor que es todo estrella.

   Pero vino ¡oh mi niña! Quien me puso
La carnal vestidura que me encierra,
Con la terrible forma, en ella impuso
El deber de llorar vivo en la tierra.

La imagen amo: a oscuras la persigo,
Y sin llegarla a haber, siempre la veo:
Pero caigo en la lucha, y me fatigo
Y la cansada frente me golpeo,

    Y si al pasar de un límpido arroyuelo
Mi imagen miro, observo con espanto
Que está muy lejos el azul del cielo
Y va acabando mi vigor el llanto.

    Está muy lejos el azul soñado:
En vano al vivo por el loco inmolo:
Está lejos de aquí para esperado:
Muy lejos ¡ay! para alcanzarlo solo!

    ¿Quieres, mi niña? ¿Me amas? Es muy bueno
Acoger al rendido caminante
Y besarle, y amarlo, y en el seno
Abrigar su cabeza palpitante:—

    Que tanto el triste soñador se ha muerto
En el terrible tiempo que ha vivido,
Que cuando a un beso de amor se ha abierto,
Fénix feliz del beso ha renacido!

    Soñé: ¿Tú lo soñaste? — Tus cabellos
Rodaban desatados por tu espalda,
Y orgulloso el amor cubrió con ellos
Mi cabeza dormida entre tu falda.

    Y así soñando, henchida ya de flores
Y repleta de luz el alma bella,
Algo hubo en ti, del sueño aquel de amores
Por quien siento un amor que es todo estrella.

☆

    ¡Encarna! ¡Encarna pronto!, pues el pecho,
Con ansia de mujeres se me agita;
A un amor de mujer tengo derecho

Que aplaque al vivo que en mi ser palpita!

¡Encarna! ¡Encarna pronto! No es en vano
Lo que vagando en sombra, al fin concíbo;
Yo quiero amar con un amor humano:
¡He derecho a vivir puesto que vivo!

¡Encarna! Que esa sombra que me oye
Y me mira, y se esconde, y se dilata,
La línea fije, el pie en al tierra apoye,
Y, cabellera que el amor desata.

Mí mano enlace, mi dolor esconda,
El lecho apreste a la cabeza herida,
Y por la espalda desdellado en onda
El manto tienda, cuna de mi vida!

¿Lo encarno? ¿En ti lo encarno? ¡Cuán galana
Forma fueras de amor, oh niña mía!
Mas si tú quieres que este bien que afana
Mí pobre corazón en ti sonría,
Mírame hoy, desdéñame mañana,
Pero, por Dios, desdéñame algún día!

"Revista Universal", México, 12 de agosto de 1875.

CARTA DE ESPAÑA

Nuevas vienen de allá; mano querida
Llama a mi corazón: recuerdo evoca
Del tiempo en que hizo sol para mi vida,
Y palpitan los versos en mi boca.

Y espacio buscan, y en el aire ponen—
Buen mensajero a la enemiga playa—
Pensamiento de amor que la coronen
Y un beso fiel que hasta sus besos vaya.

Allá en París, la tierra donde el lodo
Con las flores habita y el misterio,
Hay una tumba que lo dice todo
Con la solemne voz del cementerio.

Allí llegué: la vida enamorada
Esparcí con placer por la arquería;
Mi mano puse en la columna helada
Y mí mano de vivo era la fría!

Y es que a la sombra de los arcos graves,
Y sobre el mármol que coronas pisa,
Bajo los trozos de extinguidas naves
Duerme Abelardo al lado de Eloísa.

Y recuerda, ¡oh mezquino, a quien arredra
El perpetuo calor de la arquería,
Que allí junté mi mano con la piedra,
Y mí mano era allí la única fría!

Tiene ¡oh mujer! con esta carta fiesta
Mi corazón sobre tu amor dormido
¡Cuánto lloran los solos! ¡Cuánto cuesta
Mover al pobre huérfano afligido!

Besos me mandas: pídesme de abrazos
Porción que pueda sofocar tus males:
¡Oh, flor perpetua, cariñosos lazos
De los amores buenos y leales!

¡Pobre! ¡Tú lloras, y yo aquí — callado
De manera que al muerto en mí revelo—
Tengo siempre algún beso preparado
Que dar no puedo y que te mando al cielo!

¡Pobre! ¡Mí dueño, quejumbrosa mía!
Piensa que todo con vivir perece,

Pero que honrado amor, gala del día,
Con cada sol revive y amanece!

Se aduerme, hasta se acalla, hasta se esconde
En la sombra que en sí genera el vivo:
Tú palpitas en mí, yo no sé donde,
Pero sé que yo estoy de ti cautivo.

Oye: me angustio; de dolor me duermo
A una luz miserable en cama dura,
Y soy, ¡oh mi alma! un infeliz enfermo
De extraños males que no tienen cura.

Y así dormido, cuando el rudo exceso
De la carnal labor mi cuerpo rinde,
Dicen que han visto palpitar el beso
Que es fuerza, ya sin ti, que al cielo brinde.

Y es que en la tierra, la mujer amada
Copia es y anuncio del celeste anhelo,
Y cuando de ella el alma está alejada,
El alma sólo puede alzarse al cielo.

Mi pobre, mi muy bella: todavía
Nuestra pálida luz no se consume,
Y esperamos llorando un mismo día,
Y aquella pobre flor tiene perfume.

Todavía ¡oh mi bella! el pensamiento
Que sembramos en hora de dolores,
El cierzo vence, abate al rudo viento:
¡Todavía el rosal tiene dos flores!

Y ¡cómo es fácil al doliente triste
La vida por amor! Hoy era un día
Amargo de viudez, en que se viste
De luto el sol, y el alma está vacía.

Hoy hizo noche: si para otros hubo
Un sol caliente que mí mal no ha visto,
Yo sólo sé que acá en mi sombra estuvo
Algún dolor diciéndome que existo.

Día de vigor de la fatal cadena,
Hoy fué más grande el solitario abismo;
Hoy cavó más mi corazón la pena;
Hoy sentí más el peso de mí mismo.

Llegó la noche, y cuando un rayo blando
Alumbró mi dolor con luz de luna,
Supe que aun vives mi memoria amando:
¡Oh, tenue luz, imagen de fortuna!

Y de repente, con vigor que llamo
Resurrección, en súbitos placeres
Se enciende el sol, recuerdo que te amo,
Y siento en mí la vida de dos seres.

Y es que a la sombra de los arcos graves
Y sobre el mármol que coronas pisa,
Bajo los trozos de extinguidas naves,
Duerme Abelardo al lado de Eloísa!

"Revista Universal", México, 17 de octubre de 1875.

AVES INQUIETAS

I
Las aves adormidas
Que bajo el cráneo y bajo el pecho aliento
Como presagios de futuras vidas,
Aleteando con ímpetu violento
Despertaron ayer, — a la manera
Con que el loco desorden de la fiera
Copia airado el océano turbulento,

Trasponiendo espumante
Las rocas, presa de su hervor gigante.

II
     La voz se oyó de la mujer amada,
Habló de amor con sus acentos suaves,
Y las rebeldes aves
En trémula bandada,
Las alas que su cárcel fatigaron
En mi cráneo y mi pecho reposaron,
Cual Rojo mar en los ardientes brazos
De Egipto se desmaya,
Fecundando con lánguidos abrazos
Las calientes arenas de la playa.

A ROSARIO ACUÑA
(Poetisa cubana, autora del drama "Riensi el Tribuno",
laureado en Madrid).

     Espíritu de llama,
Del Cauto arrebatado a la corriente,
Ansioso del aire, libertad y fama;
Espíritu de amor, trópico ardiente;
De Anáhuac portentoso
Oye el aplauso que en mi voz te envía
Al hispánico pueblo, el más hermoso
Que mares ciñen y grandezas cría.

     Mas ¿cómo no te dueles,
¡Oh poetisa gentil! de que en extraña
Tierra enemiga te ornen los laureles
Amarillos y pálidos de España,
Si en tu patria de amor te esperan fieles
Y el odio allí su brillantez no empaña?
¿Cómo, cuando Madrid te coronaba,
Hija sublime de la ardiente zona,

Sin Cuba allí, no viste que faltaba
A tu cabeza la mejor corona?

 ¡Ay! cuando entre tus manos,
Albas y juveniles,
Sin el beso de amor de tus hermanos,
Sembradoras de mayos y de abriles,
La corona española brilla y rueda,
¿No se yergue ante ti, sombra de espanto,
Pecadora inmortal, nube de llanto,
La sombra de la augusta Avellaneda?

 Y de Orgaz el potente, ¿la olvidada
Memoria no te humilla,
Castigo digno de su lira hollada,
Alma de Heredia que encarnó en Zorrilla?

 ¡Que el canto estalla! ¡Que la voz del bardo
Gloria pidiendo, el ánimo conturba,
También estalla en mí; yo también ardo!
Mas si en el mar de los olvidos bogo
Y aire de sombra el alma me perturba,
Los turbulentos cánticos ahogo,
Y al hierro vuelve la domada turba!

 No hay gloria, no hay pasión; el mismo cielo.
La libertad espléndida es mentira,
Si se la goza en extranjero suelo,
Y con aire prestado
Y llanto avergonzado,
Huésped se llora ¡siervo se respira!

 — ¿Qué hace el cantor?
    — Cantar, mas de manera
Que hermano el canto de la heroica hazaña,
Prez de la tierra que mancilla España,
Son su laúd sobre la espada muera!
Y tú, mujer, y yo—desventurado

Con alma de mujer varón formado,
¡Perdónemelo Dios! Porque a mis bríos
Con su miseria el hálito han cortado
Viejos y niños, carne y huesos míos.
¿Qué hacer cuando en el alma se agiganta
La divina ambición? ...¡Patria divina!
Y ¿lo pregunto yo? ¡Vida mezquina
La que alienta la voz en la garganta!

    ¡Callar! Este es un canto
De voz de mártir, de celeste duelo,
Y si el cielo es verdad, en sacro espanto
Me encumbrará de mi canción al cielo;
Mas si al ánimo vil, de vil tributo
Siervo, no basta en el hogar de luto
Este silencio pálido y benigno,
Calle su voz de los infiernos fruto:
¡Morir! Esto es más digno.
¡Morir! ¡Qué gran valor! Cuando pudiera
Robusto el brazo encadenar la gloria,
Y en la patria bandera
Trocar la estrella en sol de la victoria,
Escribir lentamente en extranjera
Tierra una débil y cobarde historia;
Y sentir aquel sol que arrancaría
De la melena del rugiente hispano
Por dar con él la brillantez del día
A mi adorado pabellón cubano;
Y andar, cuerpo viviente,
Entre un pueblo a este mal indiferente;
Y decir sin cesar este delirio
Es un canto que el labio nunca entona.
¿Qué más, qué más laurel? ¿Cuando el martirio
No fué en la frente la mejor corona?

    ¿Quién pide gloria al enemigo hispano?
No lleve el que la pida el patrio nombre
Ni le salude nunca honrada mano;

El que los ojos vuelva hacia el tirano,
Nueva estatua de sal al mundo asombre.

¿Qué plátano sonante,
Qué palma cimbradora,
Qué dulce piña de oro
Al cierzo burgalés aroma dieron,
Ni en castellana tierra florecieron?

¿Quién vio imagen del Auto rumoroso,
De ondas sonoras de movible plata,
En el mísero Duero rencoroso
Que entre rudos guijarros se desata?

Allá, Rosario, el alma se acongoja,
El cuerpo se entumece,
Cubre la tierra helada la amarilla
Veste que el árbol moribundo arroja,
En la noche invernal nunca amanece,
Y la blanca y morada maravilla
Que en la niñez ornó tu faz sencilla,
Púdica y débil, de temor no crece.
¿Tú, apretada en el pecho del invierno,
Ardiente hermana mía?
¿Tú, presa en tierra fría,
Hija de tierra del calor eterno?
Y el puerto del Caney hogar paterno
Te dio, y amante halago,
Dulcísima caricia,
Y truecas a tu plácido Santiago
Por el rudo Santiago de Galicia?

Y llanos vastos de nevada espuma
Que el alma tropical mira oprimida,
Y ¡tú en aquellos llanos, blanca pluma
En los ingratos témpanos perdida!

¡Oh, vuelve, cisne blanco,

Paloma peregrina,
Real garza voladora;
Vuelve, tórtola parda,
A la tierra donde todo se enamora;
Vuelve a Cuba, mi tórtola gallarda!

Y si funesto azar lauros te ofrece,
Plácidos para ti, y en calma queda
La corona en tu mano, y reverdece,
Piensa ¡oh poetisa! que ese lauro crece
En la tumba de Orgaz y Avellaneda.

Si la cándida garza peregrina
De amarillo color el albo seno
En hora aciaga tiñe;
Si lauros nuevos a su frente ciñe,
Nueva Gertrudis y fatal Corina,
Piensa que el árbol que en el patrio suelo
El amplio tronco distendió robusto
Y en las hinchadas venas sangre hervía,
Hallará a su traición castigo justo,
Si otro sol y otra sangre torpe ansía;
Que el lauro envenenado
En la sangre de hermanos empagado,
En la frente de vil que lo ciñera
La deshonra en espinas trocaría;
Que muere triste en la Germania fría
Golondrina del Africa viajera.

Y si en su frente, seno poderoso
De los rayos del Sol, la vanagloria
Tendido hubiera manto luctuoso;
Si nuevo lauro España le ciñera,
Y la espina del lauro no sintiera;
Si pluguiese a sus fáciles oídos
Cuanto de amor que no es amor cubano,
Y junto a sus laureles corrompidos
El cadáver no viese de un hermano,

¡Arroje de su frente,
Porque no es suyo, nuestro sol ardiente!
¡Devuélvanos su gloria,
Página hurtada de la patria historia!
Y ¡arranca, oh patria, arranca
De su seno infeliz el ser perjuro,
Que no es tórtola ya, ni cisne puro,
Ni garza regia, ni paloma blanca!

México, Agosto de 1876.

DOLORA GRIEGA

— ¿De qué estás triste?
        — De amor.
— ¿Por quién?
        — Por cierta doncella.
— ¿Muy bella, pues?
        — ¡Pues muy bella!
Estoy muy triste de amor.

— ¿Dónde la hallaste?
        — La hallé
En una gruta florida.
— ¿Y está vencida?
        — Vencida;
La adulé, la regalé.

— Y ¿para cuándo, ¡oh galán!
Valiente galán de todas,
¿Para cuándo son las bodas?
— Pues las bodas no serán.
Y estoy de pesar que muero,
Y la doncella es muy bella;
Pero mi linda doncella
No tiene un centavo entero.

— ¿Y estás muy triste de amor,
Galán cobarde y sin seso?
Amor, menguado, no es eso:
Amor cuerdo no es amor.

1880.

EN ESTAS PÁLIDAS TIERRAS...

En estas pálidas tierras,
¡Oh niña! en silencio muero.
Como la queja deshonra,
Yo no me quejo

Del mutuo amor de los hombres
El magnifico concierto,
De la pasión — nuestra vida—
No escucho el eco.

Como una bestia encorvada,
A un yugo vil, aro, y ruego,
Y como un águila herida
Muero en silencio.

1884.

CON LA PRIMAVERA

Con la Primavera
Vuelve el verso alado:
¿Qué hará mi corazón, que amar no quiera,
Si le asalta el amor por el costado?

Hará lo que hace el cielo
Cuando el fuego le abrasa:

Brillará como bóveda encendida
Hasta que el fuego pase: ¡todo pasa!

1887.

A EMMA[203]

No sientas que te falte
el don de hablar que te arrebata el cielo,
no necesita tu belleza esmalte
ni tu alma pura más extenso vuelo.

No mires, niña mía,
en tu mutismo fuente de dolores,
ni llores las palabras que te digan
ni las palabras que te faltan llores.

Si brillan en tu faz tan dulces ojos
que el alma enamorada se va en ellos,
no los nublen jamás tristes enojos,
que todas las palabras de mís labios,
no son una mirada de tus ojos...

Villaviciosa, 10 de julio de 1872.
"El Cubano", La Habana, 13 de marzo de 1888.

---

[203] Estos bellos versos los dedicó Martí a la Srta. Emma Campuzano, a la que faltaba el don de la palabra, y se publicaron con una nota elogiosa para el autor.

MARÍA[204]

Terrestre enfermo, que a sus solas llora
El furor de los hombres, la extrañeza
De su comercio brusco, y su odiadora
Feraz naturaleza.—
Siento una luz que me parece estrella,
Oigo una voz que suena a melodía,
Y alzarse miro a una gentil doncella,
Que se llama—María!

Versos me pide a la Amistad. Pudiera
En verso hueco, frívolo y vacío,
De clásica vestir esta manera
Altiva y loca del espíritu mío.
Trabas desdeño y hábitos de corte:
Mas que el corcel que el deshonroso arreo
En el corto zaguán muerde—en espera
Del lindo mozo, gala del paseo,
Vil flor de la mundana Primavera,—
Amo la cebra, que la crin pintada
Si herida, no domada,
En su carrera infatigable extiende,
Y sobre la llanura arrebatada
Alas de libertad al aire tiende!
Amo el bello desorden, muy más bello
Desde que tú, la espléndida María,
Tendiste en tus espaldas el cabello,
Como una palma al destocarse haría!

Desempolvo el laúd, beso tu mano
Y a ti va alegre mi canción de hermano,
¡Cuán otro el canto fuera
Si en hebras de tus trenzas se tañera!

---

[204] La Srta. María García Granados, "La Niña de Guatemala" de los Versos Sencillos.

Del claro arroyo en la corriente fresca
Templa su sed el luchador viandante,
Y la tostada piel, del sol refresca.
Del exquinzúchiti a la sombra amante;—
Alzase a par de la borbónea rosa,
Frágil como Borbón, la duradera
Flor inmortal, corona más preciosa
Que la de mirto airosa
Y la amable y sensual adormidera;—
Del brillante tenaz la lumbre viva
El blanco acero de la perla apaga,
Y la luz del zenit, roja y activa;
La Tarde templa, con azul de maga;—
Coronado de luz asoma el día,
Siembra y hiere, da y quita la fortuna,
Y la frente terrífica y sombría
Duerme luego en el seno de la luna;—
¡Así el Amor, que desolado y ciego
La veste azul con el cendal de fuego
A su cortejo de volcanes ata,
Sacude destrozado la melena
Y se calma llorando en la serena
Amiga Tarde, de cendal de plata!
Así el Amor, magnifico y divino
Copia en su curso ardiente y peregrino,
Brillante, rosa, sol, rápido día,—
Y la noble Amistad, tierna y lozana,
Gentil semeja, en la malicia humana,
Perla, luna, exquinzúchiti, flor, María!
    A las veces, herido
De una fiera pasión, porque hay pasiones
En que ¡hasta el pomo su puñal hundido!
Con su acero quemante han convertido
En roto abismo bravos corazones,—
Al ánimo lloroso
Verter quisiera el hondo mal quejoso.
La pena confesada
Por mitad del espíritu es echada;

De modo, que parece
Que en el invierno del dolor sombrío
La Primavera fúlgida amanece,
Flor de la confesión, nuncio de Estío.—
Todo, en lo térreo, si cenizas se hace,
Más lozano y vivifico renace:
Y el alma resucita: yo la he visto
Clavada en la Cruz como el Inmenso Cristo,
Y luego, al sol de plácidos amores,
Batir las alas y libar las flores!
¡Pesa mucho el dolor! Fuerza por tanto
Que alguien derrame con nosotros llanto
Por la honda pena propia,
Callado en si, grave dolor se acopia,
Y llorándolo dos, se llora menos!
¡Religión y milagro de los buenos!

    Con qué bello atavío,
Andando lentamente,
Viene el recuerdo a mí tranquila frente,
Refrescante y sutil como el rocío!
¡Perenne dulce gloria!
¡La nobleza del hombre es la memoria!
Ya plácido recuerde
La tarde en que al amigo mexicano
Mi amor conté, por donde el campo verde
Al alma invita a este placer de hermano:
Ya en la férvida noche de agonía
En que la dije adiós, piense al amigo
Que me dejó a la puerta de mi casa,
Y en fuerte abrazo sollozó conmigo
El fiero mal de la fortuna escasa;—
Ora imagine al que la ilustre escena
Por él sembrada de laureles vivos,
Trocando el goce por mi grave pena
Dejó, con paso y corazón activos,
Y en el cuerpo en que mi alma traspasada
Gemía bruscamente,

A la par de mi esposa arrodillada
Curó mi mal y serenó mi frente;—
Ora clame al querido
Noble Fermín, que en su feliz consuelo
Hallado a nuestra ausencia, adolorido
Porque sin mí no encuentra azul el cielo;—
Ora busque abatido
En estas remembranzas energía,—
Dígole al alma mía
Que nunca en ellas la Amistad me seque,
Frescor perenne de una cierta gloria,
Y estas victorias del amor no trueque
Por otra alguna efímera victoria,—
Que al fatuo fuego, resplandor sin huellas,
Prefiero yo la luz de las estrellas!—

    Llama el sol al trabajo. Ya el querido
Libro vuelve hacia mí la vista inquieta,
Y pliego sobre el hombro adolorido
El ala del poeta.
¡Penado, el carcelero me reclama!
A noble Amistad cantar me hiciste:
Mira aquí tu poder: el plectro mío,
Por la rueda vital despedazado,
Integro se alza desde el polvo frío,
Y el golpe venga en cántico sagrado.
Muy más que sacro, loco!
Dado el mundo a pensar, canta ya poco.

    Pues fue tu voz la que en el alma pudo
Un canto hallar, que despertando rudo,
Te vino, como yo, a besar la mano,—
    Tú lo perdonas, que el perdón es bello;
Líbralo tú de dientes y testigos,
Y pon, bíblica niña, en tu cabello
Vergiss mein nicht, la flor de los amigos.
Dame en cambio tu voz: con ella intento
Cariño y libertad. Gentes vulgares

No oyen en ella el celestial acento
Que sé yo oír y adivinar. Hay algo
En tu voz musical, un eco vago
Sin forma y sin medida,
Promesa, pena, halago,
Todo lo que hay en el rumor de un lago,
Todo lo que ha de haber en la otra vida!
Dame tu voz! Enérgico con ella
Diré a los Hombres el secreto vivo
De las ondas del alma; del altivo
Sol paternal las voces del trabajo;
La colosal inmensa Analogía
Del río que el valle cruza,
De la ola que lo extiende,
Del viento que la azuza,
Del barco que la hiende;
Y del alma, — río, viento, barco alado,—
Que, sobre todos ellos, hacia el cielo
Emprende el caminar precipitado!
Dame tu voz!—Y a la gentil doncella
Cantaré los amores de la luna,
El misterioso germen de la cuna,
La palabra de paz de cada estrella!

Mayo, 1877.
"El Cubano", La Habana, 2 de abril de 1888.

MI TOJOSA ADORMECIDA

I

Mi tojosa adormecida,
Delicada perla enferma,
¿Qué padece mi tojosa?
¿Quién me oscurece mi perla?
— Cada vez que en mis mejillas
La color partida veas,
Es que a teñir la ha venido
Acá en mí seno a otra perla.
Cada vez que tu tojosa
Las dormidas alas cierra,
Es que a un niño, acá en mi seno,
Está cubriendo con ellas.

II

Como una perla dormida

Sobre su concha de nácar,
De mi Carmen sobre el seno,
Nuestro niño dormitaba.
Y abrió de pronto los ojos,
Carmen, mi concha de nácar,
Y dijo ¡cuánto daría
Porque en esta vida larga
Durmiese siempre mí perla
Sobre su concha de nácar!

III
    Dentro del pecho tenía
Una espléndida vivienda;
Cuantos a mí se asomaban,
Decían ¡vivienda espléndida!
Poblábame mi palacio
Fe en mujer: sentí con ella
Como si en la espalda floja
Fuertes alas me nacieran.
— Me desperté una mañana;
Vi las dos alas por tierra;
Me palpé dentro del pecho

Las ruinas de mí vivienda.
Desde entonces pasar miro
Pueblos y hombres en la tierra
Como estatua que sonríe
Con sus dos labios de piedra.

CUBA NOS UNE...[205]

Cuba nos une en extranjero suelo.
Auras de Cuba nuestro amor desea:
Cuba es tu corazón, Cuba es mí cielo,
Cuba en tu libro mí palabra sea.

---

[205] Cuarteta escrita por Martí en el álbum de Carlos Sauvalle, en Madrid, 1871.

ROSARIO[206]

En ti pensaba yo, y en tus cabellos
Que el mundo de la sombra envidiaría,
Y puse un punto de mí vida en ellos
Y quise yo soñar que tú eras mía.

Ando yo por la tierra con los ojos
Alzados — ¡oh, mí afán!—a tanta altura,
Que en ira altiva o míseros sonrojos
Encendiólos la humana criatura.

Vivir: — Saber morir; así me aqueja
Este infausto buscar, este bien fiero,
Y todo el Ser en mi alma se refleja,
Y buscando sin fé, de fé me muero.

29 de marzo, 1875.

NI LA ENAMORO YO[207]

Ni la enamoro yo para esta vida:—
Es que a unas horas por la senda andamos,
Y entre besos y lágrimas, hablamos
Del instante común de la partida!

Nos iremos los dos: no sé de cierto
Quién primero ha de ser vivo muerto;
Pero, allá en los umbrales,
Si yo, yo espero; si ella, ella me aguarda
Y así, más fuerte harán nuestros rivales
Amores, el amor a lo que tarda.—

---

[206] Rosario de la Peña, la de Acuña.
[207] En el álbum de Rosario de la Peña.

Fácil: — mortal! El punto más amado
Entre los puntos que el amor encierra
Es lo imposible, ¡el fuego aun no apagado
De este mi corazón opreso en tierra!

Mujeres: — cuando el labio
Trémulo y rojo y suspendiendo un beso,
El perdón de una culpa o de un agravio
A punto esté de perecer impreso— ;

Aunque el alma con llanto lo pedía.
Aunque enrojezcan lágrimas los ojos.
Que lloren — ¡oh poesía!
¿A qué trocar el oro por despojo?
¡Beso no dado, es beso todavia!

¡Colgadlo, suspendedlo;
Hacer — ¡oh bien!—que sobre el labio vague
Pero nunca lo déis! ¡Oh criaturas
Del Homicida Amor!— ¡Que nunca apague
El débil resonar de un beso dado
El ruido celestial de uno esperado!

Esperar es vivir; tener es muerte.—
Verte es amor ¡oh dueña de mí vida!
Pero, ¡más fuera amor no poder verte! {
Debilísimo sol, la ansia cumplida.--

¡Qué suave andar, qué blando movimiento
El de un beso que vaga en el espacio,
Y a nuestro labio seco y avariento
Girando llega, despacio, muy despacio!—

¡Qué beso tan cumplido
Un beso largo tiempo prometido!
La boca que nos besa,
Besándonos está desde el instante
Que suspendió a sus labios la promesa,

Y el pobre corazón sobresaltado
Imagina en su amor que lo han besado!—

    Y, acaso, ¿quién sostiene
Que aquello que se sueña, no se tiene?
¡Pues tiénese más puro,
Sin el dolor de realidad que afea,
Sin ese peso de la Carne duro
Que la inefable atmósfera sombrea!

    ¡Oh, sueño, mi riqueza!—
¡Hermano amante mío,
Y lecho de mi férvida cabeza!—
¡Piedad de amor para mi ser impío!—
¡Oh, sueño, tú eres bueno:
Ni sangre ví, ni lodo ví en tu seno!

    ¡Qué placer es pensar! Y ¡qué ventura
Soñar de una mujer la sombra pura!
    Y ¡cuántas y cuántas horas
Cuyos males con sombra llevo impresos,
Cuántas me han sorprendido las auroras
Soñando labios y esperando besos!

    ¡Oh, deja que me acuerde! Vete y deja
Que ame más que tu amor, a tu memoria,
Que en un bien probable, cierto se refleja
Y una gloria en el aire es también gloria!

    ¿Quién sabe si a tu lado
Sintiera yo el dolor de un beso dado,
Cuando lejano Allá, dicha suprema,
Cuando logrado, logro que nos quema?

    ¡Oh, déjame, mujer!—Yo sé cual riza
los labios del amante la amargura,
Cuando un beso en sus labios se desliza,
Rayo menos de estrella menos pura!

¡Yo sé cómo lloraba
Un hombre porque un ángel lo besaba!—
¡Yo sé el avergonzar, yo sé el momento
En que en las ondas férvidas de un alma,
El cieno del placer manchó una palma,
Y un beso se trocó en remordimiento!—

Adiós. —Aquí me llaman
A la tierra la vida y la faena:—
¡Oh bésame después!—En los que aman
Un beso pronto angustia como pena;
Exalta, llora, irrita,
De la vergüenza entre los brazos llora,
Y en pensamiento de olvidar se agita,
Y en pensamiento de morir devora!—

¡Qué beso tan cumplido
Un beso largo tiempo promedio!

[1875]

DESDE LA CRUZ

A la Srta. Virginia Ojea.

Niña, como las flores del naranjo
    Blanca y sencilla:
¿Sabes tal vez lo que en la mar humana
    Será tu vida?
Hoy — como aurora— tu existencia amena
    Sonríe y brilla
Y tallado en un pétalo, tu cuerpo
    Es urna de sonrisas.
Mañana — como un sol que entre las venas
    Se funde y se desliza—
Vendrá el amor, el déspota altanero,
    Señor de nuestras vidas.
Te miro, y pienso en las palomas blancas,

De la selva alegría,
Y en tu alma, un nido de paloma; y pienso
En los que cazan, niña!
La red vendrá. Cual moro a quien los ojos
Del fiero león fascinan,
Fascinada también, caerás amando,
Trémula, de rodillas.
¡Oh! ¡Sé muy tierna! Es la palabra pura
Que salva y que ilumina.
Ceder es dominar: sé siempre tierna:
Jamás serás vencida!
Cuando en el seno de tu esposo rujan
Las fieras de la vida:
Las pasiones — panteras, — los deseos
Chacales— , ¡la caricia!
Apresta, niña blanca! ¡Doma potros
Y fieras la caricia!

Pues amar ¿no es salvar? No es esa fiesta
Vulgar de gentes nimias,
Que de un vals en los giros nace acaso,
Y como un vals, expira.
Ni un vago templo — de perfume extraño
Morada vívida—
Donde el azul del cielo y las ligeras
Nubes habitan,
Y en luz de estrellas y en vapor de rosas
Duerme la vida.
¿Amar? ¡Eso es un voto! Es un espíritu
Que a otro se libra,
Como una monja que en las aras jura
Bodas divinas.
Como Jesús, la generosa novia,
Serena, a la cruz mira,
Y al novio ofrece, si en la cruz lo clavan
Las fieras de la vida,
Colgarse a él, y calentar su cuerpo,
Y sin en la cruz expira,

Morir con él, los nobles labios puestos
    Sobre su frente fría.
¡Eso es amor! Andar con pies desnudos,
    Por piedras, por espinas,
Y aunque la sangre de las plantas brote,
    ¡Sonreír, Virginia!

New York, 1880.

A LEONOR GARCÍA VELEZ

Con motivo de la expedición de su padre, el General Calixto García. En los días del viaje

    Leonor: ¿lo ves? Los pies ensangrentados,
Rota la frente, el alma en cruz pases.
Rugen sus pensamientos agitados
Como la mar que contra el barco olea,
Y con alas de sangre, el aire corta,
Pura, sombría, absorta,
Rumbo al cielo ¡oh dolor! la gran idea...
    Leonor: ¿lo ves? Pero si en hora obscura
Sobre los muertos generosos gime,
Y entre enemigos hierros sufre al cabo
    Ese dolor sublime
De llevar sobre el hombro a un pueblo esclavo;
Si desde el alta solitaria prora,
En el aire, cargado de tormenta,
Vierte las suyas, nuestra infamia cuenta,
Los patrios males y los propios llora:
¿Qué te importa, Leonor? Cuando a ti vuelva,
Lo enlazarán tus brazos, como enlaza
    En medio de la selva,
Al viejo tronco erguido,
Por el rayo violento sacudido,
La fragante, la dulce madreselva!

New York, 17 de agosto de 1880.

A MARÍA LUISA PONCE DE LEÓN

    Si fuera de la patria, en que se crea
La única luz, todo es arena al viento,
¿Dónde, ¡oh dolor!, pondré mi pensamiento
Que obscuridad y que aflicción no sea?

    Como una tierna rosa es la poesía,
Que en el silencio pudoroso crece
Y alma el misterio en que la luz florece,
Y cada flor dice a su flor: "María".

    Casto y profundo cual la noche, el verso
Prefiere descoger las alas bellas
Cuando la vida es paz, y las estrellas
Alumbran el amor del Universo.

    Pero cuando se siente en la mejilla
Todo rubor de un pueblo avergonzado,
Un solo verso queda: un brazo alzado
Que el honor a los hombre acaudilla.

    ¡Jamás! No hay hielo que esta audaz poesía
Pueda apagar, ni viento que la lleve;
¡Jamás! Porque el dolor, como la nieve,
Mantiene en fuego el corazón que enfría.

    ¡Oh niña, oh dulce niña! Tú no sabes
De esta alma rota, y desolado invierno
Del corazón: ¿qué saben del infierno
Allá en sus nidos cándidos las aves?

    Te nombro y vuelan, sin mirar que el ala
Tienen del mal de nuestro pueblo herida,
Los mejores recuerdos de mi vida,

Cual corderos que van a su zagala.

Como el café que crece en nuestras lomas,
Da para ti su flor el pensamiento
Blanca y serena: en ti la patria siento;
Vuelven por ti a ser blancas las palomas.

☆

En tus ojos tristísimos se queja
Con virginal dolor mi tierra armada,
Cual suspira un a pobre encarcelada
Por aire y luz tras su implacable reja.

Yo he visto en ojos de hombre arder el fuego
De la sagrada cólera de Cristo;
Vi el amor, y la luz; mas nunca he visto
Una mirada tan igual a un ruego.

¡Una luz parecida a la esperanza
En tus piadosos ojos resplandece,
Y lo que más tus ojos embellece
Es que mi patria es bella todavía.

Me ha dicho que, de lágrimas cargado
De los que te queremos, el aleve
Mar va a llevarte lejos de la nieve,
En silencio, en silencio enamorado.

Yo no sé si el misterio de las almas
Sube, cual himno muerto, al aire vago,
Ni si en tanta viudez y en tanto estrago
Tienen aún penachos nuestras palmas.

Yo no sé si aun las aves hacen nido
En los árboles nuestros, ni si el cielo
Es como antes azul, y cubre el suelo
La yerba, mensajera del olvido.

Pero ¡oh niña sin ira y sin enojos!

Tú, que vas a saber cómo es la aurora,
¡Lleva a mi tierra, donde se odia y llora,
La sublime piedad que hay en tus ojos!

New York, 5 de enero de 1887.

A ANA RITA TRUJILLO

En una elegante caja
Me manda un buen corazón,
El sagrado pabellón
Que quiero para mortaja.

Nunca el rojo más hermoso
Fué en nuestra bandera bella:
Nunca más blanca la estrella:
Nunca el azul más piadoso.

¿Es un premio? ¿Es una cita
Para el cielo? No merezco
El premio! pero ofrezco
Ir a la cita, Ana Rita!.

9 de octubre de 1893.

A MELITINA ASPEITIA

No sé, Melitina hermana,
que en este mundo haya cosa
como la mañana hermosa
en una selva cubana.

Primero es perla dormida
que va despertando al coro,
y luego la perla es oro,
y luego fragua encendida.

Prenden el cielo cambiante
vivas llamaradas rojas;
el Sol, por entre las hojas,
reluce como un diamante.

Mas calla de pronto, calla
la Naturaleza toda;
cesa con susto de boda
la magnífica batalla.

    Y por el claro horizonte,
y por la pálida tierra,
vibra, cual canto de guerra,
la voz del clarín del monte...

    Selva es mi Cuba, arropada
entre tristísimos velos;
selva que ya en los cielos
la luz de la madrugada.

    Y tú, Melitina mía,
con tu voz dulce y sonora,
eres el clarín de aurora
de nuestra selva sombría.

1894.

PARA CECILIA GUTIÉRREZ NÁJERA Y MAILLEFERT

    En la cuna sin par nació la airosa
Niña de honda mirada y paso leve,
Que el padre le tejió de milagrosa
Música azul y clavellín de nieve.

    Del Sol voraz y de la cumbre andina,
Con mirra nueva, el séquito de bardos
Vino a regar sobre la cuna fina
Olor de myosotis y luz de nardos.

    A las pálidas alas del arpegio,
Preso del cinto a la trenzada cuna,
Colgó liana sutil el bardo regio
De ópalo tenue y claridad de luna.

    A las trémulas manos de la ansiosa
Madre feliz, para el collar primero,

     Vertió el bardo creador pudorosa
Perla y el iris de su ideal joyero.

     De su menudo y fúlgido palacio
Surgió la niña mística, cual sube,
Blanca y azul, por el solemne espacio,
Lleno el seno de lágrimas, la nube.

     Verdes los ojos son de la hechicera
Niña, y en ellos tiembla la mirada
Cual onda virgen de la mar viajera
Presa al pasar en concha nacarada.

     Fina y severa como el arte grave,
Alísea planta en la existencia apoya,
Y el canto tiene y la inquietud del ave,
Y su mano es el hueco de una joya.

     Niña: si el mundo infiel al bardo airoso
Las magias roba con que orió tu cuna,
Tú le ornarás de nuevo el milagroso
Verso de ópalo tenue y luz de luna.

México, agosto de 1894.

UN NIÑO, DE SU CARIÑO[208]

     Un niño, de su cariño,
me dio un beso tan sincero
que al morir, si acaso muero,
sentiré el beso del niño.

---

[208] Esta redondilla fue escrita por Martí en una tarjeta postal, siendo inspirada por el entonces niño Rafael Portuondo y Domenech, hijo del general Rafael Portuondo Tamayo, quien al ir Martí a despedirse de su padre para marchar a la revolución, le dio un beso en la frente. (Nota de "Trópico").

COCOLA: LA TORMENTA[209]

Cocola: la tormenta
En mí hervoroso espíritu se sienta;
Y mí espíritu, lleno
De fe inmortal, sopórtala sereno.
Cuando mí fe, perdida
En las sendas obscuras de la vida,
Ingrata, me abandone,
Siempre en tu hogar habrá quien me perdone.
Mas no habré de perderla,
Gallarda niña, enamorada perla:
Cuando me halle el honor flojo y cansado,
Veré a tu hogar, donde obligado dejo
El alma amante, y en tan claro espejo
Fuerza hallaré para vivir honrado!

¡Oh niña, en cuerpo y alma
Al bien ardiente, y a los ojos bella:
Nunca hasta ver tu hogar, supe la calma
Que se goza en el seno de una estrella!
1896

DORMIDA

Más que en los libros amargos
El estudio de la vida,
Pláceme en dulces letargos,
Verla dormida:—

De sus pestañas al peso
El ancho párpado entorna,
Lirio que, al sol que se torna,
Se cierra pidiendo un beso.
Y luego como fragante

Magnolia que desenvuelve
Sus blancas hojas, revuelve,
El tenue encaje flotante:—

De mí capricho al vagar
Imagínala mí Amor,
Una Venus del pudor
Surgiendo de un nuevo mar!

Cuando la lámpara vaga

---

[209] Según la Sra. Cocola Fernández del Castillo, esta poesía se la dedicó Martí al salir para los campos de la revolución (Ídem. Id.)

En este templo de amores,
Con sus blandos resplandores
Más, que la alumbra, la halaga;

   Cuando la ropa ligera
Sobre su cutis rosado,
Ondula como el alado
Pabellón de Primavera;

 Cuando su seno desnudo,
Indefenso, a mí respeto
Pone más valla que el peto
De bravo guerrero rudo;

   Siento que puede el amor,
Dormida y desnuda al verla,
Dejar perla a la que es perla,
Dejar flor a la que es flor;—

   Sobre sus labios podría
Los labios míos posar,
Y en su seno reclinar
La pobre cabeza mía,—

   Y con mí aliento volver
Mariposa a la crisálida;
Y a la clara rosa pálida
Animar y enrojecer.

   Pero aquí, desde la sombra
Donde amante la contemplo,
Manchar no quiero del templo
Con paso impuro la alfombra.

   Al acercarme, en ligera
Procesión avergonzado,
No volaría el alado

Pabellón de primavera?

   Al reflejarme el espejo,
Que la copia entre albas hojas,
Negras las tornara y rojas
De la lámpara al reflejo!

   Dicen que suele volar
Por los espacios perdida
El alma, y en otra vida
Sus alas puras bañar;

   Dicen que vuelve a venir
A su cuerpo con la Aurora,
Para volver — la traidora!—
Con cada noche a partir,

   Y si su espíritu en leda
Beatitud los cielos hiende,
De esa mujer que se extiende
Bella ante mí ¿qué me queda?

   Blanco cuerpo, línea fría,
Molde hueco, vaso roto,
Y viajera por lo ignoto
La luz que los encendía!

Y ¿a mí que tanto te quiero,
Delicada peregrina,
Turbar la marcha divina
De tu espíritu viajero?—

¡Duerme entre tus blancas galas!
¡Duerme, mariposa mía!
Vuela bien: — mi mano impía
No irá a cortarte las alas!

1878.

NOCHE DE BAILE

¡Magníficos espejos
Que vieron mozos los copian viejos!—
¡Espléndidos tapices
Hechos de antaño a proteger deslices!—
¡Doradas cornucopias—
Del salón secular al tapar propias!
¡Severos sitiales
Sustento y marco ayer de épocas reales!—
Solos los dos:
    — Él viene
       — Escucha
          — Luego!
— Quema tu beso!
     — Vuélveme mi fuego!—
Y se lo vuelve!—Y el espejo sabio
No del marido reflejó el agravio
Que de otra dama aspira se cortejo
En cercano salón: ¡ley del espejo!—
☆
En tanto, cual de espumas
Hijo de Venus, el Amor alado
Surgiera en concha de azuladas brumas
Por invisible geniecillo alzado,
Y moviendo los pálidos corales

Clamara por lo senos maternales,—
Un niño se despierta
En la alcoba magnífica desierta.

¡Niño que sufre, me parece mío!
Labio sin leche, rosa sin rocío!—
   Como espuma agitada
Revuelve el lecho aquella rosa alada;
En la cortina azul, en urna añeja
Su última luz la lámpara refleja:—
   Allí vieron los ojos
Lúgubres sombras entre tonos rojos,—
Y el niño, al fin, desesperado llora,
Y allá, junto al espejo, se oye: "Ahora!"

28 de noviembre.

Y TE BUSQUÉ...

   Y te busqué por pueblos,
Y te busqué en las nubes,
Y para hallar tu alma,
Muchos lirios abrí, lirios azules.

   Y los tristes llorando me dijeron:
— ¡Oh, qué dolor tan vivo!
Que tu alma ha mucho tiempo que vivía
En un lirio amarillo!—

   Mas dime— ¿cómo ha sido?
¿Yo mi alma en mi pecho no tenía?
Ayer te he conocido,
Y el alma que aquí tengo no es la mía.

BAILE AGITADO

En esta sala vacía
Hubo fiesta y gala anoche,
Y en la puerta, mucho coche,
Y en todo, grande alegría...
¿Qué es esto? De encajería
Fina está todo bordado:
Es un pañuelo manchado
De sangre con gruesas gotas:
Cuando así a los labios brotas,
Corazón, cuán lastimado!—

¿Y esto? Labor...
No era la dama sencilla:
Es olvidada varilla
De un destrozado abanico.
Aun cruje el paisaje rico:
Aun estalla la crujiente
Seda, por la mano ardiente
De una celosa oprimida,
Que la quebró, como a erguida
Caña, la airada rompiente.

¿Y esto? Como sierpes muertas
Acá y acullá se tienden,
Bajo las sillas se extienden,
Y asoman bajo las puertas;
Estos rastros, estas yertas
Muestras ya descoloridas
De miserias escondidas
Entre celajes azules,
¿Son restos de encaje y tules,
O son, ay!, alas caídas!—

¿Y esto? En mesilla apartada
De la antesala lujosa,
Descansa en fuente preciosa
La champaña evaporada:
Dos copas, de regalada
Labor, de cristalerías
Joya y espejo, allí frías
Posan, y turbias, y mudas:
¿Qué son? Pues no caben dudas:
Ay! Son dos copas vacías!

¿Y esto? Perniles roídos,
Y servilletas manchadas,
Y frutas medio gustadas,
Y ramilletes perdidos.
Rizos y bucles caídos,
Broches, lazos, alfileres;
Todos los ricos enseres!
Todo el polvo de los hombros!
Todo postre, todo escombros
Del honor de las mujeres!—

GUANTES AZULES

I

Se me ha entrado por el alma
Una banda de palomas:
Me ha crecido y sale afuera

Un rosal lleno de rosas:
Una luna apacible se levanta
Sobre un campo poblado por las tórtolas:
Un guerrero gigante resplandece
De pie, cual fuste de oro, entre las momias;
Me parece que sube por el cielo
La madreselva que tu cuarto aroma.

II
   Calla, apaga la luz, deja que suba
El vapor de la tierra, y se levante
En la sombra el amor de nuestras almas:
Caerán las cosas; dormirá la vida;
Sólo tú y yo, gigantes desposados,
Nos erguiremos de la tierra al cielo:
Coronarán tu frente las estrellas:
De los astros sin luz te haré un anillo.

III
   Yo llevo en las desdichas aprendida
Una ciencia callada,
Que la reposa, como una puñalada,
En las entrañas mismas de mi vida.
Yo sé de la parcial sabiduría
Con que el hombre se nutre y aconseja;
Pero yo no sabía
Lo que sabe las rosa de la abeja.

SÉ MUJER, PARA MÍ...

Sé, mujer, para mí, como paloma
    Sin ala negra
Bajo tus alas mi existencia amparo:
    ¡No la ennegrezcas!
Cuando tus pardos ojos, claros senos
    De natural grandeza,
En otro que no en mí sus rayos posan

¡Muero de pena!
Cuando miras, envuelves; cuando miras,
 Acaricias y besas:
Pues ¿cómo he de querer que a nadie mires
 Paloma de ala negra?

EN UN DULCE ESTUPOR...

En un dulce estupor soñando estaba
Con las bellezas de la tierra mía:
Fuera, el invierno lívido gemía,
Y en mi cuarto sin luz el sol brillaba.

La sombra sobre mi centelleaba
Como un diamante negro, y yo sentía
Que la frente soberbia me crecía,
Y que un águila al cielo me encumbraba.

Iba hinchando este gozo al alma oscura,
Cuando me vi de súbito estrechado
Contra el seno fatal de una hermosura:
Y al sentirme en sus brazos apretado,
Me pareció rodar desde una altura
Y rodar por la tierra despeñado.

4 de octubre

VINO EL AMOR MENTAL

Vino el amor mental: ese enfermizo
Febril, informe, falso amor primero,
¡Ansia de amar que se consagra a un rizo,
Como, si a tiempo pasa, al bravo acero!

Vino el amor social: ese alevoso
Puñal de mango de oro oculto en flores

Que donde clava, infama: ese espantoso
Amor de azar, preñado de dolores.

    Vino el amor del corazón: el vago
Y perfumado amor, que al alma asoma
Como el que en bosques duerme, eterno lago,
La que el vuelo aun no alzó, blanca paloma.

    Y la púdica lira, al beso ardiente
Blanda jamás, rebosa a esta delicia,
Como entraña de flor, que al alba siente
De la luz no tocada la caricia.

COMO ME HAS DE QUERER....

¿Cómo me has de querer? Como el animal
Que lleva en si a sus hijos.
Como el santo en el ara envuelve las lenguas de humo,
La lengua de humo oloroso del incienso,
Como la luz del Sol baña la tierra llana.
¿Que no puedes? Yo lo sé. De estrellas
Añorándome está la novia muda;
Yo en mis entrañas tallaré una rosa,
Y como quien engarza en plata una—
Mi corazón engarzaré en su seno:
Caeré a sus pies, inerme, como cae
Suelto el león, a los pies de la hermosa
Y con mi cuerpo abrigaré sus plantas
Como olmo fecundo, que aprieta
La raíz de mal; mi planta humana
Mime en plata, mi mujer de estrella
Hacia mi tenderá las ramas pias
Y me alzará, como cadáver indio,
Me tendrá expuesto al sol, y de sus brazos
Me iré perdiendo en el azul del cielo,
Pues así muero yo de ser amado!

A ADELAIDA BARALT

Ayer, linda Adelaida, en la pluviosa
Mañana, vi brillar un soberano
Árbol de luz en flor, — ¡ay! un cubano
Floral, — nave perdida en mar brumoso..

Y en sus ramas posé, como se posa,
Loco de luz y hambriento de verano,
Un viejo colibrí, sin pluma y cano
Sobre la rama de un jazmín en rosa.

¡Mas parto, el ala triste! cruzo el río,
Y hallo a mi padre audaz, nata y espejo
De ancianos de valor, enfermo y frío,
De nostalgia y de lluvia; ¿cómo dejo
Por dar, linda Adelaida, fuego al mío,
Sin fuego y solo el corazón del viejo?

[1884]

A NÉSTOR PONCE DE LEÓN

N. Y., 31 de octubre de 1889
A mi señor
Néstor Ponce De León

Viene a decirme Capriles
Que alguien dijo en Broadway
Que en mi discurso exclamé:
"¡Los anexionistas viles!"

¡Bien, y con mucha razón,
Me mandó usted el recado
De tenerme preparado
El espinudo bastón!

Miente como un zascandil
El que diga que me oyó
Por no pensar como yo
Llamar a un cubano "vil".

Viles se pueden llamar
A los que al lucir el sol
Del Diez, con el español
Fueron, temblando, a formar.

Los que al hombro los fusiles,
Negra el alma y blanco el traje,
Ayudaron al ultraje
De su patria — esos son viles.

Vil viene bien, y no menos,
Al que por la paga vil,
Mara el ánimo viril
Entre los cubanos buenos.

Pero el que duda— ¡yo no!
¡Yo no dudo!—que su tierra
Puede después de la guerra
Vivir con paz y con pro;

Al que comparte la fe—
La fe que yo no comparto—
En el cariño del parto,
Que pudo ser y no fué:

Al que piensa— ¡yo no pienso
Así!—que, en tanto desdén
Es dable un inmenso bien
Sin un sacrificio inmenso;

Al que, por odio a la guerra,
Prefiera— ¡yo no prefiero!—
El comerciante extranjero
A la virtud de su tierra.

Ese, ¡quién sabe si arguya
En vano! ¡si en la mar fía!
Pero si su tierra es mia,
También es mi tierra suya.

Y puede, de igual derecho,
En brazos de otro soñarla,
Como sueño en conquistarla
Mano a mano y pecho a pecho.

¡Qué dijera yo de aquél
De opinión diversa, si
Me llamara vil a mí
Por no opinar como él!

No quiero al mismo español,
De quien la sangre heredé
¿Y fratricida heriré
A mi hermano en pena y sol?

A mis hermanos en pena
No los he de llamar viles.
Los viles son los reptiles
Que viven de fama ajena;

Todo esto es muy simple, todo
Es que nos daban por muertos
El Diez, y al vernos despiertos
Cierran el paso con lodo.

¡Pero quisiera ver yo
Frente a frente al zascandil
Que dice que llamé vil
A mi hermano y que me oyó!

Donde no nos puedan ver
Diré a mi hermano sincero;
"¿Quieres en lecho extranjero
A tu patria, a tu mujer?"

Pero en frente del tirano
Y del extranjero en frente,
Al que lo injurie: "¡Detente!"
Le he de gritar: "¡Es mi hermano!"

En la patria de mi amor

Quisiera yo ver nacer
El pueblo que puede ser.
Sin odios y sin color.

  Quisiera, en el juego franco
Del pensamiento sin tasa,
Ver fabricando la casa
Rico y pobre, negro y blanco.

  Y cuando todas las manos
Son pocas para el afán,
¡Oh, patria, las usarán
En herirse los hermanos!

  Algo en el alma decide,
En su cólera indignada.
Que es más vil que el que degrada
A un pueblo, el que lo divide.

  ¿Quién con injurias convence?
¿Quién con epitetos labra?
Vence el amor. La palabra
Sólo cuando justa, vence,

  Si es uno el honor, los modos
Varios se habrán de juntar:
¡Con todos se ha de fundar,
Para el bienestar de todos!

Nueva York, 21 de octubre de 1889

A SERAFÍN SÁNCHEZ

  Mi señor don Serafín:
¿Con que muerto, y no sé que
Mas, y que ya piensa usted
Que mi amor llegó a su fin?

  Si lo piensa, mal pensó;
Lo que pasa, lo que sí
Es gran verdad es que aquí
"No hay mas que un muerto y soy
                    {yo"

  De tanto ver padecer
Sin ver como consolar,
Y tanto amargo llorar
Donde no lo dejo ver.

  De tanto esperar en vano
Con el corazón deshecho

Que le vuelva el alma al pecho
Al triste pueblo cubano.

  De tanto mover la pluma
Por obligación y oficio.
Sin más fruto y beneficio
Que un poco de pan y espuma.

  De tanto esforzar los bríos
Que—siguiendo el noble ejemplo
De un don Serafín, retiemblo
Más, mientras más son los fríos.

  De tanto avivar la fe
Que se muere, o que se esconde,
De tanto cuidar adonde
Nadie cuida, y nadie ve.

De tanto alzar con mis manos
Pobres, obscuras y solas,
Sobre la hiel y las olas,
Casa igual a mis cubanos.

De tanto esperar — ¡es cierto
Que lo espero cada un día!—
Que acabe al fin la agonía
En el reposo del muerto,

Me entran como temporales
De Silencio—precursor
De aquel silencio mayor
Donde todos son iguales.

Sólo para mi deber
De vivir como hombre honrado,
Tiene el brazo, fatigado
De escribir, sangre y poder.

Y luego de hacer el pan
Con el dolor cotidiano,
Muerta la pluma en la mano,
Me envuelvo en el huracán.

Dura un mes, dura dos meses
El silencio extraño, y luego
Renace, con nuevo fuego
El campo, y con nuevas mieses.

Y cada espiga del trigo
De estas penosas cosechas
Verá, quien mire a derechas:
"Don Serafín es mi amigo".

Le cuentan juntos los granos—
Juntos, en sabios letreros:
¿Para qué somos sinceros?

¿Para qué somos cubanos?

¿Para quién, en estas pascuas?
¿Para quién, en esta hiel,
Pensando en Carlos Manuel,
Compré un vapor en las pascuas?

Rojo de puro coraje,
Así me dice el vapor:
Pero mi amigo y señor,
¿Cuándo emprendemos el viaje?

Y yo pensando en la espuma
Que lleva al Cayo querido,
Por Carlos Manuel vencido,
Vuelvo la vista a la pluma.

Adiós. El vapor irá
En la semana que viene:
Ya lo tiene, ya lo tiene
Un amigo que se va.

Y de mí le he de decir
Que en seguirlo, sereno,
Sin miedo al rayo ni al trueno
Elaboro el porvenir.

Febrero 31 de 1895

VIEJO DE LA BARBA BLANCA

Viejo de la barba blanca
Que contemplándome estás
Desde tu marco de bronce
En mi mesa de pensar:
Ya te escucho, ya te escucho:
Hijo más, un poco más:

Piensa en mi barba de plata,
Fue del mucho trabajar:
Piensa en mis ojos serenos
Fue de no ver nunca atrás:
Piensa en el bien de mi muerte
Que lo gané con luchar.
Piensa en el bien de[210]
Que lo gané con penar.
Yo no fui de esos ruines
Viejos turbios, que verás
Hartos de logros impuros
Perecer sin[211]
Cual el monte aquel ha sido
Que ya no veré jamás
Azul en lo junto a tierra
No: yo pasé por la vida
Mansamente,[212]
Como los montes he sido.

Vamos, pues, yo voy contigo—
Ya sé que muriendo vas:
Pero el pensar en la muerte
Ya es ser cobarde! A pensar,
Hijo, en el bien de los hombres,
Que así no te cansarás!
El llanto a la espalda: el llanto
Donde no te vean llorar:
¿Hay tanta lágrima afuera,
Y vienes a darnos más?
Marino que ha[213]

Cuando lo ve zozobrar.
Quejarse es un crimen, hijo:
Calla: [214] un poco más!—

La barba muerta me tiembla
Hijo, de verte temblar.
Recojo el cuerpo deshecho,
Cierro los labios amargos.
...................................[215]

---

[210] Palabra ininteligible.
[211] Ídem
[212] Hay dos palabras ininteligibles.
[213] Ídem.
[214] Ídem.
[215] Falta una línea que debe cerrar el verso

YO CALLARE...[216]

II
    Yo callaré: Yo callaré: que nadie
Sepa que vivo: que mi patria nunca
Sepa que en soledad muero por ella!
Si me llaman, iré: yo sólo vivo
Porque espero a servirla: así, muriendo,
La sirvo yo mejor que husmeando el modo
De ponerla a los pies del extranjero.

III
    Los héroes a caballo
del enemigo arzón todo al cautivo:
    Las viudas en los templos
los santos magistrados
ganaban cantando con qué
Sostener a los hijos de los héroes;—
Infame es quién lo olvida, y más infame.
Quien da su patria al extranjero.

    Mi padre era español: ¡era su gloria
Los Domingos, vestir sus hijos.
Pelear, bueno: no tienes que pelear, mejor:
Aun por el derecho, es un pecado
Verter sangre, y se ha de
Hallar al fin el modo de evitarlo. Pero, sino
Santo sencillo de la barba blanca.
Ni a sangre inútil llama a tu hijo,
Ni servirá en su patria al extranjero:
Mi padre fué español: era su gloria,
Rendida la semana, irse el domingo,
Conmigo de la mano.

---

[216] De estos versos no fue hallada la parte primera.

LLUVIA DE JUNIO

De este junio lluvioso al dulce frío
Quisiera yo morir: ¡ya junio acaba!
Morir también en mayo amable quise,
Cuando acababa mayo. Saborea
Su dulce el niño, y con igual regalo
En noches solas y febriles días,
Cual ardilla ladrona a ocultas mimo
El pensamiento de morir. Del libro
Huyen los ojos ya, buscando en lo alto
Otro libro mayor: pero no quiero
Ni en tierra esclava reposar, ni en ésta
Tierra en que no nací: la lluvia misma
Azote me parece, y extranjeros
Sus árboles me son: Sí, me conmueve
Mi horror al frío: ¡oh patria así
Como mi corazón, mi cuerpo es tuyo!

A ENRIQUE GUARP
En su beneficio[217]

El genio es la encendida
Llama que en el poeta estrellas brota,
Y da a las sombras en el lienzo vida,
Y el alma en los espacios adormida
Forma de un sueño; timbre de una nota.
Es ráfaga brillante
Que ilumina de súbito y esplende;
Libertad, presunción, todo lo amante,
Redime, alumbre, prende:
Es lo eterno gigante
Encargado en el hombre en un instante

---

[217] Estos versos fueron dedicados por Martí al actor y director español, residente en México, Enrique Guasp, siendo leídos en la función celebrada a beneficio de éste en aquella capital el 26 de enero 1876.

En que del alto cielo se desprende.

¡Y en el proscenio, cuánto
El genio acrece! cuando airado estalla,
Cuando abre en nuestro amor fuentes de llanto,
Cuando empeña batalla
Entre el pálido crimen y el divino
Perdón — allí concluye lo mezquino,
Y el genio hermoso claridad derrama;
Y ora con Sancho desgarrado implore,
Ora mate Maurel, ora devore
Al fiero Hamlet vengativa llama,
Se llora ¡siempre es bueno que se llore!
Se sufre ¡así se ama!

Y en público y actor el mismo fuego
En las venas la sangre precipita:
Hermanos forja el entusiasmo ciego:
Con el actor el público se agita:
Elévanse a la altura
Aromas del espíritu escondido,
Ora en vapor de lágrimas, o en dura
Reconvención que el cielo ha merecido,
O en lazo suave de aromosas flores,
Cendal de sueños, y collar de amores;
Con ellas quiere el que en felice día
Vio por tu genio su creación realzada,
Ornar la frente que dejó Talía
Con hojas de laureles coronada.
Desciña el Hamlet inmortal la torva
Corona de dolor, que en triste empleo
Hacia la tierra su cabeza encorva:
De si desprenda el funerario arreo;
Preste el verde laurel cuello obediente,
Y del mérito y lauro el himeneo
Publique aquí la coronada frente.

México, 26 de enero de 1876.

RIMAS[218]

I

¡Oh, mi vida que en la cumbre
del Ajusco hogar buscó
y tan fría se moría
que en la cumbre halló calor!

¡Oh los ojos de la virgen
que me vieron una vez
y mi vida estremecida
en la cumbre volvió a arder!

II

Entró la niña en el bosque
del brazo de su galán,
y se oyó un beso, otro beso,
y no se oyó nada más.

Una hora en el bosque estuvo,
Salió al fin su galán:
Y después no se oyó mas.

III

En la falda del Turquino
la esmeralda del camino
los incita a descansar;
el amante campesino
en la falda del Turquino
canta bien y sabe amar.

Guajirilla ruborosa,
La mejilla tinta en rosa
Bien pudiera denunciar
Que en la plática sabrosa,
Guajirilla ruborosa,
Callar fué mejor que hablar.

IV

Allá en la sombría,
solemne alameda,
un ruido que pasa,
una hoja que rueda,
parece al malvado
gigante que alzado
el brazo le estruja,
la mano le oprime,
el cuello la estrecha,
y el alma le pide,
y es ruido que pasa
y es hoja que rueda;
allá en la sombría,
callada, vacía,
solemne alameda...

V

— ¡Un beso!
— ¡Espera!
   Aquel día
Al despedirse se amaron.
— ¡Un beso!
—¡Toma
   Aquel día
al despedirse lloraron.

VI

La del pañuelo de rosa,
la de los ojos muy negros,

---

[218] Estas Rimas fueron publicadas inicialmente por Rubén Darío, en un articulo que escribió el poeta a la muerte de Martí.

no hay negro como tus ojos
ni rosa cual tu pañuelo.

La de promesa vendida,
la de los ojos tan negros,
más negros son que tus ojos
las promesas de tu pecho.

JUGUETE[219]

De tela blanca y rosada
tiene Rosa un delantal,
y a la margen de la puerta,
casi casi en el umbral,
un rosal de rosas blancas
y de rojas un rosal.

Una hermana tiene Rosa
que tres años besó abril,
y le piden rojas flores
y la niña va al pensil,
y al rosal de rosas blancas
blancas rosas va a pedir.

Y esta hermana caprichosa
que a las rosas nunca va,
cuando Rosa juega y vuelve
en el juego el delantal,
si ve el blanco abraza a Rosa,
si ve el rojo de en llorar.

Y si pasa caprichosa
por delante del rosal
flores blancas pone a Rosa
en el blanco delantal.

---

[219] Estos versos también aparecen en el aludido artículo de Rubén Darío.

EPÍLOGO

Ricardo Rafael Sardiña, ha escrito un libro claro, translúcido, que va ordenando el espíritu a medida que la lectura avanza. Sería posible desmontar sus párrafos, sus capítulos y hasta sus predicados y sujetos. No hay una sola pieza que desentone, ni un concepto que falle, ni un adjetivo que emita un chirrido. Martí lo llamaría diáfano lanzándole igual piropo al jazmín de Malabar: «...todo cuajado de esencias.»

Mario Parajón[220]

---

[220] Doctor Mario Parajón, escritor y crítico cubano, Ex-Jefe de la Cátedra de Historia de la Filosofía de la Universidad Pontificia de Comillas.

BIBLIOGRAFÍA

BIOGRAFÍAS DE JOSÉ MARTÍ

Hernández Catá, Alfonzo. "Mitología de Martí". Madrid: Renacimiento, 1929
Lizaso, Féliz. Martí, "Martyr of Cuban Independence". Trans. Esther E. Shuler. Alburquerque: University of New Mexico Press, 1953.
Mañach, Jorge. "Martí: Apostle of Freedom." Trans. Coley Taylor. New York: Devin-Adair, 1950.
Márquez Sterling, Carlos. "Martí, maestro y apóstol". La Habana: Seoane, Fernández y Cia., 1942.
Márquez Sterling, Carlos, "Martí, Ciudadano de América". New York: Las Américas Publishing Company, 1965.
Méndez, M. Isidro. "José Martí: estudio biográfico". Madrid: Agence mondiale de libraire, 1925.
Quesada y Miranda, Gonzalo de. "Anecdotario martiano, nuevas facetas de Martí". La Habana: Seoane, Fernández y Cia., 1940.

LIBROS

Adams, Nicholson B., John E. Keller, John M. Fein y Elizabeth R. Daniel. "Hispanoamérica en su Literatura" New York: W.W: Norton and Co., 1965.
Andrian, Gustave W. "Modern Spanish Prose and Poetry" New York: The McMillan Company, 1964.
Bécquer, Gustavo A. "Obras de Gustavo A. Bécquer." Madrid: Ediciones Mateu, 1911.
Brady, Agnes Marie. "Historia de la Cultura Hispanoamericana". New York: The MacMillan Company, 1966.
Campillo, Narciso. "Literatura Preceptiva". Madrid: Librería de los Sucesores de Hernando, 1912.
Castro, Rosalía. "Obra Poética". Madrid: Espasa-Calpe S.A., 1943.
Coleman, Sarah E. "An Outline of Spanish Literature". New York: The Thrift Press, 1936.

Crawford, Bartholov V., Alexander C. Kern y Morris H. Needleman. "An Outline of American Literature". New York: Barnes and Noble, Inc., 1945.
Cruz, Sor Juana Inés de la. "Obras Escogidas". México: Editorial Cultura, 1928.
Darío, Rubén. "Poesías Completas". Madrid: Aguilar, 1961.
Englekirk, John E., Irving A. Leonard, John T. Reid, y John A. Crow. "An Outline History of Spanish American Literature". New York: Appleton-Century-Crofts, 1965.
Florit, Eugenio. "José Martí, Versos". New York: Las Américas Publishing Company, 1962.
Henriquez Urena, Pedro. "Tablas Cronológicas de la Literatura Española". Boston: D.C. Heath and Co. Publishers, 1920.
Gray, Richard Butler. "José Martí, Cuban Patriot". Gainesville: University of Florida Press, 1962.
Martí, José. "Obras Completas". Caracas: Litho-Tip C.A., 1964.
Menéndez Pidal, R. "Obras Completas". Madrid : Espasa-Calpe, S.A:, 1953.
Ortega y Gasset, José. "Sus Mejores Páginas." New Jersey: Prentice-Hall, Inc., 1966.
Pattee, Richard. "Introducción a la Civilización Hispanoamericana". Boston: C.C. Heath and Co. Publishers, 1948.
Pumarega, Manuel. "Frases Célebres de Hombres Célebres". México: Cia. General de Ediciones, S.A., 1961.
Ragucci, Rodolfo M. "El Habla de mi Tierra. Buenos Aires": Editorial Don Bosco, 1967.
Ragucci, Rodolfo M. "Escritores de Hispanoamérica". Buenos Aires: Libreria Don Bosco, 1958.
Salinas, Pedro. "La Poesía de Rubén Darío". Buenos Aires: Editorial Losada, S.A., 1948.
Sánchez, Luis Alberto. "Historia de la Literatura Americana". Santiago de Chile: Ediciones Ercilla, 1940.
Torres Rioseco, Arturo. "Precursores del Modernismo". New York: Las Americas Publishing Company, 1963.
Valera, Juan. "Obras de Juan Valera". Madrid: Imprenta M. Tello, 1890.
Valera, Juan. "Obras Completas". Madrid: Aguilar, 1961.

ANTOLOGÍAS

Andeson Imbert, Enrique y Eugenio Florit. "Literatura Hispanoamericana. Antología e Introducción Histórica". New York: Holt, Rinehart and Winston, Inc., 1960.
Coaster, Alfred. An Anthology of the Modernista Movement in Spanish America. Boston Ginn and Company, 1924-
Díaz Plaja, Fernando. Antología del Romanticismo Español. New York: McGraw-Hill Book Company, 1968.
Góngora, Luis de. "Antología". Buenos Aires: Espasa-Calpe S.A., 1943.
Gullón, Ricardo y George D, Schade. "Literatura Española Contemporanea. Antología, Introducción, y Notas". New York: Charles Scribner's Sons, 1965.
Hernan Hespelt, E., Irving A. Leonard, John T. Reid, John A. Crow, y John E. Englekirk. "An Anthology of Spanish American Literature". New York: Appleton-Century-Crofts, Inc. 1946.
Río, Angel del, y Amelia A de del Río. "Antología General de la Literatura Española." New York: Holt, Rinehart and Winston, 1960.
Ragucci, Rodolfo M. Cumbres del Idioma. Síntesis y Antología. Buenos Aires: Editorial Don Bosco, 1963.
Ragucci, Rodolfo M. "Manual de Literatura Española., Exposición y Antología." Buenos Aires: Editorial Don Bosco, 1947.
Torres Rioseco, Arturo. "Antología de la Literatura Hispanoamericana." New York: F.S. Crofts and Co., 1939.

DICCIONARIOS

Castro, Lilia. "Diccionario del Pensamiento de José Martí". La Habana: Editorial Selecta Librería, 1953.

OBRAS

Quintana, Jorge. "José Martí, Obras Completas, Cronología Biobibliográfica". 5 Volúmenes. Caracas: Litho-Tip C.A., 1964.

Última fotografía de José Martí, junto a Manuelito Mantilla, el hermano de María, en Nueva York, poco antes de embarcar hacia Cuba.

ÍNDICE DE POESÍAS

FLORES DEL DESTIERRO 193
    A BORDO 207
    ABRIL 212
    AL EXTRANJERO 205
    ANTES DE TRABAJAR 202
    BIEN VENGAS... 207
    BIEN: YO RESPETO... 214
    CONTRA EL VERSO RETÓRICO Y ORNADO 200
    CUAL DE INCENSARIO ROTO... 201
    DIOS LAS MALDIGA!... 205
    DOMINGO TRISTE 204
    DOS PATRIAS 203
    EN UN CAMPO FLORIDO... 208
    ENVILECE, DEVORA... 209
    HERVOR DE ESPÍRITU 212
    OH, NAVE.... 206
    PATRIA EN LAS FLORES 209
    QUIEREN; OH MI DOLOR!... 214
    SEÑOR: EN VANO INTENTO 209
    SIEMPRE QUE HUNDO LA MENTE EN LIBROS GRAVES 215
    TÁLAMO Y CUNA 207
    TIENES EL DON... 213
ISMAELILLO 87
    AMOR ERRANTE 95
    BRAZOS FRAGANTES 90
    HIJO DEL ALMA 94
    MI CABALLERO 90
    MI DESPENSERO 100
    MI REYECILLO 93
    MUSA TRAVIESA 91
    PENACHOS VÍVIDOS 94
    PRÍNCIPE ENANO 89
    ROSILLA NUEVA 100
    SOBRE MI HOMBRO 96
    SUEÑO DESPIERTO 90
    TÁBANOS FIEROS 96

TÓRTOLA BLANCA 99
VALLE LOZANO 99
LA EDAD DE ORO 161
    CADA UNO A SU OFICIO 163
    DOS MILAGROS 163
    LA PERLA DE LA MORA 164
    LOS DOS PRÍNCIPES 164
    LOS ZAPATICOS DE ROSA 165
VERSOS LIBRES
    A LOS ESPACIOS... 136
    A MI ALMA 110
    ACADÉMICA 107
    AGUILA BLANCA 126
    AL BUEN PEDRO 110
    AMOR DE CIUDAD GRANDE 127
    ÁRBOL DE MI ALMA 143
    ASTRO PURO 134
    BANQUETE DE TIRANOS 141
    CANTO DE OTOÑO 114
    CANTO RELIGIOSO 152
    CON LETRAS DE ASTROS 149
    COPA CICLÓPEA 119
    COPA CON ALAS 143
    CRÍN HIRSUTA 136
    CUENTAN QUE ANTAÑO... 151
    EL PADRE SUIZO 117
    EN TORNO AL MÁRMOL ROJO... 153
    ESTROFA NUEVA 130
    FLOR DE HIELO 146
    FLORES DEL CIELO 118
    HE VIVIDO: ME HE MUERTO... 129
    HIERRO 111
    HOMAGNO 122
    ISLA FAMOSA 124
    LA POESÍA ES SAGRADA... 151
    LUZ DE LUNA 144
    MANTILLA ANDALUZA 137
    MEDIA NOCHE 121

ÍNDICE DE POESÍAS

- MI POESÍA 157
- MIS VERSOS VAN REVUELTOS... 149
- MUJERES 132
- NOCHE DE MAYO 141
- ODIO EL MAR 139
- POETA 138
- POÉTICA 150
- POMONA 120
- PÓRTICO 137
- SED DE BELLEZA 125
- YUGO Y ESTRELLA 123
- ¡NO, MÚSICA TENAZ, ME HABLES DEL CIELO! 153
- ¡OH, MARGARITA! 126

VERSOS SENCILLOS 175
- AQUÍ ESTÁ EL PECHO, MUJER, ... 189
- AYER LA VI EN EL SALÓN 185
- CUANDO ME VINO EL HONOR 190
- CULTIVO UNA ROSA BLANCA, ... 189
- DE MÍ DESDICHA ESPANTOSA 188
- ¿DEL TIRANO? DEL TIRANO 189
- EL ALFILER DE EVA LOCA 184
- EL ALMA TRÉMULA Y SOLA 182
- EL ENEMIGO BRUTAL 186
- EL RAYO SURCA, SANGRIENTO, ... 187
- EN EL AFÉIZAR CALADO 184
- EN EL BOTE IBA REMANDO 183
- EN EL EXTRAÑO BAZAR 190
- EN EL NEGRO CALLEJÓN 188
- ES RUBIA: EL CABELLO SUELTO 184
- ESTOY EN EL BAILE EXTRAÑO 185
- LA IMAGEN DEL REY, POR LEY 187
- MI AMOR DEL AIRE SE AZORA; 185
- MUCHO, SEÑORA, DARÍA 190
- ODIO LA MÁSCARA Y VICIO 178
- PARA ARAGÓN, EN ESPAÑA, ... 180
- PARA MODELO DE UN DIOS 187
- ¡PENAS! QUIÉN OSA DECIR 188
- PINTA MI AMIGO EL PINTOR 189

```
    POR DONDE ABUNDA LA MALVA ........................ 183
    POR LA TUMBA DEL CORTIJO ............................. 187
    POR TUS OJOS ENCENDIDOS ............................. 185
    ¿QUÉ IMPORTA QUE TU PUÑAL ......................... 189
    QUIERO, A LA SOMBRA DE UN ALA, .................... 181
    SÉ DE UN PINTOR ATREVIDO .............................. 186
    SI QUIEREN QUE DE ESTE MUNDO ..................... 180
    SI VES UN MONTE DE ESPUMAS, ........................ 179
    SUEÑO CON CLAUSTROS DE MÁRMOL ................ 191
    TIENE EL LEOPARDO UN ABRIGO ....................... 190
    VIERTE, CORAZÓN, TU PENA ............................. 191
    VINO EL MÉDICO AMARILLO ............................. 183
    YA SÉ: DE CARNE SE PUEDE .............................. 189
    YO NO PUEDO OLVIDAR NUNCA ........................ 183
    YO PIENSO, CUANDO ME ALEGRO ..................... 186
    YO QUE VIVO, AUNQUE ME HE MUERTO, ........... 186
    YO QUIERO SALIR DEL MUNDO .......................... 185
    YO SÉ DE EGIPTO Y NIGRICIA, .......................... 178
    YO SOY UN HOMBRE SINCERO ........................... 177
    YO TENGO UN AMIGO MUERTO ......................... 181
    YO TENGO UN PAJE MUY FIEL ........................... 182
    YO VISITARÉ ANHELANTE ................................. 179
VERSOS VARIOS ................................................... 221
    A ADELAIDA BARALT ....................................... 288
    A ANA RITA TRUJILLO ..................................... 277
    A EMMA ........................................................... 262
    A ENRIQUE GUARP ........................................... 294
    A LEONOR GARCÍA VELEZ ................................ 274
    A MARÍA LUISA PONCE DE LEÓN ...................... 275
    A MELITINA ASPEITIA ..................................... 277
    A MI MADRE .................................................... 222
    A MICAELA ...................................................... 222
    A MIS HERMANOS MUERTOS ............................ 227
    A MIS HERMANOS MUERTOS EL 27 DE NOVIEMBRE ........ 227
    A NÉSTOR PONCE DE LEÓN .............................. 288
    A ROSARIO ACUÑA ........................................... 255
    A SERAFÍN SÁNCHEZ ........................................ 290
    AVES INQUIETAS .............................................. 254
```

ÍNDICE DE POESÍAS

BAILE AGITADO	284
BRIGADA — 113	224
CARTA DE ESPAÑA	251
COCOLA: LA TORMENTA	280
COMO ME HAS DE QUERER....	287
CON LA PRIMAVERA	261
CUBA NOS UNE...	268
DESDE LA CRUZ	272
DOLORA GRIEGA	260
DORMIDA	280
EN ESTAS PÁLIDAS TIERRAS...	261
EN UN DULCE ESTUPOR...	286
FLOR BLANCA	243
GUANTES AZULES	284
JUGUETE	297
LA VÍ AYER, LA VÍ HOY	247
LLUVIA DE JUNIO	294
MARÍA	263
MI TOJOSA ADORMECIDA	267
MIS PADRES DUERMEN...	234
MUERTO	238
NI LA ENAMORA YO	269
NOCHE DE BAILE	282
PARA CECILIA GUTIÉRREZ NÁJERA Y MAILLEFERT	278
RIMAS	296
ROSARIO	269
SÉ MUJER, PARA MÍ...	285
SIN AMORES	241
UN NIÑO, DE SU CARIÑO	279
VIEJO DE LA BARBA BLANCA	291
VINO EL AMOR MENTAL	286
VIRGEN MARÍA	226
Y TE BUSQUÉ...	283
¡10 DE OCTUBRE!	223
¡MADRE MÍA!	224

Autorretrato de Martí: El original sólo mide dos centímetros de alto.
En la misma hoja hay otros dibujos suyos y la frase *Por América*,
repetida varias veces.

OTROS LIBROS PUBLICADOS POR EDICIONES UNIVERSAL EN LA COLECCIÓN CLÁSICOS CUBANOS:

011-9	①	ESPEJO DE PACIENCIA, Silvestre de Balboa (Edición de Ángel Aparicio Laurencio)
012-7	②	POESÍAS COMPLETAS, José María Heredia (Edición de Ángel Aparicio Laurencio)
026-7	③	DIARIO DE UN MÁRTIR Y OTROS POEMAS, Juan Clemente Zenea (Edición de Ángel Aparicio Laurencio)
028-3	④	LA EDAD DE ORO, José Martí (Introducción de Humberto J. Peña)
031-3	⑤	ANTOLOGÍA DE LA POESÍA RELIGIOSA DE LA AVELLANEDA, Florinda Álzaga & Ana Rosa Núñez (Ed.)
054-2	⑥	SELECTED POEMS OF JOSÉ MARÍA HEREDIA IN ENGLISH TRANSLATION, José María Heredia (Edición de Ángel Aparicio Laurencio)
140-9	⑦	TRABAJOS DESCONOCIDOS Y OLVIDADOS DE JOSÉ MARÍA HEREDIA, Ángel Aparicio Laurencio (Ed.)
0550-9	⑧	CONTRABANDO, Enrique Serpa (Edición de Néstor Moreno)
3090-9	⑨	ENSAYO DE DICCIONARIO DEL PENSAMIENTO VIVO DE LA AVELLANEDA, Florinda Álzaga & Ana Rosa Núñez (Ed.)
0286-5	⑩	CECILIA VALDÉS, Cirilo Villaverde (Introducción de Ana Velilla) /coedición Edit. Vosgos)
324-X	(11)	LAS MEJORES ESTAMPAS DE ELADIO SECADES
878-0	(12)	CUCALAMBÉ (DÉCIMAS CUBANAS), Juan C. Nápoles Fajardo (Introducción y estudio por Luis Mario)
482-3	(13)	EL PAN DE LOS MUERTOS, Enrique Labrador Ruiz
581-1	(14)	CARTAS A LA CARTE, Enrique Labrador Ruiz (Edición de Juana Rosa Pita)
669-9	(15)	HOMENAJE A DULCE MARÍA LOYNAZ. Edición de Ana Rosa Núñez
678-8	(16)	EPITAFIOS, IMITACIÓN, AFORISMOS, Severo Sarduy (Ilustrado por Ramón Alejandro. Estudios por Concepción T. Alzola y Gladys Zaldívar)
688-5	(17)	POESÍAS COMPLETAS Y PEQUEÑOS POEMAS EN PROSA EN ORDEN CRONOLÓGICO DE JULIÁN DEL CASAL. Edición y crítica de Esperanza Figueroa
722-9	(18)	VISTA DE AMANECER EN EL TRÓPICO, Guillermo Cabrera Infante
881-0	(19)	FUERA DEL JUEGO, Heberto Padilla (Edición conmemorativa 1968-1998)
906-X	(20)	MARTÍ EL POETA (Poesías completas), Ricardo R. Sardiña Ed.

COLECCIÓN FORMACIÓN MARTIANA:

059-3	SINFONÍA MARTIANA (biografía en verso de J. Martí), Hernando D'Aquino	
112-3	TEMAS E IMÁGENES EN LOS VERSOS SENCILLOS DE JOSÉ MARTÍ, Gastón J. Fernández	
146-8	MARTÍ Y LA FILOSOFÍA, Wifredo Fernández	
154-9	DE CARA AL SOL (los últimos momentos del Apóstol José Martí), Jorge A. de Castroverde	
242-1	IDEA, SENTIMIENTO Y SENSIBILIDAD DE JOSÉ MARTÍ, Humberto Piñera Llera	
266-9	LOS VERSOS SENCILLOS DE JOSÉ MARTÍ, J. Alberto Hernández Chiroldes	
319-3	MARTÍ EN LOS CAMPOS DE CUBA LIBRE, Rafael Lubián y Arias	
333-9	POESÍAS, José Martí	
353-3	LA GUERRA DE MARTÍ (La lucha de los cubanos por la independencia), Pedro Roig	
354-1	EN LA REVOLUCIÓN DE MARTÍ, Rafael Lubián y Arias	
361-4	EL MAGNETISMO DE JOSÉ MARTÍ, Fidel Aguirre	
417-3	MARTÍ CONSPIRADOR, Eladio Alvarez Ruiz & José Albuerne Rivera	
517-X	TRES VISIONES DEL AMOR EN LA OBRA DE JOSÉ MARTÍ, Louis Pujol	
771-7	MAR DE ESPUMA (Martí y la literatura infantil), Eduardo Lolo	
889-6	LA MUJER EN MARTÍ, Onilda A. Jiménez	

COLECCIÓN ANTOLOGÍAS:

252	POESÍA CUBANA CONTEMPORÁNEA, Humberto López Morales (Ed.)	
3361-4	NARRADORES CUBANOS DE HOY, Julio E. Hernández-Miyares (Ed.)	
4612-0	ANTOLOGÍA DEL COSTUMBRISMO EN CUBA, H. Ruiz del Vizo (Ed.)	
6424-2	ALMA Y CORAZÓN (antología de poetisas hispanoamericanas), Catherine Perricone (Ed.)	
006-2	POESÍA EN EXODO, Ana Rosa Núñez (Ed.)	
007-0	POESÍA NEGRA DEL CARIBE Y OTRAS ÁREAS, Hortensia Ruiz del Vizo (Ed.)	
008-9	BLACK POETRY OF THE AMERICAS, Hortensia Ruiz del Vizo (Ed.)	
055-0	CINCO POETISAS CUBANAS (1935-1969), Ángel Aparicio (Ed.)	
164-6	VEINTE CUENTISTAS CUBANOS, Leonardo Fernández Marcané (Ed.)	
166-2	CUBAN CONSCIOUSNESS IN LITERATURE (1923-1974) (antología de ensayos y literatura cubana traducidos al inglés), José R. de Armas & Charles W. Steele (Editores)	
208-1	50 POETAS MODERNOS, Pedro Roig (Ed.)	
369-X	ANTOLOGÍA DE LA POESÍA INFANTIL, Ana Rosa Núñez (Ed.)	
665-6	NARRATIVA Y LIBERTAD: CUENTOS CUBANOS DE LA DIÁSPORA, Julio E. Hernández-Miyares (Ed.)	

COLECCIÓN FÉLIX VARELA
(Obras de pensamiento cristiano y cubano)

❶ 815-2	MEMORIAS DE JESÚS DE NAZARET, José Paulos	
❷ 833-0	CUBA: HISTORIA DE LA EDUCACIÓN CATÓLICA 1582-1961 (2 vols.), Teresa Fernández Soneira	
❸ 842-X	EL HABANERO, Félix Varela (con un estudio de José M. Hernández e introducción por Mons. Agustín Román	
❹ 867-5	MENSAJERO DE LA PAZ Y LA ESPERANZA (Visita de Su Santidad Juan Pablo II a Cuba). Con homilías de S.E. Jaime Cardenal Ortega y Alamino, D.D.	
❺ 871-3	LA SONRISA DISIDENTE (Itinerario de una conversión), Dora Amador	
❻ 885-3	MI CRUZ LLENA DE ROSAS (Cartas a Sandra, mi hija enferma), Xiomara J. Pagés	
❼ 888-8	UNA PIZCA DE SAL I, Xiomara J. Pagés	
❽ 892-6	SECTAS, CULTOS Y SINCRETISMOS, Juan J. Sosa	
❾ 897-7	LA NACIÓN CUBANA: ESENCIA Y EXISTENCIA, Instituto Jacques Maritain de Cuba	
❿ 903-5	UNA PIZCA DE SAL II, Xiomara J. Pagés	

COLECCIÓN POLYMITA
(CRÍTICA LITERARIA)

CARLOS FUENTES Y LA DUALIDAD INTEGRAL MEXICANA
Alberto N. Pamies y Dean Berry
CUBA EN EL DESTIERRO DE JUAN J. REMOS
Josefina Inclán
JORGE MAÑACH Y SU GENERACIÓN EN LAS LETRAS CUBANAS
Andrés Valdespino
REALIDAD Y SUPRARREALIDAD EN LOS CUENTOS FANTÁSTICOS DE JORGE LUIS BORGES
Alberto C. Pérez
LA NUEVA NOVELA HISPANOAMERICANA Y TRES TRISTES TIGRES
José Sánchez-Boudy
EL INFORME SOBRE CIEGOS EN LA NOVELA DE ERNESTO SÁBATO "SOBRE HÉROES Y TUMBAS",
Silvia Martínez Dacosta
CHARLAS LITERARIAS
Roberto Herrera
PABLO NERUDA Y EL MEMORIAL DE ISLA NEGRA
Luis F. González Cruz

PERSONA, VIDA Y MÁSCARA EN EL TEATRO CUBANO
Matías Montes Huidobro
LUIS G. URBINA: SUS VERSOS (ENSAYO DE CRÍTICA)
Gerardo Sáenz
ESTUDIO CRITICO HISTÓRICO DE LAS NOVELAS DE MANUEL GÁLVEZ
Joseph E. Puente
TEATRO EN VERSO DEL SIGLO XX
Manuel Laurentino Suárez
PANORAMA DEL CUENTO CUBANO
Berardo Valdés
AYAPÁ Y OTRAS OTÁN IYEBIYÉ DE LYDIA CABRERA
Josefina Inclán
LA NOVELA Y EL CUENTO PSICOLÓGICO DE MIGUEL DE CARRIÓN
Mirza L. González
IDEAS ESTÉTICAS Y POESÍA DE FERNANDO DE HERRERA
Violeta Montori de Gutiérrez
DOS ENSAYOS LITERARIOS
Silvia Martínez Dacosta
LA POESÍA DE AGUSTÍN ACOSTA
Aldo R. Forés
LA OBRA POÉTICA DE EMILIO BALLAGAS
Rogelio de la Torre
JOSÉ LEZAMA LIMA Y LA CRÍTICA ANAGÓGICA
Luis F. Fernández Sosa
PANORAMA DE LA NOVELA CUBANA DE LA REVOLUCIÓN
Ernesto Méndez Soto
BIBLIOGRAFÍA SOBRE EL PUNDONOR: TEATRO DEL SIGLO DE ORO
José A. Madrigal
REALISMO MÁGICO Y LO REAL MARAVILLOSO EN "EL REINO DE ESTE MUNDO" Y "EL SIGLO DE LAS LUCES" DE ALEJO CARPENTIER
Juan Barroso VIII
ARTE Y SOCIEDAD EN LAS NOVELAS DE CARLOS LOVEIRA
Sarah Márquez
NUESTRO GUSTAVO ADOLFO BÉCQUER (1870-1970)
Grupo Coaybay
LA FLORIDA EN JUAN RAMÓN JIMÉNEZ
Ana Rosa Núñez
BAUDELAIRE (PSICOANÁLISIS E IMPOTENCIA)
José Sánchez-Boudy
LA SERENIDAD EN LAS OBRAS DE EUGENIO FLORIT
Orlando E. Saa
TEATRO LÍRICO POPULAR DE CUBA
Edwin T. Tolón

EL MARQUES DE MANTUA
Hortensia Ruiz del Vizo
GUILLERMO CARRERA INFANTE Y TRES TRISTES TIGRES
Reynaldo L.Jiménez
LA POESÍA NEGRA DE JOSÉ SÁNCHEZ-BOUDY
René León
NOVELÍSTICA CUBANA DE LOS AÑOS 60
Gladys Zaldívar
ENRIQUE PIÑEYRO: SU VIDA Y SU OBRA
Gilberto Cancela
CUBA, EL LAUREL Y LA PALMA
Alberto Baeza Flores
LAS ANSIAS DE INFINITO EN LA AVELLANEDA
Florinda Álzaga
EL DESARRAIGO EN LAS NOVELAS DE ÁNGEL MARÍA DE LERA
Ellen Lismore Leeder
JORGE MAÑACH, MAESTRO DEL ENSAYO
Amalia de la Torre
LA ÉTICA JUDÍA Y LA CELESTINA COMO ALEGORÍA
Orlando Martínez Miller
DON JUAN EN EL TEATRO ESPAÑOL DEL SIGLO XX
María C. Dominicis
QUEVEDO, HOMBRE Y ESCRITOR EN CONFLICTO CON SU ÉPOCA,
Ela Gómez-Quintero
JUEGOS DE VIDA Y MUERTE: EL SUICIDIO EN LA NOVELA GALDOSIANA
Serafín Alemán
HOMBRES DE MAÍZ: UNIDAD Y SENTIDO A TRAVÉS DE SUS SÍMBOLOS MITOLÓGICOS,
Emilio F. García
HEREDIA Y LA LIBERTAD
Julio Garcerán
POESÍA EN JOSÉ MARTÍ, JUAN RAMÓN JIMÉNEZ, ALFONSO REYES, FEDERICO GARCÍA LORCA Y PABLO NERUDA
Eugenio Florit
JUSTO SIERRA Y EL MAR
Ellen Lismore Leeder
JOSÉ LEZAMA LIMA; TEXTOS CRÍTICOS
Justo C. Ulloa,editor
JULIÁN DEL CASAL: ESTUDIO COMPARATIVO DE PROSA Y POESÍA,
Luis F. Clay Méndez
LA PÍCARA Y LA DAMA
Mireya Pérez-Erdelyi
LA EVOLUCIÓN LITERARIA DE JUAN GOYTISOLO
Héctor R. Romero

HOMENAJE A GERTRUDIS GÓMEZ DE AVELLANEDA
Rosa M. Cabrera y Gladys Zaldívar
JOSÉ REVUELTAS: EL SOLITARIO SOLIDARIO
Marilyn R. Frankenthaler
NOVELÍSTICA CUBANA DE LA REVOLUCIÓN (1959-1975)
Antonio A. Fernández Vázquez
LA OBRA NARRATIVA DE CARLOS MONTENEGRO
Enrique J. Pujals
FEMENISMO ANTE EL FRANQUISMO
Linda G. Levine & Gloria F. Waldman
LO CHINO EN EL HABLA CUBANA
Beatriz Varela
HISTORIA DE LA LITERATURA CATALANA
Juan V. Solanas
ANÁLISIS E INTERPRETACIÓN DE DON JUAN DE CASTRO DE LOPE DE VEGA,
Antonio González
LEZAMA LIMA: PEREGRINO INMÓVIL
Alvaro de Villa y José Sánchez-Boudy
NUEVAS TENDENCIAS EN EL TEATRO ESPAÑOL (NATELLA-NIEVA Y RUIBAL).
Anje C. Van der Naald
EL MUNDO DE MACONDO EN LA OBRA DE GABRIEL GARCÍA MÁRQUEZ, Olga
Carrera González
LA PROBLEMÁTICA PSICO-SOCIAL Y SU CORRELACIÓN LINGÜÍSTICA EN LAS
NOVELAS DE JORGE ICAZA,
Anthony J. Vetrano
LA TEMÁTICA NARRATIVA DE SEVERO SARDUY
José Sánchez-Boudy
THE STRUCTURE OF THE ROMAN DE THEBES
Mary Paschal
JULIÁN DEL CASAL, ESTUDIOS CRÍTICOS SOBRE SU OBRA
Varios autores
ÍNDICE BIBLIOGRÁFICO DE AUTORES CUBANOS (DIÁSPORA 1959-1979). José
B. Fernández
CARMEN CONDE Y EL MAR/CARMEN CONDE AND THE SEA
Josefina Inclán
ORÍGENES DEL COSTUMBRISMO ÉTICO SOCIAL. ADDISON Y STEELE:
ANTECEDENTES DEL ARTÍCULO COSTUMBRISTA ESPAÑOL Y ARGENTINO.
Gioconda Marún
JUEGOS SICOLÓGICOS EN LA NARRATIVA DE MARIO VARGAS LLOSA,
María L. Rodríguez Lee
LA NARRATIVA DE LUIS MARTÍN SANTOS A LA LUZ DE LA PSICOLOGÍA,
Esperanza G. Saludes
NUEVAS PERSPECTIVAS SOBRE LA GENERACIÓN DEL 27
Héctor R. Romero

LA DECADENCIA DE LA FAMILIA ARISTOCRÁTICA Y SU REFLEJO EN LA NOVELA ESPAÑOLA MODERNA,
Heriberto del Porto
EL BOSQUE INDOMADO...DONDE CHILLA EL OBSCENO PÁJARO DE LA NOCHE,
Josefina A. Pujals
EL INDIO PAMPERO EN LA LITERATURA GAUCHESCA
Conrado Almiñaque
LA CRÍTICA LITERARIA EN LA OBRA DE GABRIELA MISTRAL
Onilda A. Jiménez
LA NARRATIVA DE JOSÉ SÁNCHEZ-BOUDY (TRAGEDIA Y FOLKLORE)
Laurentino Suárez
HISTORIA, ÍNDICE Y PROLOGO DE LA REVISTA "LA PALABRA Y EL HOMBRE" (1957-1970). Samuel Arguéz
JORGE LUIS BORGES Y LA FICCIÓN: EL CONOCIMIENTO COMO INVENCIÓN,
Carmen del Río
SOCIEDAD Y TIPOS EN LAS NOVELAS DE RAMÓN MEZA Y SUÁREZ INCLÁN.Manuel A. González
ENSAYO SOBRE EL SITIO DE NADIE DE HILDA PERERA
Florinda Álzaga
ESTUDIO ETIMOLÓGICO Y SEMÁNTICO DEL VOCABULARIO CONTENIDO EN LOS LUCIDARIOS ESPAÑOLES,
Gabriel de los Reyes
ANÁLISIS ARQUETÍPICO, MÍTICO Y SIMBOLÓGICO DE PEDRO PÁRAMO Nicolás E. Alvarez
EL SALVAJE Y LA MITOLOGÍA: EL ARTE Y LA RELIGIÓN
José A. Madrigal
POESÍA Y POETAS (ENSAYOS TÉCNICOS-LITERARIOS)
Luis Mario
PLACIDO, POETA SOCIAL Y POLÍTICO
Jorge Castellanos
EDUARDO MALLEA ANTE LA CRITICA
Myron I. Lichtblay editor
LA ESTRUCTURA MÍTICA DEL POPUL VUH
Alfonso Rodríguez
TIERRA, MAR Y CIELO EN LA POESÍA DE EUGENIO FLORIT
María C. Collins
LA OBRA POÉTICA DE EUGENIO FLORIT
Mary Vega de Febles
LA EMIGRACIÓN Y EL EXILIO EN LA LITERATURA HISPÁNICA DEL SIGLO VEINTE,
Myron I. Lichtblau
VIDA Y CULTURA SEFARDITA EN LOS POEMAS DE "LA VARA",
Berta Savariego & José Sánchez-Boudy

HISTORIA DE LA LITERATURA CUBANA EN EL EXILIO, VOL. I,
José Sánchez-Boudy
EL PLEYTO Y QUERELLA DE LOS GUAJALOTES: UN ESTUDIO
Gerardo Sáenz
EL OBSCENO PÁJARO DE LA NOCHE: EJERCICIO DE CREACIÓN
María del C. Cerezo
VIDA Y MEMORIAS DE CARLOS MONTENEGRO
Enrique J. Pujals
TEORÍA CUENTÍSTICA DEL SIGLO XX
Catharina V. de Vallejo
RAYUELA Y LA CREATIVIDAD ARTÍSTICA
Myron Lichtblau
LA COSMOVISIÓN POÉTICA DE JOSÉ LEZAMA LIMA EN "PARADISO" Y "OPPIANO LICARIO"
Alina Camacho-Gingerich
LA INTUICIÓN POÉTICA Y LA METÁFORA CREATIVA EN LAS ESTRUCTURAS ESTÉTICAS DE E. BALLAGAS, L. CERNUDA, V. ALEIXANDRE, Israel Rodríguez
LA ESCRITORA HISPÁNICA
Nora Erro-Orthmann & Juan Cruz Mendizábal
ES HEREDIA EL PRIMER ESCRITOR ROMÁNTICO EN LENGUA ESPAÑOLA?,
Ángel Aparicio Laurencio
TRES VISIONES DEL AMOR EN LA OBRA DE JOSÉ MARTÍ
Louis Pujol
ANACRONISMOS DE LA NUEVA LITERATURA HISPANOAMERICANA
Arthur A. Natella
MODALIDADES DEL CASO Y EL PROCESO JURÍDICO EN EL TEATRO HISPANOAMERICANO ,
Teresa Rodríguez Bolet
AGUSTÍN ACOSTA (EL MODERNISTA Y SU ISLA)
María Capote
LA PREFIGURACIÓN COMO RECURSO ESTILÍSTICO EN "AMALIA"
Hector P. Márquez
EL HOMBRE Y LAS METÁFORAS DE DIOS EN LA LITERATURA HISPANOAMERICANA,
Israel Rodríguez
EL COSMOS DE LYDIA CABRERA,
Mariela Gutiérrez
HUELLAS DE LA ÉPICA CLÁSICA Y RENACENTISTA EN "LA ARAUCANA" DE ERCILLA,
María Vega de Febles
LOS ESPACIOS EN JUAN RULFO,
Francisco Antolín
CIENCIA Y ARTE DEL VERSO CASTELLANO,
Luis Mario

MENSAJE Y VIGENCIA DE JOSÉ ENRIQUE RODÓ,
Orlando Gómez-Gil
SEIS APROXIMACIONES A LA POESÍA DE SERGIO MANEJÍAS,
Orlando Gómez-Gil
ELEMENTOS PARA UNA SEMIÓTICA DEL CUENTO
HISPANOAMERICANA, Catharina V. de Vallejo
LA SIGNIFICACIÓN DEL GÉNERO: ESTUDIO SEMIÓTICO DE LAS NOVELAS Y
ENSAYOS DE ERNESTO SABATO,
Nicasio Urbina
LA AFRICANÍA EN EL CUENTO CUBANO Y PUERTORRIQUEÑO,
María Carmen Zielina
APROXIMACIONES A LA LITERATURA HISPANOAMERICANA,
Manuel Gómez-Reinoso
REINALDO ARENAS: RECUERDO Y PRESENCIA,
Reinaldo Sánchez (ed.)
TERESA Y LOS OTROS (Voces narrativas en la novelística de Hilda Perera), Wilma
Detjens
LITERATURA DE DOS MUNDOS: ESPAÑA E HISPANOAMÉRICA,
Ela R. Gómez-Quintero
LO AFRONEGROIDE EN EL CUENTO PUERTORRIQUEÑO,
Rafael Falcón
AL CURIOSO LECTOR,
Armando Álvarez Bravo
SEMBLANZA Y CIRCUNSTANCIAS DE MANUEL GONZÁLEZ PRADA,
Catherine Rovira
THE YOUTH AND THE BEACH (A Comparative Study of Thomas Mann...and Reinaldo
Arenas...), Miachel G. Paulson
LA ALUCINACIÓN Y LOS RECURSOS LITERARIOS EN LA NOVELAS DE
REINALDO ARENAS, Félix Lugo Nazario
STRUGGLE FOR BEING: AN INTERPRETATION OF THE POETRY OF ANA MARÍA
FAGUNDO, Zelda I. Brooks
MARIANO BRULL Y LA POESÍA PURA EN CUBA,
Ricardo Larraga
ACERCAMIENTO A LA LITERATURA AFROCUBANA,
Armando González-Pérez
ESCRITO SOBRE SEVERO (Acerca de Severo Sarduy),
Francisco Cabanillas
PENSADORES HISPANOAMERICANOS,
Instituto Jacques Maritain de Cuba
MAR DE ESPUMA: MARTÍ Y LA LITERATURA INFANTIL,
Eduardo Lolo
EL ARTE NARRATIVO DE HILDA PERERA (De *Los cuentos de Apolo* a *La noche de Ina*), Edición de Ellen Lismore Leeder y Luis A. Jiménez

INTERTEXTUALIDAD GENERATIVA EN *EL BESO DE LA MUJER ARAÑA* DE MANUEL PUIG, Rubén L. Gómez

LA VISIÓN DE LA MUJER EN LA OBRA DE ELENA GARRO, Marta A. Umanzor

LA AVELLANEDA: INTENSIDAD Y VANGUARDIA, Florinda Álzaga

POÉTICA DE ESCRITORAS HISPANOAMERICANAS AL ALBA DEL PRÓXIMO MILENIO, Lady Rojas-Trempe & Catharina Vallejo (Ed.)

PASIÓN DE LA ESCRITURA: HILDA PERERA, Rosario Hiriart